O QUE ESTÃO FALANDO SOBRE
NEGOCIAÇÃO NA PRÁTICA

"Este livro concentra vários anos de experiência em negociação profissional – e funciona, simples assim."

JOCHEN RINK
Diretor do Departamento de Dinâmica e
Regeneração de Tecidos, Diretor do Max Planck

"Uma leitura essencial, que oferece um ponto de partida para lidar com conflitos, negociar parcerias e fechar acordos duradouros. A obra fornece orientações práticas e lança mão de histórias envolventes. Como profissional com um histórico impressionante de negociações bem-sucedidas, Melissa Davies apresenta de forma hábil seu método focado em soluções. Ela oferece um modelo de cinco etapas para acordos duradouros, inspirados por exemplos reais do ramo empresarial, da política e ações humanitárias. Um livro instigante, altamente acessível e atemporal que mudará seu *mindset* e habilidades para negociações."

FRÉDÉRIC VARONE
Professor de Ciências Políticas,
Universidade de Genebra

"*Negociação na prática* oferece uma nova perspectiva sobre negociações. Melissa Davies dá ênfase a um método construtivo e colaborativo, que visa construir parcerias de longo prazo. O livro oferece orientações extremamente práticas e fáceis de implementar sobre obter o que se deseja em uma negociação. A autora põe foco não só em habilidades técnicas e táticas – como seria de se esperar em um livro sobre negociações –, mas também ajuda a desenvolver as habilidades pessoais necessárias para conseguir um bom negócio e, ao mesmo tempo, estabelecer relacionamentos duradouros."

LYNDA MANSSON
Diretora-Geral, MAVA Foundation

"Cuidado! Este livro pode mudar fundamentalmente a maneira como você pensa sobre negociações. Valendo-se de sua vasta experiência em construção de parcerias, Melissa Davies nos proporciona um modelo completo e prático para destacar o melhor de nossas negociações e obter colaborações viáveis. Você vai achar este livro fascinante, e seu colega vai adorar o fato de você o ter lido. Adorei o método rigoroso e bem simples de Melissa. Foi interessante colocá-lo em perspectiva com o que ensinamos na universidade: nós (com base em estudos científicos) e Melissa (com base na própria experiência) chegamos a conclusões muito semelhantes. Isso quer dizer que, pelo menos uma vez, teoria e prática se encontram?"

LISA FAESSLER
Doutoranda em Gestão e Adjunta em Aulas
de Negociação, Universidade de Lausanne

"Uma mão na roda! *Negociação na prática* é realmente o que diz o título, proporcionando um modelo muito útil e refinado de cinco etapas para 'uma negociação focada em soluções'. Este livro, desenvolvido com a experiência da própria autora como negociadora há mais de 25 anos, descreve com detalhes práticos um processo em que cada parte da negociação explora as condições sob as quais seria possível dizer 'sim' às solicitações da outra parte. Há várias preciosidades aqui – negociações on-line, comunicação não violenta, *mindset*, habilidades não cognitivas, negociação multicultural –, além de um capítulo realmente esclarecedor sobre gênero e negociação, incluindo resistências relacionadas a gênero e uma explicação esclarecedora sobre as influências étnicas e culturais que atuam sobre ele."

TIM NEWTON
Gerente de Sustentabilidade,
Profissional Focado em Soluções, UKASFP

"Tenho colocado em prática no trabalho e em projetos pessoais o método transformador de negociação de Melissa, e ele tem feito maravilhas para definir o melhor resultado em qualquer situação. Eu recomendaria a leitura a todos os meus amigos e colegas de trabalho."

SANDRA PICHON
Diretora de Engenharia, Nagravision

"Considero a negociação uma ferramenta-chave de sobrevivência, que pode ser aprendida e praticada de forma contínua para se obter mais no trabalho e na vida pessoal, agora e no futuro. O livro de Melissa é muito fácil de ler e concordo com ela que 'o melhor indício de uma negociação bem-sucedida é sua sustentabilidade'. Melissa elabora conexões interessantes com a metodologia de *coaching* focada em soluções e explora alguns ângulos originais, como diversidade de gênero ou os desafios relacionados à comunicação remota em conversas cruciais. Boa leitura!"

OFRA HAZANOV
Diretora de Talentos e Desenvolvimento, EPFL
(Instituto Federal Suíço de Tecnologia de Lausanne)

"Uma abordagem sistêmica sobre negociações, com procedimentos claros e exemplos úteis. Agora, posso me preparar para negociar de uma forma totalmente diferente e sei responder bem melhor a meu sócio."

CAROLINE BIEWER
Líder de Equipe e Desenvolvimento
e Treinamento de RH, Helsana

"Uma leitura muito boa. Pessoalmente, gosto da maneira como a autora faz uma distinção clara entre negociações e outros meios de se chegar a uma solução e aborda sob qual circunstância cada um deles se justifica."

GERLIND WALLON
Vice-Diretor, EMBO

Copyright © 2021, Melissa Davies

Tradução publicada mediante acordo com a Kogan Page.

Título original: *The Practical Negotiation Handbook –
A five-step approach to lasting partnerships intelligence.*

Todos os direitos reservados pela Autêntica Editora Ltda.
Nenhuma parte desta publicação poderá ser reproduzida,
seja por meios mecânicos, eletrônicos, seja via cópia xerográfica,
sem autorização prévia da Editora.

EDITOR Marcelo Amaral de Moraes	PROJETO GRÁFICO Diogo Droschi
EDITORA ASSISTENTE Luanna Luchesi	CAPA Diogo Droschi (Sobre imagem de Bookzv/Shutterstock)
REVISÃO TÉCNICA E PREPARAÇÃO DE TEXTO Marcelo Amaral de Moraes	DIAGRAMAÇÃO Christiane Morais de Oliveira
REVISÃO Bruni Emanuele Fernandes Felipe Magalhães	

**Dados Internacionais de Catalogação na Publicação (CIP)
(Câmara Brasileira do Livro, SP, Brasil)**

Davies, Melissa
  Negociação na prática : como fechar bons negócios e estabelecer parcerias lucrativas, sustentáveis e duradouras / Melissa Davies ; tradução Maíra Meyer Bregalda. -- São Paulo, SP : Autêntica Editora, 2022.

  Título original: *The practical negotiation handbook : a five-step approach to lasting partnerships intelligence.*
  ISBN 978-65-5928-233-3

  1. Negócios 2. Vendas 3. Negociação 4. Negociação online 5. Parcerias. I. Título.

22-130425   CDD-658.4052

Índices para catálogo sistemático:
1. Negociação : Administração de empresas 658.4052
Eliete Marques da Silva - Bibliotecária - CRB-8/9380

A **AUTÊNTICA BUSINESS** É UMA EDITORA DO **GRUPO AUTÊNTICA**

São Paulo
Av. Paulista, 2.073 . Conjunto Nacional
Horsa I . Sala 309 . Cerqueira César
01311-940 . São Paulo . SP
Tel.: (55 11) 3034 4468

Belo Horizonte
Rua Carlos Turner, 420
Silveira . 31140-520
Belo Horizonte . MG
Tel.: (55 31) 3465 4500

www.grupoautentica.com.br
SAC: atendimentoleitor@grupoautentica.com.br

MELISSA DAVIES

NEGOCIAÇÃO
NA PRÁTICA

Como fechar **bons negócios** e estabelecer **parcerias lucrativas, sustentáveis e duradouras**

TRADUÇÃO: Maíra Meyer Bregalda

autêntica
BUSINESS

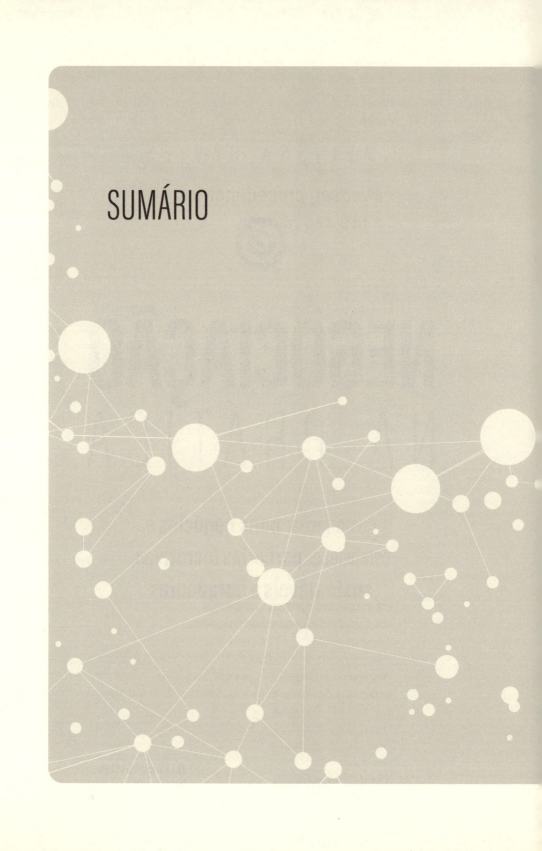

SUMÁRIO

12 Prefácio
18 Agradecimentos

PARTE 1 — *Mindset*, procedimentos e pré-requisitos

• CAPÍTULO 1
24 **Introdução e *mindset***
25 Trabalhando com a outra parte
26 Estratégias diferentes para lidar com um conflito de interesses
35 Negociação
37 Resumo
37 Notas

• CAPÍTULO 2
40 **O processo de negociação de cinco etapas**
41 Características e foco
41 As cinco etapas da negociação e seus focos
44 Evitando reações instintivas
47 Negociação é um processo iterativo
49 Resumo
49 Notas

• CAPÍTULO 3
50 **Pré-requisitos e posicionamento do seu objetivo (ferramenta de linkagem)**
51 Pré-requisitos
55 A importância da preparação e de ter clareza no objetivo
56 Preparando o "o quê" e o "por quê": o uso da ferramenta de linkagem para ajudá-lo a definir seu objetivo
58 Algumas palavras sobre motivação
63 O ponto de abertura: seu objetivo
67 Vontade e preparação
69 Resumo
69 Notas

PARTE 2 Preparação

• CAPÍTULO 4
74 **Etapa 1: Análise contextual**
76 Análise contextual
85 Negociações multiculturais
91 Resumo
91 Notas

• CAPÍTULO 5
94 **Etapa 2: Análise do objetivo**
96 Três erros comuns a evitar
98 Análise do objetivo
101 Suas condições
105 Definindo suas condições
110 Resumo
111 Notas

PARTE 3 Reuniões e comunicação

• CAPÍTULO 6
116 **Etapa 3: As reuniões**
118 Contexto da reunião e pré-requisitos
121 Estrutura
131 Resumo
132 Notas

• CAPÍTULO 7
134 **Ferramentas para usar durante reuniões**
136 Mais sobre a comunicação do roteiro
138 A caixa de ferramentas negociador-comunicador
143 Ferramentas para o copiloto

146	Outras coisas para ter em mente
149	Um modelo útil de comunicação para ajudá-lo durante reuniões: a comunicação não violenta
152	Comunicação verbal, não verbal e paraverbal
156	Resumo
159	Notas

• CAPÍTULO 8

160	**Negociações on-line e reuniões on-line**
174	Vantagens de reuniões de negociação on-line
176	Desafios e empecilhos das negociações on-line
178	Resultados
179	Resumo
180	Notas

• CAPÍTULO 9

184	**Ferramentas não cognitivas em reuniões de negociação**
186	Intuição social e negociação
188	Emoções e gerenciamento do estresse
198	Resumo
200	Notas

PARTE 4 — Oferta e implementação

• CAPÍTULO 10

206	**Etapa 4: A oferta**
208	Pré-requisitos e condições para fazer uma oferta
209	O que fazer quando os pré-requisitos para a elaboração de uma oferta foram cumpridos
210	Etapas da elaboração de uma oferta
221	Apresentando a oferta
225	Elaborando a oferta
226	Finalizando a oferta e selando o acordo
226	Verificação final
228	Resumo
229	Notas

- CAPÍTULO 11
230 **Etapa 5: A implementação**
231 Implementando a decisão negociada
235 Resumo
236 Notas

PARTE 5 Gênero

- CAPÍTULO 12
240 **Algumas opiniões sobre gênero e habilidades de negociação**
242 Estereótipos de gênero no comportamento em negociações: mito ou realidade?
243 Preconceito de gênero
245 Como cultura e etnia influenciam o preconceito de gênero
246 Opiniões e experiências pessoais
250 Resumo
251 Notas

254 **Conclusão**: destaque-se como um excelente negociador
258 Notas

260 Bibliografia
264 Apêndice: Histórias da vida real
308 Índice remissivo

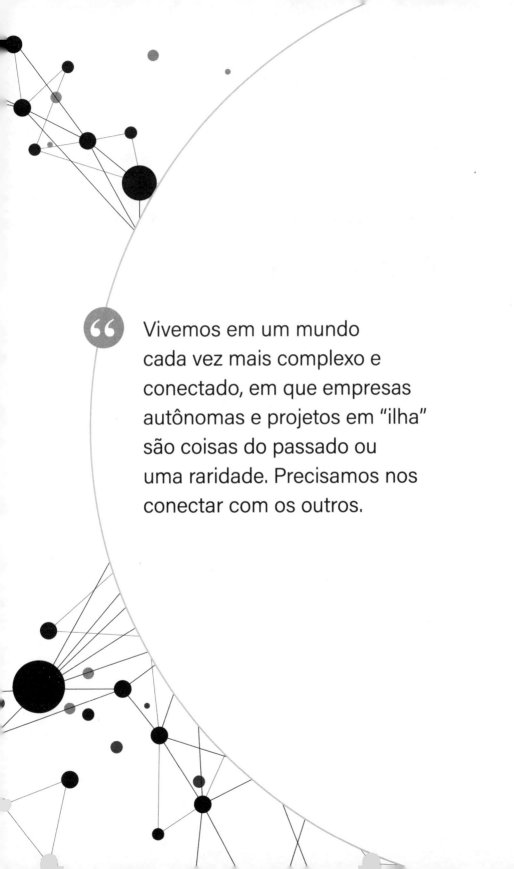

> Vivemos em um mundo cada vez mais complexo e conectado, em que empresas autônomas e projetos em "ilha" são coisas do passado ou uma raridade. Precisamos nos conectar com os outros.

PREFÁCIO
Por que este livro

> *Em última análise, se quiser um resultado diferente,*
> *tente uma abordagem diferente.*
> (Inspirado por Alfred Einstein)

Como profissional, estive envolvida em negociações e parcerias em empresas, na política e ações humanitárias nos últimos 25 anos, usando uma metodologia específica e uma abordagem que se provaram imensamente bem-sucedidas. Isso me levou a elaborar e gerir workshops sobre como negociar e como construir parcerias e colaborações duradouras, nos quais compartilho as ferramentas que desenvolvi, o *mindset* que as acompanha e minhas experiências com os colaboradores. O feedback que recebi, mesmo após muitos anos de sua participação no workshop, bem como minha trajetória em negociações "da vida real", vem provando repetidas vezes que esse método específico de negociação funciona de maneira aprofundada, trazendo à tona parcerias e resultados surpreendentes ao lado de colaborações duradouras. A obra que você vai ler se originou de vários pedidos de colaboradores para que eu escrevesse um livro explicando esse modelo e suas ferramentas, com exemplos reais mantidos em sigilo e, em última instância, para compartilhar com outras pessoas o valor daquilo que aprenderam. Meus clientes, que vêm de ambientes variados – universidades, escolas técnicas e de engenharia, institutos de pesquisa em ciências biológicas, multinacionais, organizações internacionais, ONGs e pequenas e médias empresas (PMEs) – me incentivaram a dar início a esta empreitada. O entusiasmo e a confiança deles mantiveram vivo este projeto muito especial: escrever um guia útil e prático sobre como elaborar negociações bem-sucedidas, duradouras e éticas. Por esse motivo sou profundamente grata a eles.

Vivemos em um mundo cada vez mais complexo e conectado, em que empresas autônomas e projetos em "ilha" são coisas do passado ou uma raridade. Precisamos nos conectar com os outros. Precisamos atuar em um mundo inter-relacionado e interconectado, em que não podemos nos virar com facilidade sem as habilidades, serviços e produtos que outras pessoas desenvolveram. Também precisamos delas para criar, desenvolver e vender nossos produtos e serviços. Quando falamos sobre sistemas interconectados, em que as pessoas têm poucas opções além de trabalharem juntas e colaborar para viver e, mais ainda, prosperar, um sistema para gerenciar essa interconectividade é necessário. Precisamos dele no ambiente profissional para colaborar e construir parcerias, bem como no ambiente familiar e pessoal. Há várias maneiras para gerir esses relacionamentos, entre elas, por meio da imposição, da negociação e da barganha – todas elas serão abordadas no próximo capítulo.

O que vai permear este livro é outra abordagem que implica uma forma totalmente diferente de considerar a outra parte com quem precisamos nos envolver. Esse trajeto é a negociação, com suas características muito específicas.

Quando somos chamados para fazer um negócio, é porque precisamos assinar um contrato ou chegar a um acordo. Precisamos acertar um resultado específico, queremos construir uma parceria, conduzir um projeto, definir uma colaboração, resolver um problema familiar. Se vamos investir tempo, energia e dinheiro em negociações, em última análise é porque percebemos que, sozinhos, não conseguimos atingir nosso objetivo com tanto êxito como conseguiríamos trazendo outras pessoas a bordo: na verdade, também precisamos dessas "outras pessoas". Essa abordagem é o que diferencia este guia de outros livros de negociação. Ele proporciona um método, um modelo de cinco etapas e ferramentas práticas, bem como um *mindset*. Se investimos essa quantidade de tempo e energia para o acordo dar errado assim que viramos as costas ou pouco tempo depois de as virarmos, então perdemos nosso tempo, o da empresa e o de nossa família.

Este livro tem como base a ideia de que negociar é conseguir o que se quer, é claro, mas não sozinho. Em vez disso, ele se baseia em atingir um objetivo junto com a outra parte e graças a ela. Negociar é fazer bom uso do que a outra parte quer (o objetivo dela) para nos ajudar a se aproximar de nossa meta por meio da dinâmica da troca de elementos variados. Todos os envolvidos têm algo a dizer no fim, o que é fundamental no complexo ambiente em que precisamos dos outros para seguir em frente e pôr em prática o que se decidiu. Temos de garantir sua adesão (*buy-in*) e o compromisso de dar vida a qualquer acordo. Para que todos os *stakeholders* se comprometam em colocar em ação o plano ou a parceria acordada e colaborem de maneira eficaz, é preciso que cada um tenha seu interesse e sua preocupação levados em conta no (resultado do) acordo, no resultado, no consenso. A adesão é fundamental para a sensação de direito de posse, a qual, por sua vez, levará a um aumento do comprometimento – e de recursos – para executar o trabalho. Construir tais parcerias com base na compreensão das necessidades e desejos de cada parte e – sempre que possível – em ajudar cada parte a obter ao menos um pouco disso gera acordos mais sólidos e duradouros. Este livro dá aos leitores orientações sobre como alcançar tais parcerias e colaborações viáveis.

Recebi treinamento em *coaching* com foco em soluções para pessoas e organizações, e fui influenciada por abordagens focadas em soluções na maior parte do meu trabalho. Durante meus estudos e ao longo do trabalho que fiz com diferentes equipes e pessoas, observei muitas semelhanças entre abordagens com foco em soluções e a metodologia de negociação descrita em meu livro, entre elas, as seguintes:

- Ambas são elaboradas tendo-se em mente o resultado final, isto é, focando o objetivo que se busca atingir (o "futuro preferido" da ambição de alguém ou a resposta à pergunta "do milagre": "Se eu pudesse fazer o que quero, o que seria?", "Como seria a parceria ideal?").

- Ambas são construídas com base na esperança e em possibilidades, objetivos e caminhos. Não se trata de algo que não se quer, mas de qual seria o desejo ideal e de como chegar lá da melhor maneira – junto com os outros *stakeholders*. "Se não quero essa situação, o que eu quero, afinal?"

- Ambas se concentram no que é preciso para se obter uma situação ou um caminho desejado, isto é, as condições de negociação e o mapeamento dos "pequenos passos" necessários.

- Ambas enfatizam que é necessário ser altamente criativo. A imaginação é a chave para o sucesso.

- Ambas exigem escuta atenta e capacidade de observação.

- Ambas são *altamente focadas* na outra parte, as pessoas com quem estamos lidando e conversando.

- Do começo ao fim, o foco é no que poderia ser feito, no que já se obteve ou no acordo que foi feito.

- O interesse, isto é, a motivação de todas as partes envolvidas é fundamental.

Portanto, percebo que meu modelo de negociação poderia ser chamado de um modelo "de negociação com foco em soluções".

Neste livro, você encontrará ideias e ferramentas práticas que podem ajudar a tornar suas colaborações proveitosas, respeitosas e respeitadas. O modelo apresentado é simples, direto e incrivelmente convincente. Usado, testado e aprovado há mais de duas décadas, sua força provém da simplicidade e da abordagem ética no trato com outras pessoas. Sua base é considerar a outra parte um parceiro com quem é preciso construir um relacionamento, e essa outra parte é sua melhor oportunidade, não um adversário.

O melhor indício de uma negociação bem-sucedida é sua sustentabilidade, ou seja, o efeito duradouro que dela resulta: ela precisa ser produtiva e justa, em que cada parte encontra todos ou alguns de seus interesses e necessidades no acordo. Todos nós passamos grande parte da vida negociando – portanto, por que não tentar esse modelo, testá-lo e ver até que ponto ele é útil para você?

Uma observação final sobre termos específicos de gênero: uso "ele" e "ela" de maneira intercalada para facilitar o fluir da leitura e da escrita. Quando um termo específico de gênero é usado, deve-se compreender que ele está se referindo a todos os gêneros, sem preferência.

O livro se divide em cinco partes:

- A **Parte 1** abrange o melhor *mindset* para negociações bem-sucedidas, o processo geral e pré-requisitos necessários.

- A **Parte 2** explora com detalhes as duas etapas conectadas à preparação – tanto do contexto quanto do objetivo – de uma negociação.

- A **Parte 3** foca a comunicação e o encontro com a outra parte. Essa terceira etapa – o contato – é discutida ao lado de algumas questões pertinentes a negociações on-line. É apresentada uma caixa de ferramentas para o negociador-comunicador, juntamente com alguns *insights* sobre intuição social e sua importância em gerir de maneira efetiva relações sociais e reuniões. Também são abordados aspectos como gerenciamento de emoções e postura.

- A **Parte 4** fala sobre as duas últimas etapas: a oferta e a implementação.

- A **Parte 5** traz algumas opiniões e considerações sobre gênero, bem como a influência potencial deste em reuniões de negociação e consequências.

Por fim, no **Apêndice** há alguns exemplos reais resumidos e anônimos das várias etapas aplicadas na prática.

AGRADECIMENTOS

A trama deste livro foi tecida a partir de reuniões, obras e pesquisas dos colaboradores que treinei, com suas histórias e exemplos, das pessoas e empresas para as quais negociei e, finalmente, dos amigos muito especiais que constantemente me incentivaram.

Agradeço profundamente a todos os que permitiram que se escrevesse sobre esta abordagem.

Gostaria de agradecer especialmente a Danièle Castle, cujos conselhos, habilidades, confiança e entusiasmo se revelaram inestimáveis. Danièle foi minha parceira de luta durante toda esta empreitada. Sem seus preciosos incentivo e ajuda, não tenho certeza se você estaria segurando este livro hoje.

Também gostaria de agradecer a Guy de Brett por sua paciente ajuda em aprimorar meu inglês e por seu incentivo do início ao fim, e a Pascale Dethurens por desenhar os quebra-cabeças que ilustram o processo com extrema precisão.

Meus profundos agradecimentos a Kogan Page e à equipe sem a qual este livro não existiria, e a Amy Minshull por ter acreditado em mim e em meu projeto; sua presença silenciosa significou muito.

E, por fim, obrigada a todos os meus colaboradores, clientes, parceiros de negociações – cujos interesse, envolvimento e *feedback* ao longo dos anos me estimularam a embarcar nesta aventura.

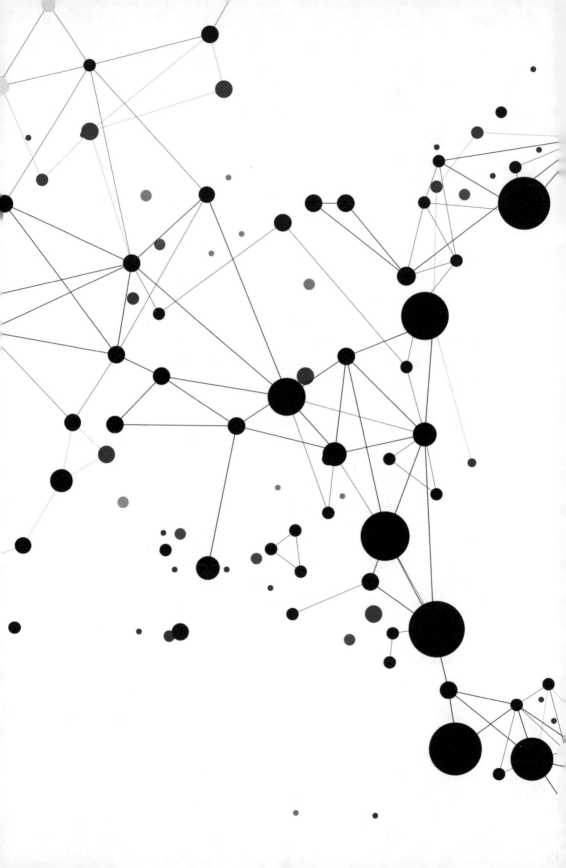

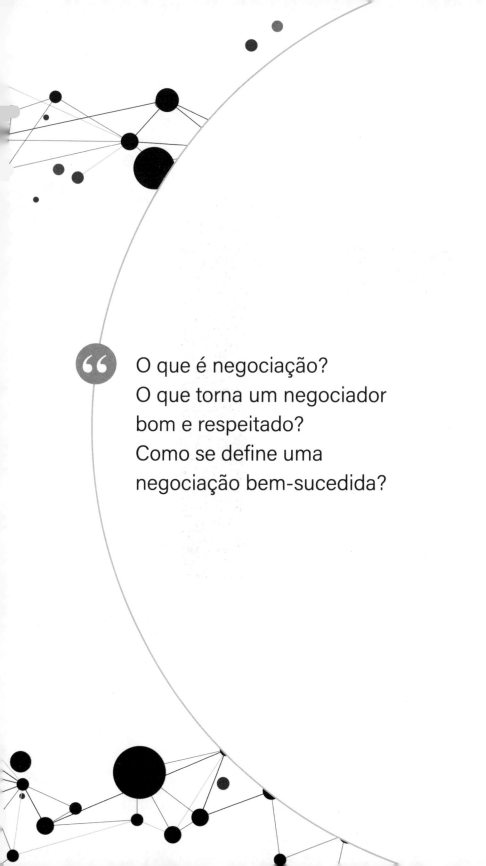

„ O que é negociação?
O que torna um negociador bom e respeitado?
Como se define uma negociação bem-sucedida?

PARTE 1

Mindset, procedimentos e pré-requisitos

A Parte 1 abrange o melhor *mindset* para negociações bem-sucedidas, bem como o processo geral, suas cinco etapas e pré-requisitos necessários.

CAPÍTULO 1
Introdução e *mindset*

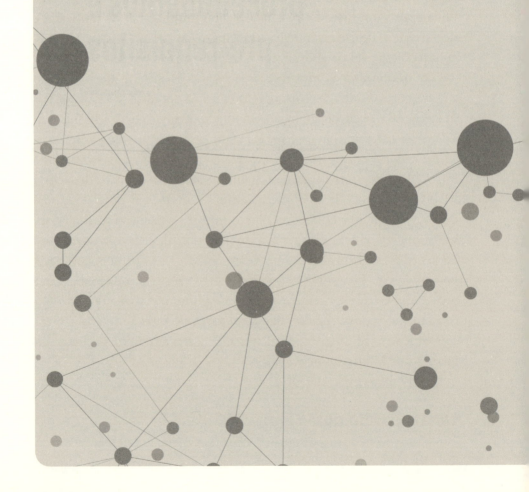

O que é negociação? O que torna um negociador bom e respeitado? Como se define uma negociação bem-sucedida?

Quando você se depara com uma situação em que precisa de alguém para ajudá-lo a conseguir o que deseja, quando quer ou precisa reunir as pessoas para colaborarem, quando um conflito precisa ser administrado, sempre que precisa de outras pessoas para obter o resultado desejado existem várias estratégias de que pode lançar mão. Este capítulo explora maneiras diferentes de lidar com tais situações, de abordagens unilaterais a um método mais bilateral ou multilateral. As vantagens e desvantagens de cada estratégia serão apontadas por meio de exemplos, com foco especial na abordagem bilateral – a negociação.

Por que as pessoas tendem a resistir a abordagens unilaterais? Como a outra parte deveria ser considerada em uma abordagem bilateral? Por que as pessoas se envolvem mais quando foram ouvidas e levadas em consideração? Este capítulo vai explorar algumas respostas a estas perguntas.

O *mindset* com que a outra parte é considerada é extremamente importante. Esse *mindset* segue a premissa subjacente similar à de Nelson Mandela, quando ele apontou, durante a luta que travou a vida toda, que se você quer fazer as pazes com o inimigo é preciso trabalhar com seu inimigo. E eis que ele se torna seu parceiro,[1] alguém com quem você pode trabalhar. Essa abordagem de negociação vê seu colega como sua oportunidade. Esse *mindset* bem específico está relacionado a ser um negociador excelente e respeitado, e será explicado. Perceber que o colega é sua melhor oportunidade (parceiro) para se chegar a um acordo terá consequências notáveis tanto na maneira como as reuniões acontecem quanto nos resultados negociados.

TRABALHANDO COM A OUTRA PARTE

O indício mais importante de uma boa negociação é seu resultado duradouro. Com frequência a negociação é vista como uma batalha, uma luta livre metafórica que envolve pontuação, vencedores, táticas de "mocinho e bandido", dificuldades, manipulação, chegando mesmo a prejudicar o outro, por vezes, em detrimento do relacionamento. Essas táticas colocam em risco qualquer colaboração ou parceria de longo prazo. E se houvesse outra forma de abordar a negociação? Uma que focasse as soluções? E com base em oportunidades? Mais positiva, respeitosa e proveitosa? E se a negociação fosse, na verdade, algo esperado?

Negociar é uma arte, a arte de explorar como cada parte pode conseguir o que quer, onde cada parte explora *as condições sob as quais poderia dizer sim* às solicitações e necessidades da outra parte, garantindo, ao mesmo tempo, que suas próprias necessidades sejam atendidas.

O mundo está repleto de exemplos de negociações – por vezes, espetaculares – que deram errado, acordos de paz que nunca foram colocados em prática, contratos empresariais que nunca aconteceram de fato. Considere uma mudança de paradigma. Como seria se você tivesse a certeza de que precisou da outra parte para atingir seu objetivo, um objetivo *mais fácil* de ser obtido em conjunto do que sozinho? E se você considerasse essa parte uma parceira?

Se no fundo, lá no fundo, você sabe que a chave para o sucesso consiste em trabalhar *com* as outras pessoas em vez de *contra* elas, sua atitude toda mudará.

Imagine a negociação como:

- Um processo, uma discussão e uma colaboração – não uma luta ou uma batalha.

- Algo que abraça os objetivos de cada *stakeholder*, permitindo, portanto, que cada parte cresça.

- Uma forma clara, simples e realista de gerir relacionamentos, com transparência e respeito.

ESTRATÉGIAS DIFERENTES PARA LIDAR COM UM CONFLITO DE INTERESSES

Vamos analisar um exemplo que ilustra comportamentos mais comuns ao se deparar com conflitos de interesses e em que você precisa de uma pessoa ou um grupo para conseguir algo.

> **Exemplo**
>
> Imagine a seguinte situação: uma reunião da diretoria foi organizada hoje à noite aos quarenta e cinco do segundo tempo para abordar alguns problemas críticos relacionados a um projeto muito importante em que você atua como gerente. Sua presença é exigida pelo principal patrocinador do projeto. Essa situação é incrivelmente difícil para você, já que na mesma noite organizou uma festa-surpresa especial para o aniversário de 18 anos de sua filha, que é um evento significativo. Amigos e familiares virão. Ele é igualmente importante para você não apenas como auxiliar e organizador, mas também por sua presença, simples assim: você tem trabalhado muito e longe de casa nos últimos tempos, e prometeu à sua filha que participará do aniversário dela.
>
> Você já tomou sua decisão. Ainda que seu trabalho seja importante, você resolveu que quer ir à festa de sua filha, sem comprometer o avanço do projeto que será discutido hoje à noite com a diretoria e o patrocinador. O que fazer?

Quando você quer algo que envolve outras pessoas, ou quando há um conflito de interesses, um ou vários planos de ação tendem a ser usados quase automaticamente, entre os quais podem ser identificadas tentativas de:

- Convencer;
- Impor;
- Ameaçar;
- Comprar;
- Manipular;
- Barganhar e chegar a um meio-termo;
- Mediar;
- Sugerir soluções e alternativas;
- Desistir.

▪ Convencer

Convencer uma pessoa é "fazê-la acreditar que algo é verdade" e vem da palavra em latim *convincere*, de *con* (com) e *vincer* (vencer), de modo a superar ou derrotar em termos de argumento. Você usa argumentos sólidos e relevantes *para si* a fim de convencer o outro a mudar de ideia, a pensar como você. Sem necessariamente perceber, está tentando influenciar a pessoa a "deixar de ser ela", isto é, diferente de você, para que ela *se torne como você*.

Ao convencer alguém, você expõe o que é importante para si e o que acha valioso; você apresenta seus argumentos. Você busca influenciar o outro para que o que é relevante para si se torne importante para ele.

Como a maioria das pessoas reage quando, por exemplo, se deparam com um vendedor tentando convencê-las de que seu produto ou serviço é o melhor e que elas realmente deveriam adquiri-lo? Quanto mais o vendedor tenta argumentar, insistir e vender, mais as pessoas tendem a virar as costas, recusar a compra, bloquear. Muitas vezes, essas reações são consequências da sensação de coação ou assédio, e não da falta de interesse no produto que está sendo vendido. Muita gente fica irritada por alguém lhes dizer como devem se sentir e o que devem fazer, sobretudo quando diante de motivos convincentes *que não são seus*.[2]

 Exemplo de convencimento

"Obrigado(a) por ter organizado a reunião, mas hoje à noite não é possível. Você também tem família, sei que compreende. Você sabe como meus filhos são importantes para mim, e hoje minha filha faz 18 anos. Por favor, tente entender minha situação, minha filha ficaria chateada demais, e até com raiva, se eu não aparecesse. Tenho certeza de que você percebe como seria chato para mim e meus familiares. Eu ficaria muito mais animado com o projeto se mostrasse à minha família que dou conta de trabalhar duro e ao mesmo tempo estar presente em momentos importantes, como aniversários..."

■ Impor

Impor alguma coisa (a alguém) é decidir e simplesmente informar à outra pessoa sua decisão, a fim de obrigá-la a lidar com algo difícil ou desagradável. *"É assim que tem que ser."* Nessa estratégia, você toma uma decisão unilateral e a impõe à outra parte, independentemente do que ela possa dizer ou pensar. Alguém já impôs uma decisão a você? O que achou? O mais importante, como você reagiu?

> **Exemplo de imposição**
>
> "Obrigado(a) pelo convite, mas não irei à reunião hoje à noite."

■ Ameaçar

Ameaçar é usar de poder sobre outra pessoa: *"Se você não fizer assim* (isto é, se não disser sim), *vai acontecer assado"*. Trocando em miúdos, se não fizer do nosso jeito, essas são as possíveis consequências negativas que acontecerão.

> **Exemplo de ameaça**
>
> "Se eu não for à festa de minha filha hoje à noite, minha família ficará realmente chateada, e isso poderia trazer consequências a meu trabalho e produtividade..."

■ Comprar

Comprar a anuência ou a aceitação da outra pessoa é botar preço em seu "sim": *"Se você disser sim, vai conseguir isto em troca"*. Em situações extremas, isso pode ser comparado com corrupção.

> **Exemplo de compra**
> "Se você me deixar ir à festa de minha filha hoje à noite, conseguirei vir trabalhar neste fim de semana e contar com o apoio de minha família durante o restante do projeto."

■ Manipular

Manipular pode ser equivalente a tentar controlar o outro ou fazê-lo mudar sem perceber, com intenção oculta e, provavelmente, negativa; se não fosse negativa, você poderia expor seus argumentos em voz alta, tornando-se, logo, uma situação de "convencimento". Muitas vezes, situações em que a manipulação é forte ocorrem porque o manipulador não acha que a outra parte concordará se o objetivo for claro.

> **Exemplo de manipulação**
> "Talvez você tenha ouvido pelo seu sócio que hoje à noite tenho a festa de aniversário da minha filha. Se eu não estiver em casa esta noite, receio que meu(minha) parceiro(a) ficará bem chateado(a). E você sabe como eles(as) são. Nem consigo imaginar o que ele(a) dirá na próxima vez em que encontrar seu(sua) marido(esposa)."

■ Barganhar e chegar a um meio-termo

Barganhar ou chegar a um meio-termo significa que você cede um pouco, e a outra parte, também: "um acordo entre duas pessoas ou grupos em que cada lado abre mão das coisas que deseja". Esse é um plano de ação em que todo mundo ganha alguma coisa, mas ninguém consegue o que quer. Na própria cabeça, cada parte tende a sair da mesa com o que perdeu, e não com o que ganhou. Basicamente, chegar a um meio-termo significa dividir algo, presumir que algo seja divisível, sem deixar ninguém satisfeito... E, em geral, o resultado não é criativo.[3]

Embora às vezes o meio-termo possa ser uma tábua de salvação ou o único caminho a se seguir – por exemplo, em alguns conflitos políticos e situações de divórcio –, as desvantagens são altas, correndo-se o risco de que a frustração impeça o resultado acordado que está sendo posto em prática. Johan Vincent Galtung, sociólogo norueguês e principal fundador da disciplina de paz e estudos sobre conflitos, observa que, ao contrário da crença popular, muitas vezes o meio-termo é um consenso sobre um resultado que não deixa ninguém satisfeito, em que o conflito ainda está presente, mas sem explodir, porque as contradições se tornaram menos acentuadas.[4]

> **Exemplo de meio-termo e barganha**
>
> "Que tal eu ficar na reunião da diretoria das 18h30 às 20h e depois ir embora? Não? Tudo bem, então eu poderia sair às 20h30..." (provavelmente frustrando, nesse caso, o gerente, a filha e a si mesmo).

■ Mediar

Simplificando, mediação é o processo de colocar alguém não envolvido na discussão ou na discórdia para resolvê-la. A rigor, um mediador é uma terceira parte neutra a quem se delegou o poder de decisão. Em geral, o mediador precisa decidir entre duas partes, cada uma com 50% de probabilidade de vencer.

No entanto, se você pede à pessoa diretamente envolvida no problema atual (ou seja, que não é neutra) para ser a mediadora, a probabilidade de conseguir o que se quer cai drasticamente. Essa tática – perguntar ao outro *"O que você acha? O que devo fazer?"* – muitas vezes é usada para fazer alguém se sentir menos culpado, e com frequência vem depois de algumas afirmações positivas convincentes, fazendo o outro acreditar que tem algo a dizer em uma decisão que você já tomou.

Há três resultados possíveis:

1. Se a outra parte responde aquilo que você quer que ela responda, então está tudo bem, embora isso possa gerar uma certa frustração para ela, o que precisará ser verificado.

2 Se ela não responde o que você quer e você respeita sua decisão, isso é mediação de verdade, e de fato você permitiu à outra pessoa que decidisse por você.

3 Entretanto, se ela não responde o que você quer e você não aceita sua decisão, isso não é mediação, mas uma tática de manipulação, e você corre o risco de gerar um alto nível de frustração, já que está dando à outra parte uma falsa sensação de poder. Por exemplo, *"Estou pedindo a você que tome uma decisão que na verdade já tomei"* (veja o exemplo).

Alguém já lhe pediu que desse uma opinião e ela foi ignorada? Se sim, como você se sentiu? E como reagiu na próxima vez em que a mesma pessoa pediu sua opinião?

> **Exemplo de mediação**
>
> "Não sei o que fazer – fico maravilhado por você ter tido tanto trabalho para organizar esta reunião com a diretoria hoje à noite, mas tenho a festa de 18 anos de minha filha, que também é muito importante para mim. Então, de um lado tenho meu projeto e esta reunião, e do outro, minhas obrigações familiares e a festa de aniversário de minha filha. O que devo fazer? O que acha?"

■ Sugerir soluções e alternativas

Ao enfrentar uma situação problemática, você pensa em várias possíveis soluções ou alternativas, as quais, em seguida, sugere à outra parte. *"Tenho um problema, encontro uma solução."* Em geral, a solução que você sugere é a mais adequada para você e sua questão/problema, e sua esperança é que a outra parte concordará. Se não, a tendência é entrar em uma espiral de soluções por meio da qual você continua apresentando novas ideias, na esperança de que em algum momento elas funcionem e que a outra pessoa mude de planos ou ideias para seguir os seus/as suas. Mais uma vez, isso pode funcionar, mas também pode fazer a outra parte sentir que nada tem a dizer a não ser sim.

> **Exemplo de soluções**
>
> "Tenho um compromisso hoje à noite. Poderíamos adiar a reunião da diretoria para amanhã de manhã? Ou eu poderia mandar meu colega para me representar?"

■ Desistir

Ao desistir, você deixa a outra parte proceder como quer e se rende. Embora isso possa acontecer por sincera boa vontade, cuidado com o risco da síndrome do *"depois de tudo o que fiz por você"*, que no longo prazo pode gerar ressentimento e prestação de contas ("você me deve uma") e fazer a outra pessoa se sentir culpada.

> **Exemplo de desistência**
>
> "Certo, virei à reunião" (e desistirei da festa de aniversário da minha filha).

Todas essas estratégias funcionam. Todas têm consequências. E todas elas possuem três características em comum:

1. Elas são unilaterais, isto é, só consideram um ponto de vista – o seu. Qualquer abordagem unilateral se baseia apenas em uma parte e envia à outra pessoa a mensagem de que o realmente importante é o que você quer e o que importa para você, não para ela. A de que sua opinião, suas necessidades e seus desejos são o que importam. Diante desse tipo de comportamento, em geral uma pessoa se sente ignorada e irrelevante e reage de duas formas principais: retraída,

ou seja, ela desiste e diz sim; ou sincera, isto é, ela bate o pé e diz não ou põe entraves nos resultados ou no relacionamento.

2. Conscientemente ou não, elas consideram que a outra parte é *o problema*. Trocando em miúdos, se seu gerente não tivesse marcado a reunião à noite, você estaria de bom humor e a caminho da festa de sua filha. Se a festa tivesse sido agendada para o fim de semana e não para esta noite, tudo no mundo estaria bem e você não se preocuparia em ir à reunião. É por causa da outra pessoa que você não pode fazer o que quer sem possíveis consequências negativas, e é por isso que você tenta convencê-la a mudar, impor seu ponto de vista, tentar comprar o acordo dela e, provavelmente, até manipular para conseguir o que deseja.

3. Para conseguir o que quer, você precisa da outra parte. Na verdade, precisa que seu gerente consiga dar o que você quer, que é ir à festa de sua filha *sem consequências negativas* para seu projeto. Assim que você percebe que necessita da outra pessoa, ela se torna uma oportunidade; de fato, nesse exato momento, *sua melhor oportunidade*. E quando isso acontece, o processo se torna bilateral ou, se há muitos *stakeholders*, multilateral. Você entra numa interação real, na qual os interesses de todas as partes precisam ser *compreendidos e levados em conta*, e isso se chama negociação.

Figura 1.1

NEGOCIAÇÃO

> **Exemplo de negociação**
>
> "Minha filha está fazendo 18 anos hoje e organizei uma festa especial para ela, da qual eu realmente gostaria de participar. O que posso fazer para que minha ausência hoje à noite não comprometa o projeto?"

A negociação acontece quando cada parte tem espaço para se engajar no processo. *A negociação tem como base descobrir as condições sob as quais se consegue o que se quer.* Embora não seja uma varinha mágica, é a única maneira de garantir que as vontades e necessidades de todas as partes sejam levadas em consideração. A diferença entre negociação e mediação é que você não está pedindo à outra parte que tome uma decisão, e sim *o que precisa ser feito* para que ela diga sim.

No exemplo acima, o gerente poderia responder *"Sem problemas, mande um colega à reunião"* ou *"Vamos nos reunir agora para preparar sua parte da reunião a fim de que eu possa expor suas soluções e ideias"*. Ou poderia dizer *"Lamento, não é possível, você precisa estar presente"*, e nesse caso você precisará tentar outra abordagem mais unilateral.

Negociar é uma escolha, uma entre muitas formas de lidar com certas situações e interações. É a escolha de engajar a outra parte no processo. Por vezes você pode escolher convencer, como ao representar grupos de interesses; talvez você precise impor, como ao instituir padrões de segurança; ou talvez você tenha que oferecer uma solução específica, como se esperaria de um engenheiro de TI que precisasse consertar um *bug* no sistema. No entanto, sempre que seja necessária uma boa relação de trabalho para pôr em prática um acordo, tente a negociação primeiro. É o único caminho/forma de garantir resultados e colaboração duradouros, porque ela leva em conta as necessidades, desejos e opiniões de cada parte e é mais respeitosa, tentando atuar *com* em vez de *contra*.

Se a resposta for não, se sua tentativa de fazer um acordo de negociação der errado, você pode recorrer a qualquer uma das estratégias destacadas acima, levando em consideração que cada uma delas tem as próprias consequências.

A maneira como você considera e trata uma pessoa tem forte influência sobre a forma com ela o tratará em troca.[5] É do seu interesse tratar a outra parte como parceira e oportunidade, não como um problema ou um entrave.

Figura 1.2

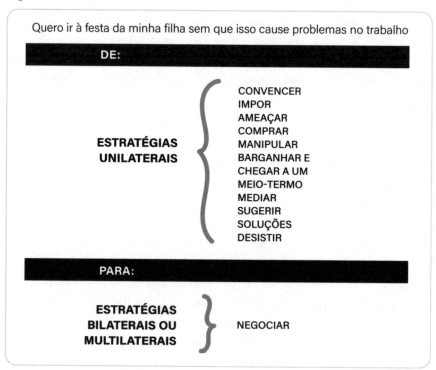

Por muitos motivos, você deveria saber que ela é sua melhor oportunidade de conseguir o que quer. Qualquer que seja a questão atual, se você está engajado em conversar com ela é porque você precisa dela. Ter consciência disso influenciará seu comportamento, sua postura, sua atitude e seu estilo de comunicação, o que por sua vez afetará como o outro responde. Como afirmava Nelson Mandela, você tende a atrair integridade e respeito se é assim que trata as pessoas com quem convive.[6]

Assim, a negociação pode ser comparada com a montagem de um quebra-cabeça *em conjunto*, em vez de um jogo de xadrez *contra*. É uma forma bilateral ou multilateral de se conseguir o que se quer, não *independentemente* da outra parte, mas *juntamente com* ela. Explorar em conjunto e com detalhes as questões e condições de todas as partes deveria permitir a cada uma delas que se aproximassem do que deseja por meio da dinâmica da troca, porque você estará tentando dar ao outro o que ele quer *mediante suas condições*. Se com frequência você tiver em mente que a outra parte é uma oportunidade, e suas necessidades e desejos são uma energia positiva, esse novo estado mental influenciará fundamentalmente a maneira como ocorrerá a negociação, bem como o acordo resultante colocado em prática ou reforçado.

RESUMO

- Negociar é conseguir o que se quer sob certas condições. É se engajar em um processo bilateral que leva em consideração as várias partes necessárias ou envolvidas em pôr o acordo em prática. Está relacionada à criatividade coletiva e à construção de parcerias.

- A outra parte sempre representa uma oportunidade como parceira na negociação. Isso porque você precisa dela para chegar a um acordo que exigirá seu envolvimento e comprometimento para ser respeitado.

- Cada parte deve ser levada em conta ao longo do processo, com suas necessidades e questões específicas.

- Uma negociação bem-sucedida é aquela em que se chega a um acordo duradouro e aplicado na prática. Em outras palavras, o principal critério para julgar o sucesso de uma negociação é se o que foi negociado está sendo verdadeiramente respeitado.

NOTAS

[1] Nelson Mandela, citado pelo Presidente em Exercício da OSCE, Vice-Primeiro Ministro e Ministro dos Negócios Estrangeiros e do Comércio, Eamon Gilmore, em 27 de abril de 2012.

[2] "Se você está lidando com um animal ou uma criança, convencer é enfraquecer." Colette. *Le Pur et l'Impur*. Aux Armes de France, 1941.

[3] "O meio-termo é o conforto do pobre, que sabe tão pouco sobre o que pode resultar de um conflito que acredita que o meio-termo seja a única alternativa. Muitas vezes, o meio-termo é um consenso sobre um resultado que não deixa ninguém satisfeito... O conflito ainda está lá, reluzente, se não explodindo, porque as contradições se tornaram menos apuradas." J. Galtung. *Conflict Transformation by Peaceful Means: Participants' Manual*. United Nations Disaster Management Training Programme, 2000. <www.transcend.org/pctrcluj2004/TRANSCEND_manual.pdf> (disponível em: <https://perma.cc/NAR5-55DG>).

[4] J. Galtung (2000), *Conflict Transformation by Peaceful Means: Participants' Manual*, United Nations Disaster Management Training Programme.

[5] E. Fehr e S. Gächter. Fairness and Retaliation: the Economics of Reciprocity, *Journal of Economic Perspectives*, v. 14, n. 3, p. 159-182, 2000. "Na psicologia social, reciprocidade é uma norma social em que se responde a uma ação positiva com outra ação positiva, recompensando atitudes gentis. Como construto social, reciprocidade significa que, em resposta a atitudes agradáveis, as pessoas são frequentemente muito mais simpáticas e muito mais cooperativas do que previsto pelo modelo do interesse próprio; ao contrário, em reação a ações hostis, muitas vezes elas são mais desagradáveis e até brutais."

[6] N. Mandela. *Conversation With Myself*. New York: Macmillan.

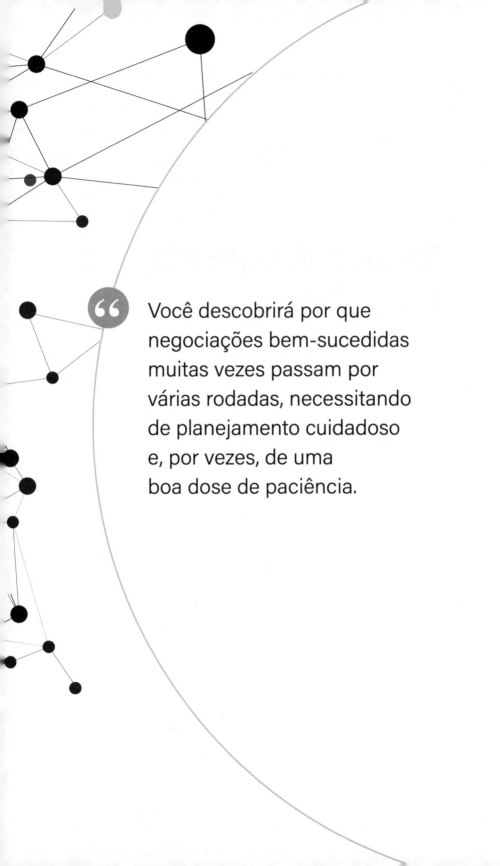

> Você descobrirá por que negociações bem-sucedidas muitas vezes passam por várias rodadas, necessitando de planejamento cuidadoso e, por vezes, de uma boa dose de paciência.

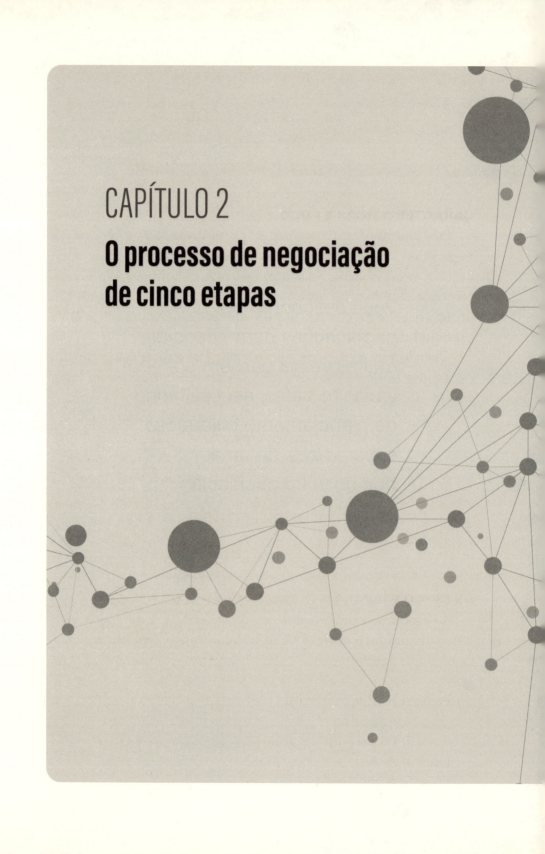

CAPÍTULO 2
O processo de negociação de cinco etapas

CARACTERÍSTICAS E FOCO

Este capítulo destaca as cinco etapas que compõem o processo da negociação. Dividi-lo dessa forma sistemática ajudará a estruturar a negociação e dará ao negociador *insights* práticos sobre como proceder, com uma metodologia clara e ferramentas específicas. As características de uma negociação começarão a ser exploradas neste capítulo e terão continuidade no Capítulo 3.

Quando você é chamado a negociar, seu foco de atenção principal varia dependendo da etapa em que está envolvido. Em primeiro lugar, será abordado onde focar – se em você mesmo ou na outra parte. A título de exemplo, mostramos por que reações defensivas devem ser evitadas e, ao se deparar com uma solicitação ou sugestão repentina, qual a maneira mais apropriada de reagir. O fato de que a negociação é e deve ser um processo iterativo é o tópico seguinte. Você descobrirá por que negociações bem-sucedidas muitas vezes passam por várias rodadas, necessitando de planejamento cuidadoso e, por vezes, de uma boa dose de paciência.

AS CINCO ETAPAS DA NEGOCIAÇÃO E SEUS FOCOS

A negociação é um processo que ocorre em diferentes etapas, cada uma com um foco distinto. A metodologia deste livro identifica as cinco etapas a seguir:

Etapa 1: Análise contextual
Etapa 2: Análise do objetivo
Etapa 3: Os encontros/as reuniões – quando pessoalmente
Etapa 4: A oferta
Etapa 5: A implementação

Figura 2.1

Essas cinco etapas são explicadas com detalhes dos capítulos 4 a 11. Seguidas uma a uma, elas criam um processo de negociação construtiva. Para executar com êxito essas cinco etapas, há certos pré-requisitos que você precisará adotar em termos de foco e da maneira como aborda a negociação. Eles são relevantes para as etapas 2 a 4 da negociação, e serão descritos a seguir.

■ Onde e o que focar?

Etapa	Pré-requisitos e focos
Etapa 1: Análise contextual	Foco em fatos e em si mesmo
Etapa 2: Análise do objetivo	Foco em si – permanecer na bolha do ego
Etapa 3: As reuniões	Foco na outra parte
Etapa 4: A oferta	Foco em si por meio do ponto de vista e reações da outra parte
Etapa 5: A implementação	Foco em si por meio do ponto de vista e reações da outra parte

Figura 2.2

- Durante a análise do objetivo:
foco em si mesmo na "bolha do ego"

Na análise do objetivo (Etapa 2, veja o Capítulo 5), quando você está trabalhando nele, é preciso se fechar na *"bolha do ego"*. Para isso, você precisa focar totalmente em si mesmo ou no assunto em mãos: seu projeto, sua organização, seu cliente, sua família... Não deve haver espaço algum para pensar na outra parte e no que ela talvez queira. Isso porque, assim que você pensa na outra parte, tenderá a desvalorizar o que deseja (fazendo um monólogo, convencendo-se de que *"Eles nunca dirão sim, eles não concordarão"*, *"Isso não é possível"* etc).

Nesta fase, a empatia, tanto cognitiva quanto emocional, tem de ser evitada a qualquer custo. Uma suposição incrivelmente comum e forte que a maioria das pessoas faz é que *"A outra pessoa não me deixará conseguir o que quero. Ela está lá para me impedir ou me irritar"*. Portanto, é de extrema importância bloquear qualquer pensamento sobre a outra pessoa durante sua preparação e se concentrar apenas em você e em seu objetivo usando o roteiro, uma ferramenta poderosa que será explicada no Capítulo 5.

Na verdade, ao longo de todo o processo, seu ponto de partida sempre é você mesmo. Sua preparação está toda relacionada a você e à melhor situação que deseja obter. O ponto de partida poderia ser *"Se eu tivesse uma varinha mágica..."*, ou *"Se eu pudesse fazer o que quero..."*.

■ **Durante as reuniões: foco no outro**

Nas reuniões (Etapa 3, Capítulo 6), quando você fica cara a cara com a outra parte, seja através de comunicação direta ou virtual, é preciso estar totalmente focado no *"outro"*, isto é, na outra parte. Durante as reuniões, você não está mais centrado em si como durante a preparação; agora, está 100% concentrado na outra parte, no que ela quer, no que é importante para ela, o que tem para ela, os problemas, as preocupações e os medos dela. O fato de você ter centrado primeiramente em si facilita demais focar seu colega depois, porque você está ciente e seguro do que quer e, portanto, tenderá a ser menos, ou nada, influenciado por ele. Você o aborda de um lugar seguro: você mesmo. Além disso, se pensar em si primeiro e somente depois na outra parte, será muito mais fácil vê-la como uma oportunidade, como um *capacitador*.

■ **Durante a oferta: volte a focar em si, mas agora pelos olhos do outro**

Quando está elaborando sua oferta (Etapa 4, Capítulo 10), você volta novamente para si, mas desta vez *"por meio dos olhos da outra parte"*, ou seja, foca seu objetivo, mas, desta vez, com base em como a outra parte reagiu ao que você quis e disse (ela disse *sim, não, talvez...?*).

EVITANDO REAÇÕES INSTINTIVAS

Reações automáticas de responder e tomar posição com *sim, não* ou *talvez* quando alguém lhe pergunta algo devem ser evitadas a qualquer custo. Não é bom responder algo de que você possa se arrepender ou não conseguir pedir alguma coisa em troca por ter concordado com o que a outra pessoa quer ou sugere.

O que este modelo de negociação focado em soluções apresenta em primeiro lugar é o reconhecimento de uma solicitação (*"Anotei o que você está sugerindo e voltarei a lhe dar uma satisfação, obrigado"*) e o protelamento de uma reação direta ou resposta rápida. Em seguida, você precisa *subir um nível* para sua "bolha de ego" e se perguntar: o que *você* quer dessa solicitação ou oferta, como *você* pode transformá-la em uma oportunidade? Realmente quer que isso aconteça? E, se sim, *sob quais condições*?

Trocando em miúdos, ancorar-se na "bolha do ego" garantirá que você pense com cuidado antes de aceitar alguma coisa ou se comprometer com ela. Isso evita que você fale automaticamente sim ou não e exige que pense em um conjunto de condições que o aproximariam de um bom acordo para si. Ao não reagir diretamente, na verdade você aumenta a possibilidade de decidir aceitar a oferta *sob certas condições*.

 Exemplo

Você é líder de equipe e Tina, a desenvolvedora de *softwares* que trabalha no grupo, vem lhe perguntar se ela pode fazer um curso específico de gestão de projetos.

Resposta precipitada: você aceita ou recusa o pedido dela, tendo analisado as informações sobre o curso.

Resposta de reconhecimento: *"Vou pensar no seu pedido e lhe dou um retorno no fim da próxima semana"*.

Análise do objetivo na bolha do ego:
1) Eu realmente quero que um membro da minha equipe faça um curso de gestão de projetos?
2) Se sim, quero que esse curso tenha certificado e exame reconhecido?
3) Qual metodologia específica de gestão de projetos *eu* gostaria para minha equipe/a empresa?
4) Essa metodologia de gestão de projetos seria útil a outras pessoas da equipe?
5) Quero que se faça uma apresentação à equipe?
6) Quero que Tina faça o curso ou acho que Frank é mais adequado para isso?

> 7) Tenho um projeto iminente que Tina poderia gerenciar?
> 8) Quando quero que Tina termine o curso? E que obtenha seu certificado?
> 9) Quero que Tina garanta que dá conta do trabalho mesmo que se trate de um curso, ou seja, que faça horas extras se necessário?
> 10) ...
>
> O fato de você voltar à bolha do ego para essa reflexão lhe permitirá conversar com sua colega de uma forma diferente, mudando, assim, a dinâmica da discussão. Em vez de simplesmente concordar com o pedido ou recusá-lo, agora seu objetivo é *dar a ela o que ela quer, sob suas condições*. Em outras palavras, você avalia para o que compensaria dizer sim.
>
> Na próxima vez que você se encontrar com sua funcionária, sua resposta pode ser: "Sim, *você pode fazer o curso de gestão de projetos* (sua colega consegue o que quer), *e* (para que compense para mim e para a equipe) *eu gostaria que você preparasse um resumo de gerenciamento para seus colegas. Também gostaria que você assumisse o projeto X, que começará daqui a seis meses. Por fim, gostaria que você fizesse um estudo comparativo dos vários métodos de gestão de projetos usados em nossa empresa"*.
>
> Essas são as condições para você dizer "sim".

É sempre bom perguntar a si mesmo sob quais condições você diria sim. O que seria necessário para você concordar com o pedido da colega? Trocando em miúdos, um negociador deve evitar um sim ou um não direto, mas buscar, sempre e em primeiro lugar, *descobrir as condições mediante as quais ele dirá sim*. Muitas vezes, uma resposta afirmativa direta gera uma sensação de "eu lhe devo uma", enquanto condições em que uma há troca conseguem um acordo mais equilibrado. Atenção à oportunidade em qualquer situação!

Figura 2.3

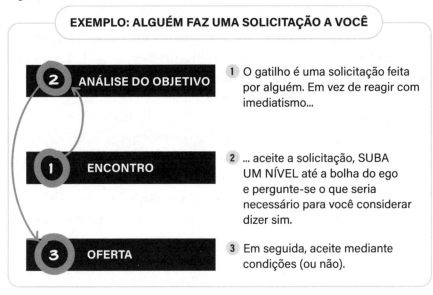

NEGOCIAÇÃO É UM PROCESSO ITERATIVO

Negociação não é um processo linear: é altamente improvável – e raramente aconselhável – você entrar em uma reunião, ouvir, fazer perguntas, entender, elaborar uma oferta e assinar um contrato em uma só sentada. Mesmo quando você está bem preparado, uma negociação minimamente complexa levantará novas informações, problemas imprevistos e táticas que você não antecipou.[1]

Negociar é um processo iterativo em que rodadas de negociação muitas vezes são a norma, sobretudo nas áreas da política, da economia e do comércio. Negociar exige repetidas interações. Por exemplo, em outubro de 2019 os Estados Unidos e a China estavam planejando sua 13ª rodada de negociações comerciais, que começaram em 2018.[2]

Primeiro, você prepara cuidadosamente o que quer (seu objetivo), em seguida tem uma ou várias reuniões durante as quais sem dúvida acrescentará elementos (condições) e aprenderá informações relevantes. Após várias reuniões, uma vez que você deu e recebeu todas as informações necessárias, é aí *e somente aí* que terá condições de fazer uma primeira oferta, que, por sua vez, será discutida e aprimorada. Ter paciência é uma atitude altamente útil ao negociar. Por exemplo, ser paciente quer dizer que é menos arriscado você assumir um compromisso rápido demais ou ficar (ultra) empolgado; ser paciente dá a você e à outra parte um tempo para pensar, além de um espaço em que você pode descobrir certos elementos ou informações novas. Fazer pressão por resultados pode ser interpretado como afã para fechar o negócio, e pode levar a um aumento de riscos.

O fato de o processo ser iterativo reduz a pressão por um resultado imediato ou rápido: quando você fica frente a frente com seu colega (durante a etapa do encontro), não há nenhum compromisso; é a hora de compartilhar informações. O fato de você não estar forçando ou pressionando a outra parte influenciará sua forma de agir e se comunicar, a escolha de palavras e atitudes e, portanto, o modo como ela responde. A confiança se constrói com o tempo, por meio de reuniões e discussões formais e informais. Vale a pena lembrar que sua própria atitude, sua postura e seu estilo de comunicação influenciarão enormemente o aproveitamento de uma reunião. As reuniões tenderão a ser menos desafiadoras, menos assustadoras e o clima será mais criativo, flexível e aberto. Veja mais a respeito na etapa das reuniões (consulte o Capítulo 6).

Figura 2.4

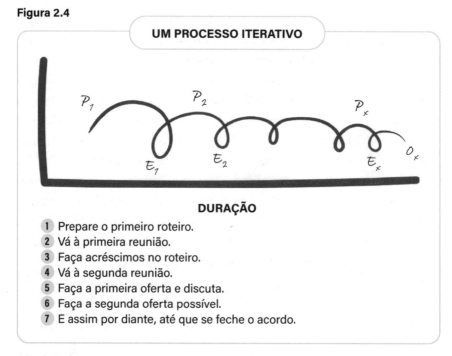

1. Prepare o primeiro roteiro.
2. Vá à primeira reunião.
3. Faça acréscimos no roteiro.
4. Vá à segunda reunião.
5. Faça a primeira oferta e discuta.
6. Faça a segunda oferta possível.
7. E assim por diante, até que se feche o acordo.

> **RESUMO**
>
> - Negociação é um processo de cinco etapas. Cada etapa é distinta, com foco e ferramentas próprios. O *mindset* geral permanece o mesmo do início ao fim: a outra pessoa é sua oportunidade e deve ser considerada como tal.
>
> - Negociação é um processo iterativo. Isso significa que será necessário ter paciência e planejar tempo suficiente. Sempre é aconselhável planejar suas negociações, garantindo tempo suficiente para várias rodadas de reuniões. A paciência envia sinais fortes.
>
> - Em cada etapa do processo, devem ser mantidas áreas de foco diferentes. Durante a etapa da preparação (análise do objetivo), o foco está em seu próprio objetivo, e você se fecha na "bolha do ego".
>
> - Na etapa da reunião, por sua vez, seu foco é na outra parte e em descobrir o que ela quer.
>
> - Ao se engajar na etapa da oferta, o foco volta a ser você, mas desta vez levando em consideração o que a outra parte deseja e como ela reagiu às suas necessidades e solicitações.

NOTAS

[1] M. Bazerman e D. Malhotra. It's Not Intuitive: Strategies for Negotiating More Rationally. *Negotiation*, maio 2006.

[2] RTS news. <www.rts.ch/info>. Reuters. <www.reuters.com/article/us-usa-trade-china-talk-explainer/u-s-china-trade-talks-where-they-are-and-whats-at-stake-idUSKCN1TT2JF> (disponível em: <https://perma.cc/Q6NX-9V74>).

CAPÍTULO 3
Pré-requisitos e posicionamento do seu objetivo (ferramenta de linkagem)

Para que uma negociação ocorra, várias condições devem estar presentes. Não basta simplesmente uma das partes decidir que quer negociar. Este capítulo explora, em primeiro lugar, os quatro pré-requisitos para uma negociação acontecer e a importância do "interesse". O interesse é a chave para o sucesso duradouro do acordo ou da parceria negociada, mesmo que esse interesse seja diferente de uma parte para outra. Em outras palavras, sem interesse não haverá acordo negociado que dure.

Em seguida, analisamos a ferramenta de linkagem. Essa ferramenta é usada para posicionar o objetivo, esclarecer o que negociável e o que não é, compreender as motivações da pessoa (intrínseca e extrínseca) e decidir sobre um ponto de abertura verdadeiro – o ponto além do qual você dá espaço à outra parte e começa a negociar. A clareza e a compreensão ajudarão você a estruturar sua linha de raciocínio e lhe dará uma base mais sólida a partir da qual avançar em direção ao outro com o *mindset* correto.

A isso, segue-se uma discussão sobre a motivação e a relação entre esta, a resiliência e a confiança, quando a negociação será explorada. A maneira como você define seus objetivos tem um papel fundamental em prever seu êxito em atingi-los. Por que é tão importante escolher um objetivo inspirador e positivamente declarado? Serão sugeridos alguns motivos, incluindo o fato de que parece haver uma conexão definitiva entre a definição de objetivos e as partes do cérebro.

PRÉ-REQUISITOS

Há quatro pré-requisitos para que um processo de negociação possa acontecer:

1. **Vontade:** Seu primeiro pré-requisito é a vontade de negociar. Você precisa *querer* negociar. Negociação é uma escolha, que

talvez não seja adequada a todas as situações. Às vezes, você pode querer impor (atitudes específicas em casa, como escovar os dentes, ou medidas de segurança em uma fábrica, objetivos para uma equipe...), convencer (tentar influenciar um projeto de preservação da natureza, uma questão política...) ou sugerir uma solução (para um problema de TI...) – veja o Capítulo 1.

2 **Oportunidade (ou seja, possibilidade):** O segundo pré-requisito é que seu desejo de negociar corresponda à prontidão da outra parte de se engajar no processo. É preciso que o outro lado esteja bem-disposto. Pode levar um tempo para ajudá-los a descobrir quais podem ser seus próprios interesses e descobrir qual poderia ser o resultado positivo para eles, se ainda não pensaram nisso. No entanto, se você se depara com alguém que de fato não quer negociar, não há nada que se possa fazer. Nesse caso, o aconselhável é adiar, quando (se) as circunstâncias tiverem mudado e forem mais promissoras.

Figura 3.1

3 **Criatividade:** O terceiro pré-requisito é a capacidade de inventar o que não existe, de pensar em opções novas ou diferentes, imaginar condições, criar e garantir possibilidades de mudança, estar aberto a novas soluções e ideias.

4 Flexibilidade: Ao lado da criatividade, você precisa de flexibilidade. Uma não existe sem a outra. Somente sendo flexível você conseguirá alguma coisa pelo processo da mudança. *Você está disposto a sair de A em troca de B.* Sem flexibilidade, não há possibilidade de mudança. Além disso, a inflexibilidade gera atitudes de bloqueio e intransigência, dificultando, assim, todo o processo.

Por fim, o que é de suma importância e mantém ambas as partes na negociação é o *interesse*. E esse foco no interesse continua ao longo de todas as cinco etapas.

As partes envolvidas *não precisam compartilhar o mesmo interesse*; porém, cada parte precisa ter o próprio interesse levado em conta, implícita ou explicitamente, em algum momento. Infelizmente, existe uma tendência frequente de esperar e querer que a outra parte compartilhe do seu interesse, o que leva a discussões e tentativas de convencer.

Figura 3.2

> **Exemplo**
>
> Vamos supor que você esteja envolvido em um projeto de distribuição e instalação de lixeiras em todos os parques públicos de uma cidade grande. Ao se encontrar com os

> funcionários públicos da cidade, seria muito mais fácil para você se eles já estivessem cientes do problema do lixo e interessados em seu projeto para ajudar a manter a cidade limpa. Então, você poderia se concentrar em iniciá-lo. Entretanto, se eles não estão cientes nem interessados em instalar as lixeiras ou na limpeza, a tendência seria você começar a argumentar a favor do caso, tentando encontrar argumentos convincentes e os justificando, em vez de discutir as condições mediante as quais eles estariam dispostos a apoiar o projeto.

O risco disso é que todas as partes podem perder de vista o resultado final, porque elas se perdem numa discussão sobre o que é mais importante para uma ou para outra. Não se pode negociar uma opinião ou um valor; isso tende a ser altamente pessoal. Em outras palavras, buscar convencer a outra parte de que o seu interesse é mais importante pode sair pela culatra quando você começa a discutir (na melhor das hipóteses) ou argumentar sobre (na pior) os motivos por que você pode querer alguma coisa ou precisar dela.

Você precisa direcionar sua energia tentando descobrir qual é o interesse da outra parte, ou pelo menos garantindo que ele seja levado em conta, ainda que não declarado explicitamente. No exemplo acima, pode ser uma preocupação com a proliferação de ratos, com o fato de que a cidade tem pouco orçamento para limpeza, de que a imagem do lixo não é atrativa para o turismo...

Se você está diante de uma pessoa que não sabe o que quer ou não tem clareza a respeito, será necessário mais tempo e habilidades mais precisas de comunicação para (ajudá-la a) descobrir. E se você se depara com alguém que na verdade não tem interesse em você e no que quer discutir, não perca seu tempo – não é que você seja um mau negociador; é que não há interesse em prosseguir, simples assim. Nesse caso, talvez você queira se esforçar para descobrir e dar mais informações (veja o Capítulo 4).

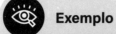 **Exemplo**

Fred trabalha em uma organização não governamental de preservação da natureza e está levantando fundos para um projeto importante a fim de construir uma reserva de preservação ambiental e salvar espécies em perigo de extinção. Fred entra em contato com uma grande multinacional para angariar fundos. Os principais interesses deles são o direito à isenção de impostos, construir uma boa imagem e promover material de marketing. O tema do projeto em si tem pouca ou nenhuma importância para eles. Se Fred investir seu tempo tentando convencê-los da importância de proteger as espécies em perigo, ele pode perder a chance de ouvir as necessidades deles ou de descobrir o que acham mais importante e o que querem, para que eles se envolvam financeiramente e fechem a parceria (por exemplo, *"Vocês nos financiam, deixamos usarem nossa imagem no seu relatório anual e obterem benefício fiscal para doar a instituições de caridade"*).

As partes não precisam ter o mesmo interesse para o acordo acontecer, mas *o interesse é a chave para o sucesso* do processo e precisa estar presente do início ao fim para que o acordo negociado seja de fato respeitado e posto em prática. Muitas vezes, em etapas posteriores de um processo de negociação, se a importância do interesse é minimizada, há o risco definitivo de as partes pularem fora ou não conseguirem se comprometer com o plano de ação com tanta energia.

A IMPORTÂNCIA DA PREPARAÇÃO E DE TER CLAREZA NO OBJETIVO

Sem um objetivo claro na negociação, não há o que mirar. O maior erro que as pessoas muitas vezes cometem ao partir para a negociação é não serem bem claras em relação ao que desejam. Por que isso é tão importante? E como se preparar?

No artigo "What Happened to your Goals?" ("O que aconteceu com seus objetivos?", em tradução livre), da *Chicago Booth Review*, descobertas da ciência comportamental sugerem que as pessoas se saem melhor se conceitualizam objetivos de maneira mais eficaz.[1] Em seu artigo "The Science and Psychology of Goal-Setting 101" ["A ciência e a psicologia do estabelecimento de metas 101", em tradução livre], Madhuleena Roy Chowdhury salienta que neurologistas que trabalham com a ciência do estabelecimento de metas provaram que o cérebro não consegue distinguir entre realidade e realidade imaginada. Então, quando você nos fornece uma imagem do objetivo que deseja alcançar, quando o visualiza com clareza, sua mente começa a acreditar que ele é real.[2] E, mais cedo ou mais tarde, seu cérebro começa a levá-lo a entrar em ação e a ser mais criativo.

A esta altura, é necessário ter uma imagem clara do que você (pensa que) quer, situá-la em um contexto mais amplo, definir por que quer o que quer e pensar no que é negociável e no que não é. Para isso, a ferramenta de linkagem a seguir pode ser muito útil. Você começa por uma ideia/objetivo geral do que quer antes de refiná-la(o) e detalhá-la(o) em termos mais precisos.

"Objetivos precisam ser voluntários e otimistas para que as pessoas consigam se motivar... Elas podem não atingir a meta, mas a meta otimista, não obstante, é mais motivadora que uma pessimista."[3] O Capítulo 5 guiará você pelas regras da definição de objetivos, incluindo o fato de que eles não devem vir numa afirmação negativa ("Eu não quero..."). Definir objetivos é uma ferramenta essencial para a motivação e o estímulo. Pesquisas verificaram uma forte conexão entre definição de objetivos e sucesso.[4] Decidir o que você quer alcançar é com frequência um desafio e tanto, regularmente negligenciado, e ainda assim é fundamental e influenciará todo o processo de negociação e o resultado. A ferramenta explicada na próxima seção dará a você algumas perspectivas sobre como estruturar seus pensamentos a respeito dos tópicos objetivo, motivação e estratégias.

PREPARANDO O "O QUÊ" E O "POR QUÊ": O USO DA FERRAMENTA DE LINKAGEM PARA AJUDÁ-LO A DEFINIR SEU OBJETIVO

Uma vez que você definiu o que quer alcançar em termos gerais, é preciso refletir mais sobre como posicionar seu objetivo. Para isso, você usa a ferramenta de linkagem (Figura 3.3). A ferramenta de linkagem serve para ajudá-lo a esclarecer seu posicionamento a si mesmo. Você não compartilha essa ferramenta com a outra parte.

■ Como usar a ferramenta de linkagem

Primeiro, escreva *o que você quer obter*, seu objetivo, sua direção, no meio do funil. Isso não é negociável: você nunca negocia as coisas que quer, e sim as condições com que pode obtê-las. Em seguida, pergunte-se *por que você quer o que quer*, escrevendo-o no topo do funil. Isso representa seus valores, o que é importante para você, suas motivações, os motivos pelos quais você quer alcançar o que deseja, por mais pessoais que sejam. O motivo por que a ferramenta tem formato de funil é que ele vai se expandindo conforme suas motivações vão ficando mais pessoais e numerosas. Seja o mais honesto e exaustivo possível.

Em algumas situações, seu objetivo pode ter sido definido pela organização, por seu gerente ou seu comitê, ou seja, por outros. Nesse caso, também é importante você compreender o objetivo, para descobri-lo/transformá-lo em uma oportunidade para si mesmo, de modo que seu comprometimento, sua resiliência e sua criatividade aumentem, levando a uma probabilidade maior de você obter êxito. Suas motivações (isto é, o "porquê") não serão necessariamente compartilhadas com a outra parte, a fim de evitar o início de um processo de convencimento: o que é importante e faz sentido para você talvez não seja importante nem faça sentido para ela. Falar sobre suas motivações aumenta o risco de que a discussão descambe para um debate de opiniões, o que pode durar muito tempo e afastar você do verdadeiro propósito da negociação. Para se conectar com êxito ao resultado desejado, você precisa entender claramente o "o quê" e o "por quê". Quanto mais motivos você descobrir para desejar alcançar o objetivo, mais provavelmente esse objetivo será alcançado. Motivação gera resiliência e sucesso. Seus motivos *não são negociáveis*, são pessoais e pertencem a você.

Por fim, você se pergunta como poderia atingir seu propósito, escrevendo-o na parte inferior da figura, o funil de cabeça para baixo. O *como* representa uma seleção de possíveis soluções, condições ou estratégias para conseguir o que você quer.

Figura 3.3

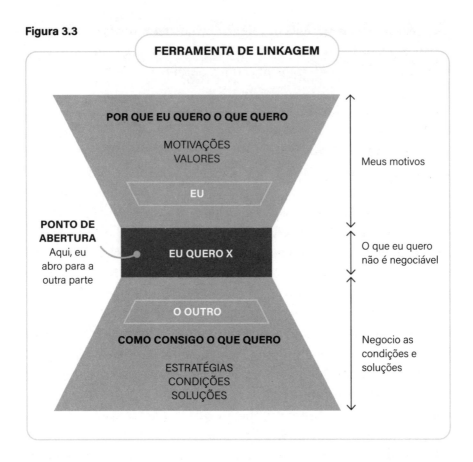

Lembre-se de que na negociação o *como* é criado em conjunto com a outra parte. Portanto, suas ideias sobre possíveis meios e soluções são negociáveis, a serem discutidas com o colega, e incluirão as ideias dele. A parte mais baixa do funil se amplia cada vez mais, já que possíveis soluções não têm fim. *Essas estratégias e condições são negociáveis.*

ALGUMAS PALAVRAS SOBRE MOTIVAÇÃO

Quanto mais você conseguir pensar no que o motiva em relação a seu objetivo, mais comprometido e resiliente você ficará. Ter clareza sobre a motivação e acreditar nela influenciará, por sua vez, seu comportamento, sua linguagem corporal, sua postura e seu estilo de comunicação.

Algumas das perguntas que você pode fazer a si mesmo (sobretudo se seu objetivo foi definido por outra pessoa) são:

- Qual é o motivo por trás deste objetivo?
- Quais valores, vantagens e oportunidades ele traz ou poderia trazer?
- Que impacto provável ele terá sobre você e outras pessoas?
- Como sua vida ficará melhor quando ele for atingido?

Há uma diferença entre motivação intrínseca – fazer algo por ela em si – e motivação extrínseca – fazer algo pela recompensa externa. Ser claro em relação aos motivos por que você quer atingir um objetivo específico terá influência na quantidade de sucesso que terá ao atingi-lo. O artigo "O que aconteceu com seus objetivos?" fala sobre pesquisas sobre definição de objetivos, motivação e sucesso realizadas por Fishbach e Woolley. Suas descobertas sugerem que o poder da motivação intrínseca deveria ser aproveitado, já que ela pode ser uma potente indicadora do sucesso futuro.[5] Portanto, é importante reconhecer qualquer elemento que motive a escolha de seu objetivo e estar ciente dele.

O estudo de George Wilson sobre abordagens centradas em valores para definição de objetivos e planejamento de ações revelou que, ao se definir objetivos, o fato de você focar valores fundamentais aumenta a probabilidade de sucesso. Dessa forma, valores exercem uma influência altamente motivacional.[6]

Quanto mais seu objetivo tem valor, importância e impacto para você, mais você ficará focado em estratégias para atingi-lo e atento a qualquer oportunidade ou pista que captar e que vá na direção certa. As que proporcionam resultados têm altos níveis de motivação para ser bem-sucedidas, além de resiliência e otimismo elevados para superar desafios, e para abrir caminhos a fim de fazer acontecer. O exemplo a seguir mostra como usar a ferramenta de linkagem com um estudo de caso de um projeto de inauguração de um *food truck* em um campus universitário elaborado por um grupo de estudantes de graduação.

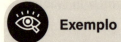 **Exemplo**

Você precisa organizar um *food truck* em sua universidade como parte de um acordo. A primeira coisa em que você pensa é que apenas suas notas são realmente importantes, portanto, precisa pôr mãos à obra, nada mais, nada menos. Depois, começa a pensar com mais profundidade. O que mais a elaboração desse projeto de *food truck* poderia lhe trazer? Quais oportunidades?

Algumas delas poderiam ser, por exemplo:

- Quando você inaugurá-lo, precisará informar aos alunos e professores sobre ele, o que pode te colocar em contato com os departamentos de comunicação, de recursos humanos ou de suprimentos da universidade.

- Você sempre se interessou por marketing e comunicação e gostaria de fazer um estágio nessa área, logo os contatos que poderá fazer e a experiência de divulgar o *food truck* poderiam ser excelentes.

- Você estará em contato com muita gente de equipes administrativas seniores, cada uma com uma rede de profissionais.

- Você terá que lidar com autoridades locais para garantir toda a papelada necessária e cumprir exigências sanitárias e de segurança. Conhecer algumas pessoas importantes da administração local poderia ser útil em termos de experiência e *networking*, já que você precisará fazer vários estágios durante o último ano.

- Você está estudando gestão de projetos em outro curso, talvez possa usar esse projeto de *food truck* para testar uma nova ferramenta. Etc...

Pense na oportunidade!

O "por que" é pessoal: você escolhe o que vai compartilhar – se houver algo – e comunicar. É preciso pensar com cuidado em uma coisa: o que você diz sempre influenciará como seu colega o vê, a opinião dele, e influenciará as expectativas que ele tem. Você quer correr o risco de ter um confronto sobre os motivos pelos quais deseja algo ou um debate sobre se seus motivos são válidos? Ou, em vez disso, decide que pode ser mais estratégico mencionar uma única razão específica porque tem certeza de que o colega é sensível ao tema? Você pode, inclusive, optar por não dizer nada sobre suas motivações.

Figura 3.4

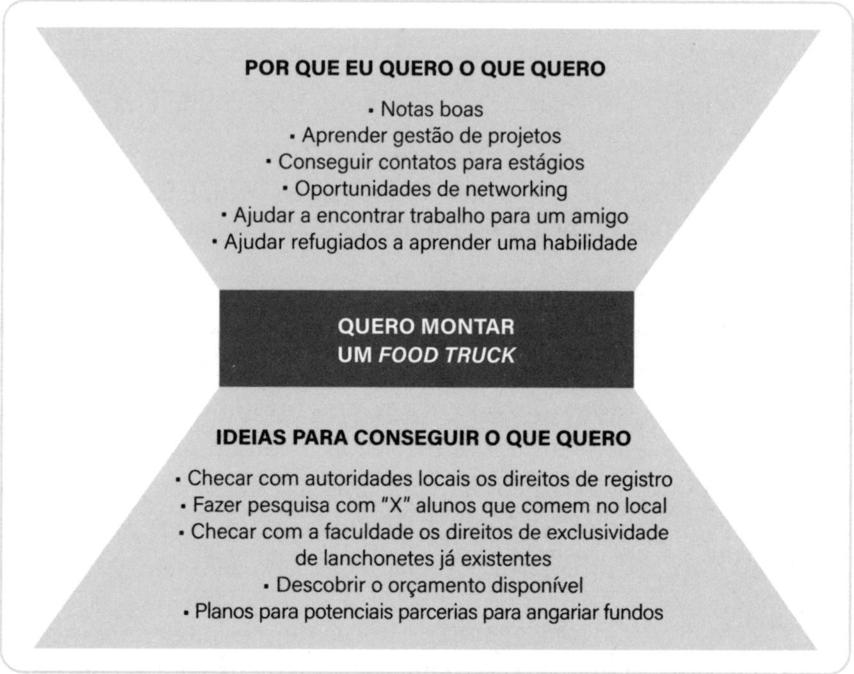

POR QUE EU QUERO O QUE QUERO
- Notas boas
- Aprender gestão de projetos
- Conseguir contatos para estágios
- Oportunidades de networking
- Ajudar a encontrar trabalho para um amigo
- Ajudar refugiados a aprender uma habilidade

QUERO MONTAR UM *FOOD TRUCK*

IDEIAS PARA CONSEGUIR O QUE QUERO
- Checar com autoridades locais os direitos de registro
- Fazer pesquisa com "X" alunos que comem no local
- Checar com a faculdade os direitos de exclusividade de lanchonetes já existentes
- Descobrir o orçamento disponível
- Planos para potenciais parcerias para angariar fundos

Exemplo

Helmut está levantando fundos para um projeto na área de pesquisas sobre o câncer e entrou em contato com a SaveLives Foundation, envolvida em angariar fundos para projetos importantes de pesquisas médicas.

> Helmut sente que seu projeto está alinhado com a missão da Foundation, logo mencionará seu "nível acima", ou seja, o primeiro motivo por que está entrando em contato com ela: que o projeto para o qual ele está levantando fundos poderia levar a uma descoberta de primeira linha no ramo da detecção do câncer de mama. Por outro lado, se Helmut contatar um banco particular, ele pode optar por falar mais sobre a visibilidade da pesquisa (para fins de marketing) – portanto, dando informações que poderiam gerar interesse da outra parte.

Nem sempre pode ser necessário comunicar o que está no topo do funil (motivação); na verdade, na maioria das vezes, pode até ser melhor não falar. Isso porque seus motivos *por que* pertencem somente a você, e pode não ser nem interessante nem útil compartilhá-los com a outra parte.

- Quanto mais você quiser compartilhar linhas de raciocínio, mais arrisca tentar convencer o outro com seus próprios argumentos. Seus motivos *por que* podem não fazer sentido ou ser importantes para ele. Quanto mais argumentos você expuser, maior o risco de a outra pessoa não concordar com uma das linhas de pensamento e vocês começarem a debater o que está certo e o que está errado. Além disso, quanto mais a outra parte percebe que o tema discutido é importante para você, mais provável é que o "preço" suba.

- Vocês não precisam necessariamente concordar com o "por quê" para concordar com o "o quê".

- Quanto mais tenta convencer alguém, mais você fala. Quanto mais fala, menos a outra pessoa fala, menos você ouve e aprende o que é valioso para ela; em última instância, é isso que você precisa saber para conseguir dar início à dinâmica da troca.

Assim, você precisa distinguir com clareza suas motivações e valores (não negociáveis) de suas estratégias (negociáveis); e lembre-se de que seu objetivo também não é negociável. Ter clareza a esse respeito fortalecerá sua confiança, sua resiliência e sua comunicação.

O PONTO DE ABERTURA: SEU OBJETIVO

Na ferramenta de linkagem (Figura 3.3), seu objetivo está posicionado no centro da análise, entre ambos os funis. O posicionamento do objetivo é fundamental. **É isso que será comunicado** (veja o "discurso introdutório", página 85) à outra parte. Se o objetivo for alto demais, você vai falar sobre suas motivações e valores, se baixo demais, sobre suas soluções e condições (*como você imagina que seu objetivo deve ser alcançado*). Sempre teste seu objetivo subindo para vários níveis, perguntando-se *"Por que eu quero isto?"* e respondendo de forma honesta. Pensar na intenção por trás de um objetivo também pode ser útil. Mais sobre definição de objetivos será abordado no Capítulo 5.

Seu objetivo é seu *ponto de abertura*: o ponto além do qual você dá abertura à outra parte, a suas possíveis soluções, a sugestões sobre como poderia atingir o objetivo, às reações a suas ideias. *Você se abre para o outro*, o que significa que além desse ponto a outra pessoa tem uma certa quantidade de poder e influência sobre como as coisas serão executadas – embora, em última instância, a decisão final seja sua. Você sempre pode dizer não.

Voltando ao *o quê*, pessoas que têm capacidade de focar o resultado final (ou focadas em soluções) conseguem visualizar o que elas querem para si mesmas, seu projeto, sua organização. Pessoas com foco claro são mais bem-sucedidas em atingir seus objetivos. Sem objetivos, há pouca motivação. Ter uma visão clara de seu objetivo facilita avançar rumo a ele, porque objetivos **direcionam suas ações e influenciam sua criatividade** conforme você abre e busca caminhos para alcançá-los.

O foco, o estímulo e a direção clara que provêm de um objetivo específico muitas vezes são o que fazem a diferença entre os que têm êxito e os que têm dificuldades. Ao escrever sobre motivação, definição de objetivos e líderes, o *coach* profissional Stephen Gribben salienta que

É fácil distinguir pessoas que definem objetivos e pessoas que não os definem pelo nível de motivação e senso de propósito naquilo que fazem. Pessoas e equipes focadas nos próprios objetivos enfrentam todos os desafios e criam oportunidades para atingir os resultados desejados. As que não definem objetivos podem apenas navegar à deriva, na esperança de acabar em algum lugar melhor.[7]

Nos últimos anos, pesquisas neurocientíficas têm analisado a ligação entre definição de objetivos e o cérebro. Como informa Chowdhury, Granot *et al.* descobriram que definir objetivos dinamiza a pressão arterial sistólica, o que traz ação, e Alvarez e Emory observaram que o sistema de ativação reticular (SAR) é uma parte do cérebro que desempenha um papel fundamental na regulagem de ações definidoras de objetivos. O SAR processa todas as informações e canais sensoriais relacionados às coisas que precisam de atenção neste exato instante. Portanto, quando você define um objetivo, e sobretudo quando o escreve usando papel e caneta, seu SAR é ativado. E uma das coisas que seu SAR faz quando ativado é filtrar as mensagens e informações que você recebe do ambiente, registrando somente as relacionadas àquilo a que se está prestando atenção nesse momento específico, em tempo real. Assim, a ativação do SAR ajuda a focar a mente para se concentrar nos tipos de informação relacionados aos objetivos que você definiu.

Como mencionado anteriormente, quando se trata de definir objetivos, o SAR funciona de duas maneiras: primeiro, pelo simples ato de anotar seu objetivo; segundo, por meio da visualização. Imaginação é fundamental quando o assunto é definição de objetivos. Berkman e Lieberman relataram que pessoas com poder de visualizar seus objetivos têm maior ativação cerebral. Imaginar o sucesso repetidas vezes e lembrar a si mesmo de seu objetivo mantém o SAR constantemente estimulado e promove uma definição de objetivos eficiente.[9]

Portanto, marque uma reunião com você mesmo e reserve um tempo especial para pensar com clareza sobre o que deseja alcançar. Outra vantagem de usar com cuidado a ferramenta de linkagem é que, às vezes, ela pode esclarecer que o que você quer de fato é convencer a outra parte de que sua ideia ou solução para um problema específico é a melhor. Ela o ajudará a perceber que sua melhor estratégia não deveria ser a negociação, mas, na verdade, descobrir argumentos claros e sensatos que visam convencer.

Exemplo

Jerry é analista de negócios de TI em uma grande corporação. Ultimamente, ela vem trabalhando em um desafio específico: seu cliente interno – o centro de suporte ao cliente – está com problemas para monitorar as reclamações dos clientes. Jerry acredita que finalmente encontrou a melhor solução com o grupo de desenvolvimento de *software* da TI: um novo módulo para instalar no aplicativo já existente. Ela tem várias estratégias que pode implementar com o centro de suporte ao cliente:

1) Para convencê-los: "Encontrei a melhor solução e vou expor todos os argumentos para convencer vocês disso, a fim de podermos ir adiante com a atualização."
2) Para negociar: Primeiro, Jerry precisa fazer a linkagem e "subir um nível", isto é, a partir de *"Quero instalar o módulo X"* ela se pergunta *"Por que quero instalar o módulo X?"* Uma resposta poderia ser *"Para responder às necessidades da minha unidade de monitorar as reclamações dos clientes"*. Assim, o objetivo dela passa a ser *"Quero melhorar o monitoramento das reclamações dos clientes"* e discutir as condições com que podemos implementar uma solução satisfatória tanto para você (o cliente interno) como para a empresa. *"Tenho uma ideia para apresentar, mas pode haver outras..."*

A primeira opção de Jerry é convencer seu cliente de que sua solução é a melhor e mais eficiente. Na segunda, Jerry direciona o foco para encontrar uma solução e para as características que essa solução deveria ter.

A primeira opção está exposta na Figura 3.5. A segunda se pareceria com algo como a Figura 3.6.

Figura 3.5

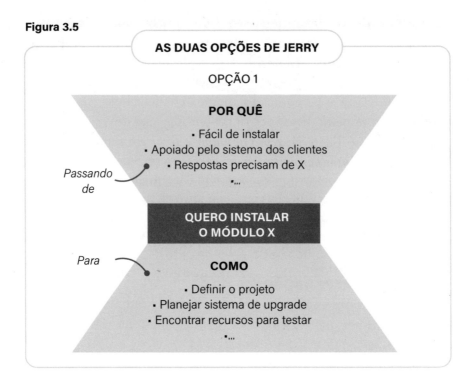

Figura 3.6

Lembre-se, *negociação é uma escolha*, e em algumas situações você vai precisar de outra abordagem, como no exemplo acima, em que seu desejo real é *convencer* seu cliente a deixá-lo instalar o Módulo X. A pressão do tempo também poderia influenciar sua escolha de tática. O importante é fazer as perguntas a si mesmo, efetuar a linkagem e pensar seriamente a respeito. E se você optar por negociar, ou seja, se entrar em um processo bilateral, *é preciso ouvir e levar em conta os desejos e necessidades da outra parte.*

Ter o nível certo de abertura quando você finalmente se encontra com a outra parte ampliará suas escolhas, criará mais oportunidades para ser criativo e o ajudará a se posicionar de forma correta.

VONTADE E PREPARAÇÃO

Muitos estudos e situações reais destacaram o fato de que as razões mais comuns por que as pessoas não conseguem o que querem são:

- porque elas não têm clareza em relação ao que de fato querem;

- porque não têm coragem de pedir o que querem;

- porque, mesmo que elas peçam alguma coisa, muitas vezes sua mensagem é confusa e incompreendida.

Antes de mais nada, por que é tão importante saber o que se quer? Você já tentou jogar dardos com os olhos vendados? Exceto por pura sorte, há poucas chances de acertar um alvo que não se pode ver ou visualizar. Além disso, será extremamente desafiador comunicar com clareza um objetivo se ele não está bem definido em sua própria mente. Quanto mais seu objetivo for claro e fizer sentido para você, mais ele será acessado claramente pela outra pessoa e, na verdade, mais você vai ousar pedir as coisas; seu nível de (auto)confiança aumentará, assim como sua resiliência.

A vontade é fundamental, porque ela está fortemente ligada à realização de um objetivo. O autor e budista Joseph Goldstein destaca a importância de se querer algo de verdade e do poder da vontade. "É como o gerente de equipe da mente, coordenando todos os outros fatores para realizar um propósito... Sua função é organizar, agrupar e direcionar todos os outros fatores mentais para um fim específico."[10] Ter um objetivo que esteja claro em sua mente e que você possa transformar em palavras é essencial para conseguir alcançá-lo: tão logo seja necessária a ajuda de outros, você precisa conseguir comunicá-lo. Força de vontade e intenção trazem a força da ação. Trocando em miúdos, todas as ações intencionais e voluntárias têm o poder para trazer resultados no presente e no futuro.

Pelo fato de a motivação desempenhar uma função tão determinante no desenrolar de nossas vidas, um objetivo forte e inspirador é uma base para o processo de negociação de cinco etapas descrito neste livro. Muita gente, ao ser questionada, acha incrivelmente difícil afirmar com clareza o que deseja obter e verbalizar de verdade o resultado ou a solução desejados. E se você não consegue dizer o que quer em um processo de negociação que envolve, por natureza, uma ou mais "outras partes", como é que elas vão saber? Há quem tente estratégias prolixas de manipulação, que às vezes podem funcionar, mas a que preço? Você quer construir e negociar parcerias e colaborações que vão durar. Até que ponto é provável seu colega seguir o acordo ou dar continuidade ao relacionamento se ele foi manipulado no processo? É muito mais eficiente, sob vários aspectos, expressar claramente o que se quer (veja o Capítulo 6) de maneira transparente, tendo claro o fato de que transparência não significa abrir mão ou desistir. Mais que o sigilo, muitas vezes a transparência possui um efeito que desarma.

Uma vez que você compreendeu e adotou o *mindset* descrito no capítulo anterior e tem uma opinião clara de seu objetivo e de suas motivações (depois de fazer uma linkagem no objetivo), há cinco etapas específicas para praticar a negociação com foco em soluções. Cada uma delas é distinta e separada, com seus próprios ferramenta e método. Essa separação é importante, já que ajuda na sistematização e clarifica o comportamento. Elas serão descritas com detalhes nos próximos capítulos.

RESUMO

- Para conseguir entrar em um processo de negociação, você precisa de vontade e oportunidade (ou seja, não basta querer negociar; sua vontade também precisa corresponder à vontade da outra parte: todos precisam querer se engajar). Os outros dois pré-requisitos são criatividade e flexibilidade.

- Ao ser criativo, você vai abrir o leque do escopo do que conseguirá alcançar, e aprimorar o resultado das negociações. Aliado à flexibilidade, ampliar as opções do que seria possível pedir garantirá que seu acordo negociado tenha mais valor e conteúdo.

- Ao longo de todo o processo, manter o interesse – não apenas o seu, mas o de todas as partes envolvidas – é a chave. Porém, lembre-se sempre de que as várias partes não precisam compartilhar o mesmo interesse, e cuidado para não cair na armadilha comum de tentar defender seu ponto de vista e fazê-las concordar que seu interesse é mais válido que o delas.

- Interesse é um conceito fundamental. Embora as várias partes não precisem ter o mesmo interesse, é realmente importante que o de cada uma delas seja levado em consideração.

- Usar a ferramenta de linkagem ajudará você a refletir sobre o que quer, sobre por que o quer e sobre as possíveis estratégias para chegar lá.

- Seu objetivo é o ponto de entrada para a negociação, o ponto além do qual você precisa levar em conta a outra parte.

NOTAS

[1] Ayelet Fishbach, citado em A. G. Walton. What Happened to your Goals?. *Chicago Booth Review*, 2017. <https://review.chicagobooth.edu/behavioral-science/2017/article/what-happened-your-goals?source=ic-em-> (disponível em: <https://perma.cc/ STX2-LMRQ>).

[2] M. R. Chowdhury. The Science and Psychology of Goal-Setting 101. *Positive Psychology*, 2020. <https://positivepsychology.com/goal-setting-psychology/> (disponível em: <https://perma.cc/A4YC-PFYX>).

[3] Ayelet Fishbach, citado em A. G. Walton. What Happened to your Goals?. *Chicago Booth Review*, 2017.

[4] M. R. Chowdhury. The Science and Psychology of Goal-Setting 101. *Positive Psychology*, 2020.

[5] Ayelet Fishbach, citado em A. G. Walton. What Happened to your Goals?. *Chicago Booth Review*, 2017.

[6] C. D. Kerns. The Positive Psychology Approach to Goal Management: Applying Positive Psychology to Goal Management Increases Effectiveness. *Graziadio Business Review*, v. 8, n. 3, 2010. <https://gbr.pepperdine.edu/2010/08/the-positive-psychology-approach-to-goal-management/>. (disponível em: <https://perma.cc/ JAV5-8CZW>).

[7] S. Gribben. *Key Coaching Models: The 70+ Models Every Manager and Coach Needs to Know*. London: Financial Times Publishing, 2016.

[8] M. R. Chowdhury. The Science and Psychology of Goal-Setting 101. *Positive Psychology*, 2020.

[9] *Ibidem.*

[10] J. Goldstein. *Mindfulness*. Louisville: Sounds True, 2013.

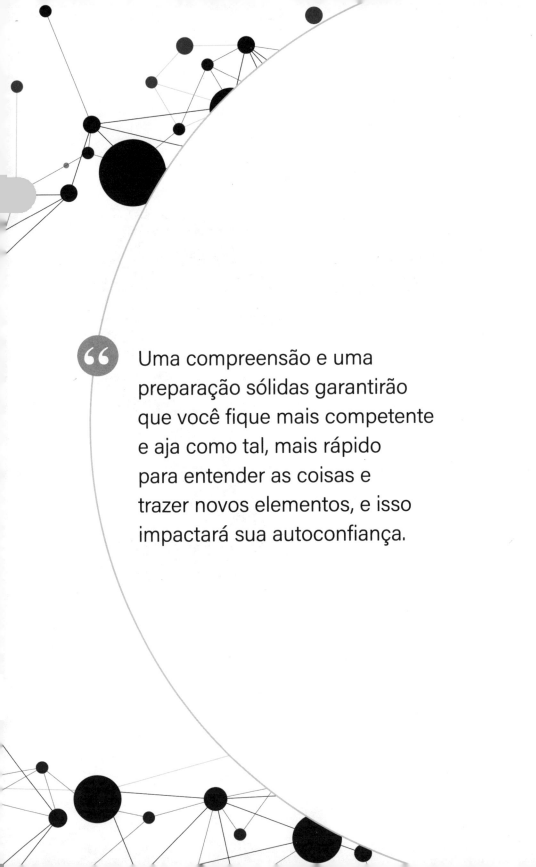

> Uma compreensão e uma preparação sólidas garantirão que você fique mais competente e aja como tal, mais rápido para entender as coisas e trazer novos elementos, e isso impactará sua autoconfiança.

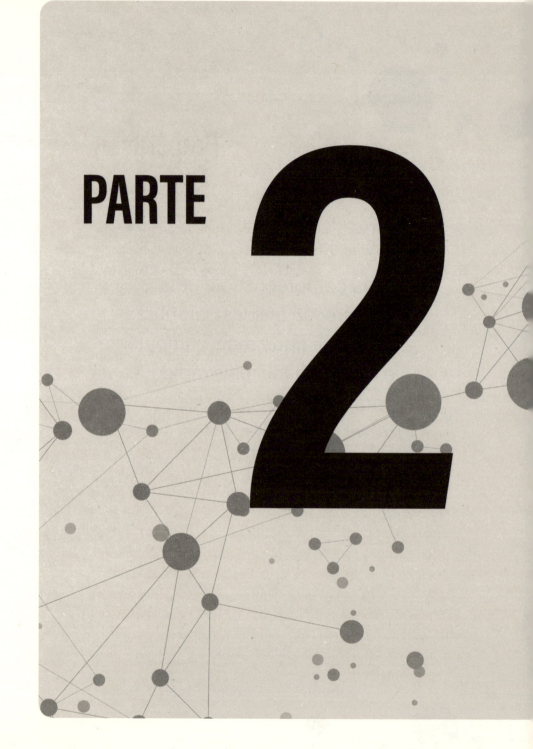

PARTE 2

Preparação

A Parte 2 deste livro foca os aspectos do processo de negociação de cinco etapas, que envolve preparação e inclui a "análise contextual" e a "análise do objetivo". Esses itens do foco devem ser analisados antes das negociações, e deve-se reservar um tempo apropriado para essas duas etapas. Atribui-se amplamente a Benjamin Franklin o adágio "falhar em se preparar é se preparar para falhar". Ele estava certo. A preparação é um pré-requisito fundamental para uma boa e valiosa negociação.

A Parte 2 começa com um capítulo sobre análise contextual e explica como considerar e avaliar o contexto em que suas negociações acontecerão, bem como fazer os planejamentos adequados. Isso envolve tópicos voltados para o nível externo, como o contexto geral, organização e planejamento. A propósito, o próximo capítulo sobre análise de objetivos se somará a como preparar seu objetivo e o roteiro de negociação. Isso envolve tópicos voltados para o nível interno, como o que você deseja obter (seu objetivo e condições). Essas duas etapas contêm *checklists* e ferramentas para ajudá-lo a fazer sua análise. Uma vez que as etapas forem definidas, a Parte 3 continuará com uma visão geral da reunião, e a Parte 4, com a elaboração da oferta e o fechamento do acordo, bem como o passo final para a implementação.

CAPÍTULO 4

Etapa 1:
Análise contextual

Figura 4.1

Este capítulo foca a análise contextual e os elementos necessários nos quais é preciso pensar durante esta etapa do processo. É importante pensar em cada elemento e decidir sobre muitos. Quanto mais você sabe a respeito da situação e do contexto geral, mais conseguirá pensar no que deseja alcançar, escolher a melhor equipe de negociadores, deixar claro quem você quer contatar para trazer à mesa de negociações e planejar de que maneira fazer contato com essa pessoa. Estar familiarizado com o contexto e conhecê-lo fará você se sentir mais à vontade com a negociação iminente. Uma compreensão e uma preparação sólidas garantirão que você fique mais competente e aja como tal, mais rápido para entender as coisas e trazer novos elementos, e isso impactará sua autoconfiança.

Este capítulo começa explorando detalhadamente o que deu origem ao desejo ou à necessidade geral de negociar e analisando o contexto em que a negociação vai acontecer. Abordaremos quem são os melhores interlocutores – entre eles, seus colegas, as pessoas em geral, as partes, comunidades etc. – que você vai querer (ou precisar) ter na mesa de negociações e como ter acesso a eles, bem como quem deveria constituir sua própria equipe de negociadores. A coleta e o compartilhamento de informações têm influência importante e, por vezes, crucial, sejam as informações que você opta por compartilhar ou as perguntas que decide fazer. Também será preciso pensar com cuidado em aspectos de logística e planejamento.

Em seguida, abordamos negociações multiculturais. Negociações multiculturais são uma consideração importante para sua análise contextual. Atuamos em um mundo verdadeiramente global. As negociações não se limitam mais a quem você consegue enxergar do outro lado da mesa ou contatar por telefone, e está ficando mais fácil – até vital – desenvolver parcerias com pessoas do mundo inteiro. No entanto, normas culturais, boas práticas e etiqueta variam, e o impacto delas sobre as negociações e a comunicação nunca deve ser subestimado. Embora a mesma metodologia possa ser aplicada a todas as culturas, há elementos que você precisa levar em conta ou inevitavelmente terá dificuldades. Negociações multiculturais exigem cuidado e compreensão extra, e é por isso que uma seção inteira foi dedicada a esse tópico.

ANÁLISE CONTEXTUAL

A análise contextual ajuda você a refletir sobre o contexto em que as negociações acontecerão. Ela o ajudará a decidir se a negociação é a melhor abordagem, a entender o que deu origem à situação ou ao conflito e a elaborar uma estratégia macro. Ela o auxiliará a definir o ambiente em que as reuniões (assim se espera) ocorrerão, a logística e também os aspectos cruciais referentes à informação. Ela também o ajudará a pensar nas pessoas que estarão envolvidas.

Os temas a seguir precisam ser ponderados e, *quando relevante*, respondidos. Em muitas situações políticas e empresariais, cada ponto específico pode ser, em si, uma negociação e ter muita coisa em jogo. Uma vez que você tem clareza do que quer dessa negociação, de seu objetivo e dos desejos a ele relacionados, é preciso pensar com cautela nos pontos a seguir.

■ Contexto

A primeira consideração na análise contextual é entender o que deu origem à necessidade ou ao desejo de negociar. O contexto se refere às circunstâncias que cercam e influenciam as situações. Em certas situações, o contexto terá um impacto menor, embora ainda relevante; porém, em outras situações ele será extremamente influente. Por vezes, o contexto pode ser bem direto, como ao negociar de que modo ir ao aniversário de sua filha sem comprometer o progresso de um projeto de trabalho (veja o Capítulo 1) e, outras vezes, incrivelmente complexo, como em negociações do Brexit.

Deve-se ter em mente os itens a seguir ao analisar o cenário:

- Qual o contexto geral em que a negociação vai acontecer (situação política, conflito social, assuntos econômicos, integração, gestão de projetos etc.)?

- Qual é o seu maior objetivo? Acha que a negociação é a melhor estratégia?

- Acha que pode haver segundas intenções? *Você* tem segundas intenções? Qual é sua verdadeira intenção?

■ Cronograma e planejamento

O próximo elemento a ser ponderado com atenção é o cronograma geral, a agenda e o planejamento da negociação, sobretudo em relação ao planejamento das reuniões. É importante reservar tempo suficiente para vários encontros, para as pessoas refletirem sobre as negociações e levarem em consideração novos elementos ou mudança de circunstâncias. Às vezes, seu prazo para negociação será ilimitado, outras, haverá um prazo em que você saberá que numa data específica será necessário chegar a um acordo. Por exemplo, as negociações relacionadas à estadia de jovens atletas durante os Jogos Olímpicos da Juventude que aconteceram em Lausanne, na Suíça, tiveram que ser finalizadas antes do início dos jogos em janeiro de 2020, um prazo-limite fixo.

As perguntas a seguir precisam de respostas:

- Quando as negociações deveriam acontecer? Quando é o melhor momento para dar início às discussões?

- Existem prazos ou metas que você precisa levar em conta? Em algumas situações existe um prazo, e nesse caso você precisa planejar para a data final (por exemplo, na Copa do Mundo: a data de início não é negociável; a construção de uma vila olímpica precisa estar pronta antes do início dos jogos; um módulo precisa ser desenvolvido antes de o *software* entrar em operação). Nessas situações, você precisa fazer um retroplanejamento e começar tendo em mente a data final, planejando de trás para frente.

- Qual o melhor momento para fazer as reuniões? Busque um bom horário, quando a atenção e a proatividade tendem a ser maiores. Certifique-se de planejar tempo suficiente e reuniões suficientes. Pode haver – e muitas vezes há – vários encontros ("rodadas de negociações" – já que o processo é iterativo), conforme mencionado no Capítulo 2.

- Quantas reuniões você acha que haverá? Planeje com antecedência para diminuir o risco de pressionar ambas as partes. É raro que as pessoas reajam bem e criativamente sob pressão.

- Quanto tempo deve durar o processo geral? E cada reunião?

Exemplo

Uma fábrica vai fechar em 24 meses. Um acordo trabalhista coletivo precisa ser negociado para os funcionários. Primeiro, o acordo precisa ser aceito pela equipe e pelos membros do sindicato, depois pelo CEO, antes que os aspectos legais possam ser elaborados. Portanto, é importante planejar metas específicas com bastante antecedência, isto é, esboçar e enviar a proposta ao CEO no fim do primeiro trimestre e elaborar e enviar a proposta atualizada na segunda semana do segundo trimestre. No fim do terceiro trimestre, é feita uma proposta definitiva pelo departamento jurídico. Em meados do quarto trimestre, o plano e o acordo são comunicados a toda a equipe e às pessoas de fora da fábrica.

■ Interlocutores, estilo de comunicação e diferenças culturais

O terceiro tópico a ser considerado se relaciona a seus colegas – as pessoas que, idealmente, você tem à mesa de negociação. Conversar com a pessoa "certa" é um grande passo rumo à obtenção de seu objetivo. Você precisará especificar quem tem mais poder ou influência para ajudá-lo, direta ou indiretamente, definir como entrar em contato com essa pessoa e reunir a maior quantidade possível de informações sobre ela, como meios de comunicação favoritos, perfil profissional e história cultural.

Será preciso especificar os seguintes pontos:

- Quem seria seu melhor interlocutor, seu colega ideal? É muito importante identificar e garantir que as pessoas certas estejam à mesa e que você teve como alvo as melhores para si, *considerando o tópico a ser discutido*.[1] Que autoridade, hierarquia e poder de decisão ou círculo de influência essas pessoas têm?

- Quais você acha que podem ser os interesses delas (com base em fatos)? Evite adivinhar e imaginar: se forem feitas hipóteses, garanta que elas sejam validadas.

- Há diferenças culturais de que você deveria estar ciente?

- O que você sabe sobre seu estilo de comunicação favorito (p. ex., pessoalmente ou por meios eletrônicos)? Até que ponto elas são acessíveis? O que você precisa fazer para contatá-las? Você pode enviar um e-mail ou telefonar para elas diretamente ou seria melhor que alguém as apresentasse?

- Qual é seu relacionamento passado (se houver algum) com a outra parte e como isso influenciará o processo?

Exemplo

Ao negociar um acordo trabalhista coletivo, é melhor conversar primeiro com o gerente do RH ou com o CEO? É mais provável que um esteja mais aberto à negociação da equipe do que o outro? Um exerce influência sobre o outro?

■ **Local, acesso e logística**

Pode ser preciso considerar aspectos logísticos e organizacionais para que você se prepare para várias alternativas. Dependendo do contexto, isso pode causar um grande impacto, por exemplo, no planejamento. Por exemplo, se suas negociações envolvem pessoas de países diferentes que precisarão se encontrar presencialmente, você terá de planejar mais tempo para a viagem. Ao contrário, se as reuniões serão organizadas somente por aplicativos de videoconferência (veja o Capítulo 8 sobre negociações on-line), você vai precisar levar muito em consideração o acesso à tecnologia e banda larga. Vez ou outra, talvez sejam necessários equipamentos específicos; talvez códigos de acesso especiais de segurança sejam necessários para entrar em um edifício ou laboratório controlado. Em certas situações relacionadas a tréguas e conflitos, deve-se entrar em um acordo sobre se as várias partes poderão estar armadas ou não quando se encontrarem.

Uma análise cuidadosa dos itens a seguir será útil:

- Onde as negociações e os encontros deveriam acontecer? Tente garantir que o local seja adequado e escolhido com cuidado, com pouco barulho ou distrações. O leiaute e o conforto são importantes para criar uma atmosfera que conduza a uma comunicação boa e efetiva. Evite toda influência negativa no ambiente.

- Há questões de segurança que você deveria levar em conta (p. ex., restrições de acesso, zonas de guerra, áreas de risco à saúde)?[3] Alguma coisa relacionada a acesso e local (por exemplo, a última reunião aconteceu em um lugar neutro ou na cidade/no país do meu colega, e a próxima precisa ser no seu...) precisa ser levada em consideração?

- Algum equipamento específico é necessário?

Para especificidades on-line, veja o Capítulo 8.

■ **Sua equipe de negociação**

Ao negociar, geralmente é útil trabalhar em uma equipe bem-preparada. Embora as pessoas possam negociar sozinhas e o façam – às vezes, não há outra opção –, estar cercado por e ser parte de uma equipe que sabe das coisas pode ser extremamente útil. Esse elemento de sua análise contextual foca quem deveria estar em sua equipe de negociadores. Um grupo de muitas pessoas raramente combina com eficiência. A equipe é constituída de vários cargos específicos e sempre inclui duas pessoas principais (um "piloto" e um "copiloto"). Especialistas também podem ser necessários. Vez ou outra, você talvez tenha que contratar um intérprete. A divisão de funções é a seguinte:

- **Piloto**: sua tarefa principal é conduzir a discussão, falar, fazer perguntas, responder, dar informações, fazer propostas hipotéticas.

- **Copiloto**: sua tarefa principal é observar, reformular se alguma coisa não estiver clara, ajudar a manter o foco, tomar notas e fazer resumos.

- **Especialistas**: suas tarefas principais são dar opiniões e conselhos de especialistas sobre assuntos específicos e responder a perguntas relativas à sua área de *expertise*.

- **Intérprete**: em negociações multiculturais e em negociações onde pode haver deficientes auditivos e/ou de fala, pode ser necessário ter intérpretes presentes. Eles precisam de orientações completas sobre o tema da discussão para que possam preparar a terminologia antes da reunião. Em negociações multiculturais, é importante ter acesso a um intérprete familiarizado com o ambiente cultural no qual e com o qual você está negociando.[4] Escolha sabiamente o intérprete. Antes de contratá-los, verifique suas experiência e habilidades e certifique-se de orientá-los antes que as negociações comecem. Gerencie e planeje a interpretação como faria com qualquer outro elemento tático em acordos. Você também precisa lembrar se a interpretação será simultânea ou consecutiva e adaptar as instalações adequadamente.

O piloto e o copiloto funcionam como uma equipe em que este último ajuda o primeiro quando necessário, lendo as sugestões, contribuindo quando algo precisa de esclarecimento, dando ao piloto um tempo para pensar. Se possível, quase sempre é melhor ser uma equipe (isto é, piloto/copiloto) – é útil ter quatro olhos observando e quatro ouvidos escutando; isso reduz a pressão e dá a cada membro um tempo para pensar/respirar. Por exemplo, quando o copiloto faz um resumo, o piloto pode dar uma olhada nessas observações para ver o que ainda precisa ser discutido e se concentrar no que vem pela frente. Obviamente, nem sempre é possível haver duas pessoas negociando, como em uma entrevista de emprego. No entanto, mesmo que você esteja sozinho, as tarefas acima devem ser executadas: às vezes, você assumirá o papel do piloto, outras, o do copiloto, pedindo alguns minutos para resumir e ler suas anotações.

O trabalho dos especialistas é frequentemente necessário e importante; porém, eles precisam ser cuidadosamente monitorados e solicitados a responder somente a perguntas específicas. Na realidade, a melhor maneira de afundar uma negociação é colocar dois especialistas frente a frente, porque eles funcionam com a lógica da verdade ("*Estou certo*"), enquanto negociadores funcionam com a lógica do interesse. Especialistas "sabem melhor" (afinal, eles *são* especialistas) e tendem a defender seu ponto de vista. Mas reflita: *para você, é mais importante conseguir o que quer ou ter razão? Será que seu ego está se intrometendo?* O ideal é que os especialistas não estejam na mesma sala que os negociadores, mas deve ser possível contatá-los em cima da hora, e eles devem receber orientações claras sobre seu papel e o que se espera deles, ou seja, responder apenas a perguntas precisas ou dar informações quando especificamente solicitadas.

O negociador profissional Laurent Combalbert defende firmemente que a pessoa que tomará a decisão final, a mais interessada em negociar o acordo deve de fato evitar ser o piloto ou, mesmo, estar presente, mas, em vez disso, delegar as discussões e as negociações a outro. É melhor evitar deixar uma pessoa de ego inflado à mesa de negociações ou, se ela precisar estar presente, certifique-se de orientá-la com cautela sobre as vantagens que *ela tem* de permanecer aparentemente mais passiva.

Durante as etapas de análise contextual, decida quem será o piloto e quem será o copiloto. Esses papéis são intercambiáveis, mas não se pode ser ambos ao mesmo tempo. É aconselhável prepará-los com antecedência para que você deixe claro, ao chegar à mesa de negociações, quem fará o que e como se comunicar com eles. Certifique-se de que a equipe esteja bem orientada e que nunca se contradiga na frente dos outros participantes das reuniões. Papéis e responsabilidades precisam ser claros, e opiniões pessoais, evitadas: vocês são uma equipe e precisam atuar como uma, sobretudo diante dos colegas.

Por fim, enfatize qual autoridade e poder de decisão você e sua equipe têm.

■ Informação

Informação é crucial e influencia a maneira como a negociação vai evoluir. A qualidade, a relevância e a disponibilidade de informações para cada parte precisam ser verificadas com cautela. Todos precisam ter *a informação necessária* para conseguir tomar uma decisão equilibrada. O risco de uma decisão ou compromisso dar errado porque se baseou em informações inadequadas ou insuficientes é alto. Em algumas situações, a retenção de dados ou a transmissão de informações falsas são usados para ameaçar acordos ou manipular a outra parte. Se você entrar nesse jogo, qual a probabilidade de a pessoa respeitar o acordo negociado? E se esse motivo não for suficiente, lembre-se de que às vezes ocultar informações pode ser legalmente prejudicial. O comprometimento de todas as partes é necessário para se fazer uma parceria duradoura e bem-sucedida e para levar a cabo o acordo negociado: se as pessoas descobrirem que foram "pegas" ou manipuladas, com que probabilidade investirão energia na parceria? Você precisa considerar dois aspectos:

- *O que é preciso saber sobre a outra parte e a situação?* É importante descobrir o máximo possível sobre o contexto da outra pessoa. Hoje em dia, com a internet, há um sem-número de informações por aí (relatórios anuais, análises orçamentárias, redes sociais, documentos, artigos etc.), bem como pessoas e colegas que podem saber sobre esse pessoal, essa cultura e essas organizações com que você está prestes a negociar. Quanto mais você souber, mais será capaz de entender as sutilezas da situação. No entanto, fique ciente de que nem tudo o que encontrar reflete a verdade.

Se estiver em dúvida, não imagine ou suponha; em vez disso, valide suas hipóteses ou pergunte, simples assim. A coleta de informações é ainda mais importante quando as partes são multiculturais, por exemplo, para ter em mente as regras comportamentais das outras culturas presentes. Prepare com cuidado o que você precisa perguntar para coletar informações que não conseguiu encontrar por conta própria, lembrando-se de sua verdadeira intenção. Isso ajuda a evitar perguntas capciosas e motivos ocultos.

- *O que é interessante eles saberem sobre você?* O que você quer que eles saibam sobre você e sua situação? Muitas técnicas de negociação se atêm à ideia de que "quanto menos os outros sabem, melhor". O modelo descrito neste livro, no entanto, segue a linha de que informações estrategicamente fornecidas desempenham um papel extremamente importante em gerar interesse e, por vezes, até mesmo a necessidade da outra parte de negociar. A ideia por trás de fornecer informações sobre você ou sua situação é criar e/ou influenciar o interesse da outra pessoa em fechar um acordo com você; em outras palavras, **é que elas percebam que há algo que podem ganhar em montar esse quebra-cabeça, engajar na negociação, colaborar com a questão ou a parceria.**

Há duas regras básicas a seguir: primeiro, tudo o que você diz precisa ser verdade; segundo, não é preciso dizer tudo; você escolhe a dedo o que dizer. Não esconda as dificuldades. Ser transparente pode ter um efeito que desarma.[6] Não se deve subestimar o poder da informação. Para dar um passo além e mais profundo, você também pode se perguntar qual é sua real intenção por trás das informações que quer transmitir.

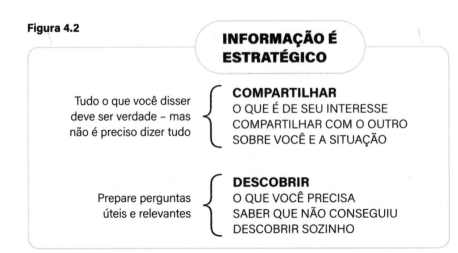

Figura 4.2

NEGOCIAÇÕES MULTICULTURAIS

Vários estudos revelaram que negociações entre culturas muitas vezes são mais desafiadoras que negociações feitas dentro do mesmo ambiente cultural, principalmente porque culturas são caracterizadas por diferentes comportamentos e atitudes, estilos de comunicação e sistemas de valores. A cultura abrange os comportamentos e normas sociais encontrados nas sociedades humanas, bem como o conhecimento, as crenças, artes, leis, costumes, capacidades e hábitos das pessoas desses grupos.[7] Ao pesquisar como cultura e etnia moldam a dinâmica de gênero em negociações[8] (mais sobre gênero e negociação será abordado no Capítulo 12), Toosi *et al.* consideram a cultura uma rede mais ampla de padrões e valores comportamentais que, juntamente com etnia e gênero, interagem para moldar concepções de comportamentos socialmente aceitáveis em negociações. Portanto, a cultura não se limita à nacionalidade, mas a qualquer grupo de pessoas que tenham comportamentos similares, valores, normas e estilo de comunicação.

A cultura desempenha um papel importante em negociações porque a cultura de outras pessoas compõe as lentes através das quais as atitudes e ações alheias são percebidas e interpretadas e por meio das quais elas veem e interpretam o mundo que as cerca. Comportamentos, normas, valores e estilos de comunicação são fortemente influenciados por diferenças culturais e o potencial para mal-entendidos é alto, o que pode trazer consequências dispendiosas. Quando mesmo dentro da própria cultura as pessoas podem perceber e interpretar a "mesma" realidade de maneira diferente, há uma possibilidade significativa para diferenças ao se lidar com várias culturas ao mesmo tempo. Além disso, não apenas os países têm culturas específicas, mas equipes e organizações, também. Com frequência, as pessoas tendem a pensar que a cultura está ligada somente à nacionalidade, mas cada vez mais o termo adquire um significado mais abrangente, como cultura organizacional, cultura de aldeias, cultura universitária, cultura prisional, cultura adolescente e cultura de deficientes auditivos e de fala.[9]

Figura 4.3

CULTURA É UM SISTEMA DE NORMAS, COMPORTAMENTOS E VALORES COMPARTILHADOS POR MEMBROS DE UM GRUPO QUE INFLUENCIAM O ESTILO DE COMUNICAÇÃO

CUIDADO
COM ESTEREÓTIPOS E SUPOSIÇÕES, JÁ QUE ELES PODEM LEVAR A MAL-ENTENDIDOS DISPENDIOSOS.

Negociações multiculturais são mais desafiadoras por três motivos principais:

- Muitas vezes, estereótipos estão presentes ao se lidar com culturas diferentes, sendo frequentemente pejorativos e levando a expectativas distorcidas e mal-entendidos.

- Comportamentos, valores e crenças alheias são interpretados através das lentes da cultura de uma pessoa.

- A cultura influencia intensamente os estilos de comunicação.

Para simplificar, seres humanos organizam dados dentro de "caixinhas" chamadas estereótipos, atalhos cognitivos que ajudam as pessoas a organizar o volume de dados com que constantemente se deparam. Estereótipos ajudam a classificar pessoas e comportamentos. Ainda simplificando, são feitas suposições com base em comportamentos que, então, são interpretadas de maneira específica. Em outras palavras, o que alguém diz ou a maneira como se comporta é interpretado com base em suposições justificadas por estereótipos – muitos dos quais estão conectados à cultura.

O psicólogo holandês Hofstede[10] notou em sua pesquisa que valores culturais estruturam percepções e influenciam consideravelmente estilos de comunicação, sejam eles verbais ou não verbais. Estilos variados de comunicação se desenvolveram ao longo da história e de culturas. Reconhecer estilos diferentes e respeitá-los é um primeiro passo para aprimorar a comunicação multicultural. Um segundo passo é saber como adaptar e mudar a escuta, de modo a compreender *o significado por trás da mensagem*. Nenhum estilo é melhor que o outro, nenhuma percepção é mais correta que a outra. Assim como a comunicação verbal, a comunicação não verbal é altamente influenciada por diferenças culturais. Um exemplo comum é o contato visual: em certas comunidades, contato visual é sinal de honestidade e respeito, enquanto em outras é considerado um sinal de ameaça e desafio.

Embora diferenças culturais possam trazer desafios extras e dificuldades para se chegar a um acordo em negociações, elas também podem ser oportunidades fantásticas para pensar em elementos criativos e valiosos devido às diferentes percepções, prioridades, crenças e valores.[11]

Mesmo que não haja respostas simples a esses desafios multiculturais, as dicas a seguir podem ajudar:

- Torne-se mais consciente da variedade de culturas (por vezes sutil) em torno da mesa de negociações. Antes de qualquer negociação, reserve um tempo para estudar o contexto e a outra parte, incluindo as variadas culturas a que pertençam – nacionalidade, área de trabalho, cultura corporativa etc. Aprenda o quanto for possível.

- Adapte seu estilo ao contexto – contanto que isso não comprometa seus valores. Em certas culturas, por exemplo, pode haver comportamentos subservientes (para você) que na sua opinião são inaceitáveis. Nesse caso, talvez você queira se perguntar se não é melhor enviar outra pessoa à mesa de negociações.

- Procure entender o que está por trás dos códigos de comportamento.

- Ao negociar em ambientes multiculturais, lembre-se:
    - Todas as percepções são relativas e incompletas.
    - Todas as percepções são justificáveis e aceitáveis: esqueça a hipótese de que a sua é universal.

- Se você se sente respeitado em suas diferenças culturais, vai se sentir mais inclinado a respeitar o outro.

- Abrir-se à percepção da outra parte não significa abandonar sua própria percepção, mas ampliá-la, desenvolvendo-a e até mesmo adaptando-a.
- Observe sem julgar.
- Na dúvida, pergunte.
- Cada uma das partes precisa da ajuda da outra: cada uma é uma oportunidade para a outra. Portanto, é do seu interesse compreendê-la o melhor possível.
- Você não está lá para julgar e mudar comportamentos alheios.

Figura 4.4

DICAS PARA TER EM MENTE

- ✓ ESQUEÇA O PRESSUPOSTO "MINHA PERCEPÇÃO É UNIVERSAL".
- ✓ APRENDA O MÁXIMO POSSÍVEL SOBRE AS CULTURAS COM QUE VOCÊ ESTÁ LIDANDO.
- ✓ OBSERVE COM A MENTE ABERTA – EVITANDO (OU ESTANDO CIENTE DE) JULGAMENTOS.
- ✓ QUANDO POSSÍVEL, ADAPTE O ESTILO AO CONTEXTO.

Figura 4.5

LEMBRE-SE SEMPRE

- ✓ NEGOCIAÇÕES INTERCULTURAIS TÊM POTENCIAL IMENSO PARA CRIATIVIDADE, E TAMBÉM PARA EXPLORAR DIFERENTES PRIORIDADES, VALORES E PREFERÊNCIAS.
- ✓ INDEPENDENTEMENTE DA CULTURA DA QUAL A OUTRA PARTE PROVÉM, VOCÊ PRECISA DELA PARA CHEGAR A UM ACORDO.

Basicamente, se você está negociando em um ambiente multicultural, precisa abandonar a ideia de que suas percepções são universalmente compartilhadas e que suas interpretações falam por si só. A principal questão não é *"quem está certo"* ou *"quem está errado"*, e sim *"Como podemos levar em conta todos os interesses e negociar um acordo sustentável, considerando que temos diferenças essenciais?"*. Negociações multiculturais, ainda que mais desafiadoras que as monoculturais, também comportam um potencial imenso para a criatividade, o que ajuda a descobrir condições mais variadas, aumentando, assim, a capacidade para trocas.

■ Uma palavrinha sobre o humor

Muitas vezes, o humor está relacionado a divertir ou provocar risos sobre uma característica ou uma (sub)cultura em outra pessoa ou grupo. Trocando em miúdos, humor e piadas frequentemente zombam de atributos estereotipados. Deve-se evitar tentativas de fazer humor, já que isso pode ser um campo minado e uma empreitada altamente arriscada, sobretudo em negociações multiculturais. Você pode prejudicar seriamente o relacionamento, chatear alguém de que precisa, transmitir uma imagem lamentável sua ao ser, por exemplo, insensível. O que você pensa ser genuinamente engraçado pode acabar ofendendo (demais) o receptor. Uma piada autodepreciativa pode ser possível se você pensar com cautela no efeito que pode causar: qual é sua verdadeira intenção? Você realmente precisa fazer piada para quebrar o gelo? Qualquer coisa que envolva política, religião ou sexualidade está, obviamente, fora de questão![12]

■ A planilha da análise contextual

A planilha a seguir pode ser usada para ajudar a preparar sua análise contextual. É para ser utilizada como *checklist* – preenchendo os retângulos apenas quando relevante, dependendo da situação. Elabore sua planilha, começando pela primeira coluna (*Condições desejadas*), e comece sempre pela situação ideal para você se tiver escolha. Em outras palavras, se pudesse escolher o local, onde a reunião aconteceria? Se pudesse escolher os participantes (tanto a equipe quanto os colegas), quem você escolheria? *Elementos conhecidos* se referem a qualquer elemento que você conheça sobre a situação e que você considere relevante. *Condições inaceitáveis* são elementos que não são aceitáveis para você. Digamos, por exemplo, que você pode fazer a reunião que procura, mas somente se pegar um voo para a Suécia para um encontro de uma hora. Isso pode, simplesmente, ser inaceitável para você.

Quadro 4.1

Meta (nível macro)	Condições desejadas (do que eu realmente gostaria)	Elementos conhecidos	Condições inaceitáveis
Interlocutor: nome, função, poder/influência...			
Aspectos culturais para lembrar (p. ex., possível necessidade de um intérprete)			
Cronograma, planejamento e prazos possíveis			
Local e acesso			
Questões de logística e segurança			
Minha equipe: quem, quais funções, necessidade de especialistas, qual autoridade			
Estilo de comunicação e mídia utilizada			
Informações: descobrir, perguntar, transmitir			

RESUMO

- A análise detalhada do contexto em que suas negociações ocorrerão desempenha um papel muito importante.

- Comece o processo com uma macroanálise, uma visão panorâmica do ambiente a que você foi chamado para negociar.

- Cada elemento da análise contextual pode ser extremamente importante e uma negociação distinta em si. Você deve reservar o tempo necessário para esclarecer cada um.

- Baseie o que conseguir em fatos, e não em suposições ou na imaginação, e faça o maior número possível de descobertas. Na dúvida, prepare perguntas.

- Sua equipe de negociação precisará receber orientações atentas sobre a função que desempenha, sobre o que se espera dela e sobre como você quer que seja a comunicação entre os membros. Pilotos e copilotos têm papel ativo e importante.

- Fique extremamente alerta ao negociar em ambientes multiculturais, já que eles podem ser excepcionalmente desafiadores e sensíveis. O multiculturalismo também fornece um enorme potencial para a criatividade, portanto, mantenha a mente aberta e aprenda o máximo possível.

- Evite o humor, pois o risco de gerar constrangimento e bloqueios supera o efeito potencialmente positivo.

NOTAS

[1] Um problema grande para o governo francês com o conflito "Gilet Jaunes" na França no fim de 2018 e no início de 2019 foi a ausência de um interlocutor específico representante do movimento com quem o governo pudesse conversar. *Le Point*, n. 2420, 17 jan. 2019.

[2] Negotiation Skills: Negotiation Strategies and Negotiation Techniques to Help you Become a Better Negotiator, do Program on Negotiation at Harvard Law School, consultado em 2019.

[3] Muitas questões precisaram de planejamento e negociação cuidadosos para organizar a cúpula de junho de 2018 entre o então presidente estadunidense Donald Trump e o líder Kim Jong-un, da Coreia do Norte. O local da cúpula, por exemplo, foi minuciosamente negociado, incluindo segurança, acesso, localização geográfica etc.

[4] Harvard Law School. *International Negotiations: Cross-cultural communication skills for international business executives*. [s.d.]. <www.pon.harvard.edu/freemium/international-negotiations-cross-cultural-communication-skills-for-international-business-executives/> (disponível em: <https://perma.cc/9237-L9Z8>).

[5] L. Combalbert. *Le Point*, n. 2420, 17 jan. 2019.

[6] B. Piccard. How to Raise $170 Million for a Crazy Idea, 2016. <https://www.linkedin.com/pulse/how-raise-170-million-crazy-idea-bertrand-piccard> (disponível em: <https://perma.cc/U3YA-2VR9>).

[7] Culture. Wikipedia.en.wikipedia.org/wiki/Culture (disponível em: <https://perma.cc/U3YA-2VR9>).

[8] N. R. Toosi *et al*. How Culture and Race Shape Gender Dynamics in Negotiations. In: M. Olekalns; J. A. Kennedy (Eds.). *Research Handbook on Gender and Negotiation*. Cheltenham: Edward Elgar, 2020. <www.researchgate.net/publication/340249117_How_Culture_and_Race_Shape_Gender_Dynamics_in_Negotiations> (disponível em: <https://perma.cc/GS6H-8MJT>).

[9] L. Cardenas. Overcoming Cultural Barriers in Negotiations and the Importance of Communication in International Business Deals. *Harvard Law School*, 27 abr. 2021. <www.pon.harvard.edu/daily/international-negotiation-daily/bridging-the-cultural-divide-in-international-business-negotiations/> (disponível em: <https://perma.cc/E5SY-ADTU>).

[10] G. Hofstede. *Culture's Consequences: Comparing Values, Behaviors, Institutions and Organizations Across Nations*. New York: SAGE, 2001.

[11] Inspirado por F. Gino. Dear Negotiation Coach: Crossing Cultures in Negotiation. *Negotiation*, set. 2013. <www.pon.harvard.edu/> (disponível em: <https://perma.cc/CL3E-YTBQ>).

[12] Para mais leituras sobre humor, consulte M. Young, Whimsicality: the Power of Humor in Negotiation, 2016. <www.linkedin.com/pulse/whimsicality-power-humor-negotiation-mark-young> (disponível em: <https://perma.cc/F5W6-KT7H>).

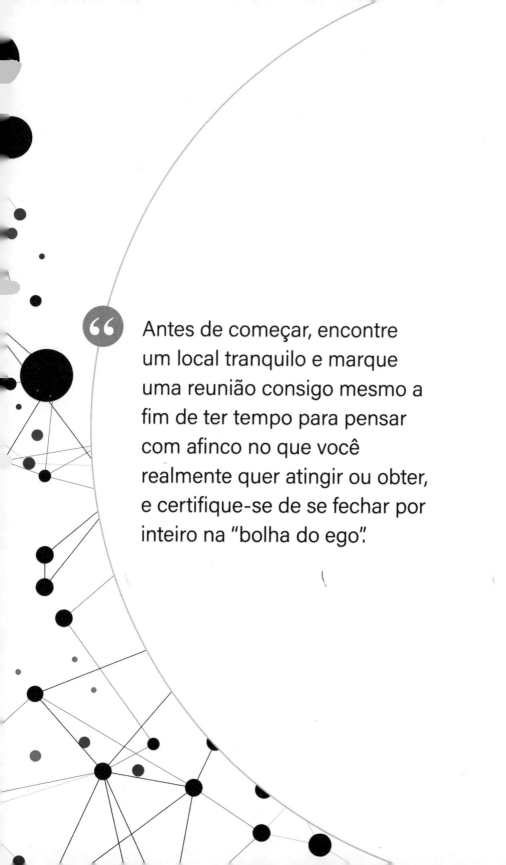

> Antes de começar, encontre um local tranquilo e marque uma reunião consigo mesmo a fim de ter tempo para pensar com afinco no que você realmente quer atingir ou obter, e certifique-se de se fechar por inteiro na "bolha do ego".

CAPÍTULO 5
Etapa 2: Análise do objetivo

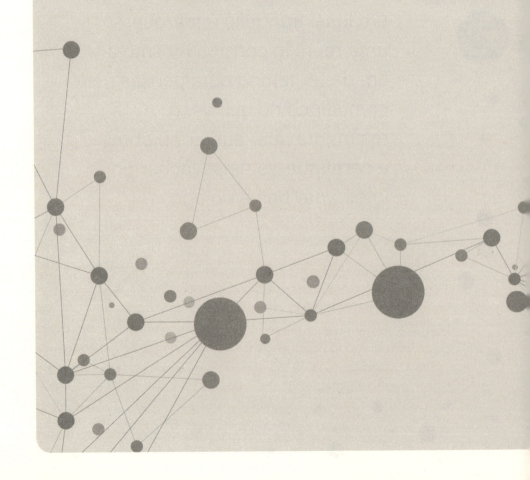

Figura 5.1

Este capítulo foca um dos elementos mais importantes de sua negociação: seu objetivo, o resultado final que sua negociação busca atingir. Você verá como analisar com detalhes o que deseja obter e o propósito da negociação. Começando com sua própria meta geral – que teria sido especificada usando-se a ferramenta de linkagem vista no Capítulo 3 –, você percorrerá os elementos que constituirão o roteiro de sua negociação.

Para começar, serão apresentados alguns erros comuns a evitar nesta etapa. As três seções subsequentes exploram do que se constitui um roteiro de negociação. Primeiro, será discutida a importância da definição e da formulação do objetivo. O próximo foco será como dividir seu objetivo em condições negociáveis e como decidir quais são vitais e quais são opcionais. A última seção se concentrará na importância de definir suas ambições e os limites de suas condições.

Antes de começar, encontre um local tranquilo e marque uma reunião consigo mesmo a fim de ter tempo para pensar com afinco no que você realmente quer atingir ou obter, e certifique-se de se fechar por inteiro na "bolha do ego".

TRÊS ERROS COMUNS A EVITAR

Há vários erros que as pessoas cometem com frequência ao se envolverem numa negociação que podem causar consequências graves à qualidade dos resultados negociados.

■ Não se preparar

O primeiro deles é não se preparar ou não reservar tempo suficiente para pensar com clareza no que se quer. Sabe-se muito bem que uma boa preparação aumenta a probabilidade de um bom negócio ou mesmo, simplesmente, de se chegar a um acordo satisfatório em certas situações complexas. Não se pode atingir um objetivo que não se vê, muito menos comunicá-lo de maneira clara e, com sorte, sem duplo sentido. E, ainda assim, muitas pessoas entram em uma negociação com uma ideia mal definida do que realmente querem. Reservar tempo para pensar com clareza compensa o investimento.

■ Ser reativo

O segundo erro é ser reativo. Você deveria (tentar) nunca reagir diretamente ao que a outra parte pede ou às circunstâncias. Muitas vezes, ser reativo o faz subestimar o que *você* de fato quer, esquecer-se de si mesmo, e o impele a agir sobretudo com base na solicitação da outra pessoa, influenciado por aquilo que *ela* quer. Lembre-se de que seu colega não tem vez nesta segunda etapa. Durante o tempo que você passa preparando e especificando o que quer, é preciso estar fechado na bolha do ego. Não se pensa em mais ninguém – você se concentra apenas em si, no que seu projeto pode ser, em sua equipe, família, situação, seu "lado". Você sempre deve buscar se ancorar em si mesmo e tentar mudar uma atitude reativa para uma proativa – uma oportunidade. *"Se não posso mudar essa situação, como posso transformá-la em uma possível vantagem para mim?"* Às vezes, você não pode fazer muita coisa em relação a circunstâncias externas, mas sempre pode decidir como vai reagir. Sua reação é algo sobre o qual você tem poder, mesmo que às vezes esse caminho seja extremamente difícil. Mais discussão a respeito no Capítulo 9.

Exemplo

Você enfrenta a infeliz situação de perder o emprego por causa de motivos econômicos.[1] Você tem várias opções:

- Lutar (*"Eu não deveria ser despedido – vou processar você"*), possivelmente arranjando um advogado para representá-lo, indo a um sindicato ou à mídia.

- Sentir-se vítima (*"É tão injusto, vou largar tudo"*).

- Ou mudar seu *mindset* e buscar oportunidades em uma situação difícil (*"Já que fui despedido, gostaria de ir embora sob as melhores condições, e elas são..."*).

A última opção impacta imensamente a dinâmica das discussões que você terá com seus superiores e o departamento de RH e sobre a maneira como as pessoas com quem você conversa reagirão. E, talvez o mais importante, terá um efeito e tanto sobre como você enxerga a si mesmo, conforme se torna um agente mais proativo, ao menos tentando afetar o resultado em vez de se sentir mais uma vítima e simplesmente aceitar o que está acontecendo. Assim, ao menos você abre a possibilidade de conseguir negociar um pacote interessante. Nelson Mandela resumiu essa abordagem ao sugerir que escolhas devem *refletir esperanças em vez de medos*.[2]

■ Querer conseguir duas coisas ao mesmo tempo

O terceiro erro a evitar é preparar e misturar dois objetivos ao mesmo tempo. O risco é você diluir sua energia, sua criatividade e sua concentração. O tempo é precioso, e você terá menos porque está pensando e analisando dois objetivos com profundidade em vez de se concentrar na meta mais importante. Ter duas metas frequentemente gera uma "melhor" opção e uma "segunda melhor" opção, e você não pode lutar por ambas ao mesmo tempo. Não é possível ganhar uma medalha de ouro se, na sua cabeça, você se conformou com a de prata. Outro risco de preparar dois objetivos é que você tenderá a – ainda que de forma inconsciente – dar à outra parte o poder de decidir qual deles é mais importante, quando na verdade você e somente você deveria decidir quais são seu objetivo e prioridades. O melhor caminho a seguir é descobrir "o" objetivo que o inspira, que você realmente quer obter na parceria com seus colegas.

Em outro contexto, relacionado ao esforço dedicado a um objetivo, a mesma ideia foi descrita desta forma:

> Certo dia, um arqueiro inexperiente se apresentou com duas flechas. Seu mestre lhe disse "Iniciantes não devem usar duas flechas. Se você confiar na segunda, não dará atenção suficiente à primeira. Em vez disso, é importante se concentrar 100% na primeira flecha, sem se perguntar qual atingirá o alvo".[3]

ANÁLISE DO OBJETIVO

Nesta etapa, você vai preparar seu objetivo de maneira bastante detalhada. Você vai definir suas condições, quantificar limites, descrever seus desejos mais sólidos e pontos de ruptura, além de arrematar as informações que quer transmitir e as perguntas que precisa fazer. A ferramenta e o roteiro no fim do capítulo o ajudarão a detalhar com cuidado o que você quer alcançar.

Seu objetivo é a base de sua negociação, sua força motriz, sua direção. Para otimizar essa etapa, você precisa *se trancar na "bolha do ego"* (veja o Capítulo 2) e focar *o que deseja alcançar*, sem se perguntar o que a outra parte quer ou imaginar como ela pode reagir. Se você pensar na outra parte neste momento, facilmente minimizará seus objetivos e esperanças, mudará alguns aspectos da meta ou, mesmo, ignorará algumas coisas importantes para si. Provavelmente, vai menosprezar algumas condições e presumir certas coisas que a outra parte pode querer. O *mindset* ideal para essa etapa é se perguntar *"Se pudesse fazer o que quero, como seria?"*. Em outras palavras, *"Se eu tivesse uma varinha mágica, como seria minha situação ideal?"*.

Enquanto não souber o que deseja alcançar, você estará sob influência da outra parte, sobretudo se *ela* tiver muita clareza do que quer. Quando está inseguro sobre o que quer, você também tenderá a considerar a outra parte uma oponente, um problema, porque reagirá às necessidades declaradas ou aos desejos dela frequentemente de uma forma que bloqueia o andamento. *Lembre-se, seu objetivo é especificado por meio da ferramenta de linkagem* (veja o Capítulo 3).

Figura 5.2

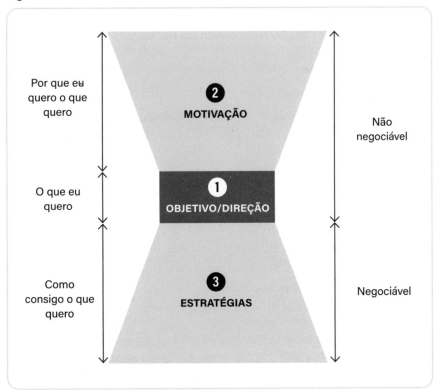

Agora, você está em sua *bolha do ego* e pode começar a definir seu roteiro e elementos centrais:

- objetivo;

- condições;

- ambições;
- limites;
- perguntas;
- informações.

Estes seis elementos constituem o roteiro de sua negociação, que será a base para a reunião (Etapa 3). Você precisa saber com clareza e se manter fiel ao que é negociável e ao que não é negociável. Um roteiro é uma estrutura que especifica sua situação nesse momento preciso de sua vida/projeto. Defina-o claramente e *acredite nele*! Quanto mais você trabalhar nele, mais claro e mais real ele vai ficar em sua mente e, a partir daí, será mais fácil comunicá-lo. Você pode elaborá-lo da maneira a seguir.

■ Como definir seu objetivo

Seu objetivo sempre deve ser escrito no formato *"Eu quero (alguma coisa) sob certas condições"*. Esta fórmula bem simples pode ser dividida em duas partes distintas:

- **Parte 1:** *"Eu quero..."*: é o que seu objetivo realmente é, o que você deseja alcançar, o resultado final. Ninguém pode impedir você de querer o que quer, embora possam impedi-lo de obter. A outra parte pode impedi-lo de atingir seu objetivo, mas não de desejá-lo. Essa é a disposição, o pré-requisito da vontade (veja o Capítulo 3) – algo que não é negociável, que não está aberto para debate ou modificação. Seu objetivo é não negociável.

- **Parte 2:** *"... sob certas condições"*: é o sinal de que você está pronto para e disposto a negociar, a adentrar um processo bilateral – em vez de, por exemplo, impor o que quer. Você não quer seu objetivo sob *quaisquer* condições. Você o quer sob *certas* condições, as quais discutirá com a outra parte. É importante entender que você não discute seu objetivo, e sim as condições sob as quais pode alcançá-lo.

As regras para definir seu objetivo são as seguintes:

- Um objetivo não é negociável.

- Um objetivo precisa ser inspirador, uma oportunidade, uma força motriz. Quanto mais seu objetivo for inspirador, maior sua motivação para atingi-lo e maior sua resiliência. Sua autoconfiança também será impactada. O Capítulo 3 fala sobre a importância da motivação e da resiliência. Lembre-se das conclusões de Locke e Lathan nas próprias pesquisas, a saber, a maneira como você define um objetivo está relacionada a mais motivação, autoestima, autoconfiança e autonomia.[4]

- Um objetivo precisa ser sempre positivo e refletir uma oportunidade. Ele nunca pode ser formulado de maneira negativa: seu subconsciente não ouve negações, e é incrivelmente difícil e antinatural lutar para *não* obter alguma coisa. Diante de uma meta negativa (obviamente, pode haver momentos em que você não deseja algo), vale a pena se perguntar: *"O que quero em vez de X?"* (*"Se não quero essa situação, ou se eu pudesse fazer o que quisesse – o que seria?"*). Essa mudança de *mindset* ajudará você a ter uma atitude (ligeiramente) diferente, e, com o tempo, é provável que o auxiliará a realmente tentar buscar seu objetivo. Por exemplo, mude *"Não quero trabalhar com X"* por *"Quero trabalhar com Y"*, ou *"Não quero perder meu emprego"* por *"Quero sair sob as melhores condições possíveis"*.

- O tema de seu objetivo é sempre você. Em outras palavras, você precisa querer algo *para si mesmo*, não para outra pessoa. Se cometer o erro de querer alguma coisa para outra pessoa (*"Quero que você faça/seja..."*), você não está mais na bolha do ego. O outro se torna responsável pela obtenção de sua meta, e, portanto, as condições em que você pensa terão como base suposições sobre ele, sobre o que você pensa que podem querer, como reagiria se lhe perguntassem X, qual truque pode usar para trazê-los a bordo. Você também perde um tempo precioso, que seria investido de maneira mais proveitosa pensando em suas condições. Você deve pensar apenas em si e no que deseja. *"Quero algo para mim/ minha equipe/meu projeto/minha família/minha empresa..."*

SUAS CONDIÇÕES

Uma condição é a menor unidade negociável, a divisão de seu objetivo em um conjunto de itens relevantes e significativos. *"Quero comprar este flat"* – o que comprar o *flat* realmente significa para você? Significa pensar em elementos como preço, data de mudança, reformas que precisem ser feitas, seguros, assinatura da data do contrato, limpá-lo completamente antes de se mudar, se os móveis atuais serão trocados etc.

As condições precisam ser muito precisas, numerosas e variadas. Para isso, seja criativo – lembre-se de que a criatividade é um dos pré-requisitos para uma boa negociação. É realmente importante ter muitas condições, na verdade, quanto mais, melhor. Uma ideia útil ao listar condições é separá-las em grupos:

- Condições relacionadas ao *produto/serviço/objeto*, por exemplo, o produto que atualmente você quer comprar (o microscópio, o carro, a casa, as embalagens de que você precisa para sua loja), os serviços pelos quais se interessa (designer gráfico, suporte de TI) ou o objeto a ser negociado (um acordo, um contrato social).

- Condições relacionadas ao *relacionamento* que você gostaria de ter com a outra parte, por exemplo, um fornecedor, outro departamento, um município vizinho. Tais condições poderiam incluir se você tem um gerente de contas central e dedicado, a frequência com que as reuniões ocorrerão, o que acontece se houver um problema, quais canais de comunicação serão usados.

- Condições referentes a *questões contratuais*. Frequentemente, são as primeiras em que pensar: custo e precificação, entrega, quantidade, data de início, salário e abono de férias, para citar algumas.

- Condições relacionadas à/ao *organização/empresa/instituto*. Por exemplo, se você está procurando um emprego novo ou colaboração para uma pesquisa, prefere trabalhar para uma *startup* ou para uma organização internacional? Qual seria a localização ideal da empresa ou da universidade? De médio ou pequeno porte? Para uma parceria, uma colaboração nacional seria preferível a uma internacional?

Essa subdivisão pode ajudar a trazer mais clareza e criatividade. Exemplos de condições relacionadas a situações específicas serão encontradas no Apêndice.

Todas as condições precisam ser definidas com muita clareza, sem deixar nenhum espaço para interpretação. Todas as partes precisam ter as mesmas definição e compreensão de uma condição, já que elas estarão conectadas e muitas vezes aparecerão em um contrato ou um acordo. É particularmente importante verificar se as pessoas com quem você está negociando possuem o mesmo domínio de linguagem que você. Quanto mais condições você tiver, mais alto o incentivo para ser flexível, porque é somente por meio da flexibilidade que você vai obter novas condições.

Figura 5.3

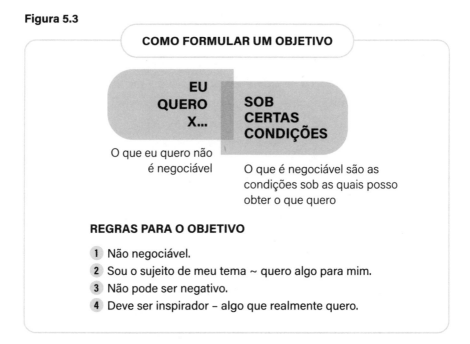

Em outras palavras, como será visto no Capítulo 10, você começa a negociação com o valor de sua ambição e, *sob certas condições*, está disposto a mudá-las. Dessa forma, você compensa a mudança de sua ambição com uma nova condição.

Condições não podem ser negativas ou ter valor zero (isto é, *"Eu recuso essa condição, não a quero"*), já que você pensaria na outra parte com um *"Direi não a essa solicitação"*. Por exemplo, imagine o líder de um grupo ou um gerente de RH presumindo que um pacote de recolocação específico será solicitado e se preparando para recusá-lo: *"Se ele(a) pedir um pacote de recolocação, direi não."*

Isso deve ser evitado por dois motivos: em primeiro lugar, é de seu interesse esperar que a outra pessoa faça a solicitação e, então, pensar nas condições que você está disposto a aceitar – porque aí você pode negociar algo em troca por ter concordado em parte ou integralmente com a solicitação, seguindo a dinâmica do toma-lá-dá-cá.

Figura 5.4

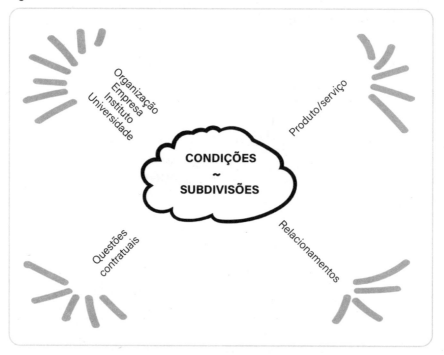

O segundo motivo é que o tempo para a preparação muitas vezes é escasso, e é de seu extremo interesse se concentrar em si e no que quer em vez de em uma possível solicitação (que talvez sequer chegue a acontecer) da outra parte. Esse tópico será explorado no Capítulo 6.

> Tenha sempre em mente que aquilo em que você não pensa não será solicitado, e aquilo que você não pede provavelmente não conseguirá. Logo, certifique-se de reservar tempo suficiente para pensar de verdade e listar todas as suas condições.

DEFININDO SUAS CONDIÇÕES

Em si, uma condição não é útil; de certa forma, é somente uma palavra, um rótulo, algo que se pode encontrar num dicionário. Ela precisa de definições. Há duas definições possíveis: uma positiva, em que o processo de negociação de cinco etapas é chamado de ambição, e uma que separa, chamada de limite.

■ A ambição: para cada condição, você define uma ambição

Uma ambição representa a melhor coisa que você deseja obter em relação a uma condição. Não se deve confundir ambição com valor aceitável, porque "aceitável" implica *aceitável para a outra parte*. Ao elaborar seu roteiro, sua ambição é realmente um valor a se mirar, e pode ser calculada usando-se uma fórmula simples e poderosa. Você decide quanto vale sua condição – seu valor pessoal de referência (VPR). Esse VPR não pode estar equivocado, ele é seu, com base em sua experiência, seu conhecimento, suas investigações.

Em seguida, você decide o que seria, em sua opinião, um acordo ambicioso ou de excelência, valorizando, dessa forma, o índice estimado do VPR. Assim, você constrói sua ambição, o valor pelo qual lutará. A equação está na figura a seguir.

Você realmente acredita em sua ambição, e que é possível alcançá-la: o fato de você acreditar nela se baseia em atenta preparação e dever de casa. A ambição nunca é um valor irreal, fictício ou "exagerado".

Figura 5.5

> **Exemplo**
>
> Você quer vender seu carro. Verifica o valor de referência (VPR) dele usando, por exemplo, na Suíça, o preço Argus suíço de referência. Ele lhe informa qual o valor do seu carro com base em quilometragem, ano, modelo etc. Digamos que o valor de referência para vendê-lo seja 2.700 francos. Então, você decide que, por vários motivos (por exemplo, nunca sofreu um acidente com o veículo, fez manutenção com regularidade, não há marcas de arranhões etc.), quer vendê-lo por um preço melhor. Você define 3.200 francos como ambição, valor que coloca no anúncio. Não é para regatear, mas para negociar; sob certas condições você estaria disposto a aceitar menos, mas somente sob certas condições.

Uma ambição é o que impulsiona você e sua negociação inteira. É seu ponto de partida e, portanto, uma das primeiras coisas que comunica à outra parte. Você luta para obter o que ambiciona, não para defender seus limites. Seu impulso é tentar conseguir o que deseja (atingir seu objetivo) no valor de suas ambições. Cada condição, sem exceção, tem uma ambição.

■ Seus limites

Algumas condições – e só algumas – têm um limite. Um limite é *o ponto de ruptura de qualquer negociação*. É o ponto além do qual você não tem mais interesse em negociar e vai embora, interrompendo a negociação.

Um limite:

- é cuidadosamente definido e/ou calculado;
- é sólido (você se atém a ele);
- é o único elemento de seu roteiro mantido 100% em segredo;
- é seu ponto de ruptura.

Na realidade, poucas condições têm limite. Dependendo da situação, cerca de apenas 20% de suas condições terão limite, um ponto de ruptura. Um limite precisa ser sólido e respeitado (por você) – não é um álibi para ser usado como nível de pressão. Uma forma de checar um limite é imaginar que você conseguiu tudo o que quis no valor de suas ambições, exceto pela única condição cujo limite você está testando. E você faz modificações, mudando esse limite (um valor irrisório, simbólico, +1/-1), e observa se permanece firme em relação ao valor inicial. *Por exemplo, você quer se mudar para o novo flat no dia 30 de junho (sua ambição), com 30 de setembro como limite.* Ao testá-lo, você fica brincando com a data: *se o vendedor lhe solicitar que mude no dia 15 de outubro, você vai aceitar?* Se sim, então seu limite é fraco. Se você se recusa e vai embora, seu limite é forte. Tenha em mente que, se você deixar fraco esse único limite, a outra parte vai perceber e você vai arriscar perder credibilidade em relação aos outros valores definidos. Limites fortes têm poder.

Assim, algumas condições têm limite, a maioria, não; na verdade, pontos de ruptura reais frequentemente são bem raros. Existe uma diferença importante entre as condições que têm limite e as que não o têm: uma condição que tem limite chama-se condição *vital*, isto é, se ela não aparece em um argumento, o argumento não pode acontecer: ela é vital para o acordo. Dessa forma, uma condição vital é reconhecida pelo fato de ter limite. Quanto mais condições vitais você tiver, mais difícil será sua negociação, já que cada uma é um ponto de ruptura em potencial, e, portanto, você reage de maneira diferente ao falar a respeito e lidar com elas, geralmente se tornando menos flexível.

Todas as outras condições são opcionais ou condições "champanhe" – isto é, adicionais – e constituem o conjunto de suas condições. Elas diferem das condições vitais por não terem limite, mas, mesmo assim, são boas, interessantes, úteis, legais de se ter, às vezes um verdadeiro bônus. Elas podem ser muito importantes – na verdade, por vezes mais que uma condição vital, com a diferença de que não fazem parte do acordo e ainda se pode assiná-lo. O motivo por que elas podem ser chamadas de "champanhe" é que, embora às vezes possam ser valiosas e importantes, não têm nenhum potencial para romper um acordo. Por exemplo, imagine que alguém lhe ofereceu o emprego ideal, aquele com o qual você sonhou por vários anos, localizado no centro de uma cidade grande. O lado ruim é que você mora em um lugar distante com pouco acesso a transporte público, então você depende do carro para se locomover. Uma das condições que você tentará negociar é uma vaga no estacionamento da empresa. Ela não será vital a ponto de você recusar o trabalho se eles não concordarem (talvez você precise se mudar, encontrar um quarto para ficar durante a semana ou organizar caronas compartilhadas), mas, definitivamente, é uma condição "champanhe" muito valiosa para você.

- **Informação**

Os dois últimos elementos a preencher no roteiro se relacionam a informações. O que foi preparado durante a análise contextual (Capítulo 4) e se referia a informações será acrescentado em seu roteiro para garantir que nada seja esquecido durante as reuniões, já que o roteiro é sua principal ferramenta de apoio quando você está negociando. Informações têm papel fundamental em qualquer negociação, não importa se você as está buscando ou compartilhando.

COMPARTILHAMENTO DE INFORMAÇÕES

Com base no que foi preparado durante a análise contextual, preencha essa parte do roteiro com os elementos que você acredita que a outra parte quer saber a seu respeito, sua situação, seu projeto, sua organização. Pense estrategicamente, já que isso ajudará a gerar interesse e costuma influenciar seus colegas. Certifique-se de estar lidando com fatos e não com opiniões.

Figura 5.6

OBJETIVO: QUERO VENDER MEU CARRO SOB CERTAS CONDIÇÕES		
CONDIÇÕES	**AMBIÇÕES**	**LIMITES**
PREÇO DO CARRO	3.200 francos	+/- 2.500 francos*
DEPÓSITO	100%	60%
CONDIÇÕES DE PAGAMENTO	Dinheiro	
ENTREGA/RETIRADA	O interessado vem pegar	
DATA	Antes de XX/XX/XX	
CONTRATO	Assinado o quanto antes	
ALTERAÇÃO DE PROPRIETÁRIO	Comprador	
COMPRADOR	Garagem local	

*Indica que estou disponível para reduzir o preço do valor de mercado.

Figura 5.7

PERGUNTAS A FAZER

Com base em sua análise contextual, quais são suas perguntas? O que você precisa saber que não conseguiu descobrir sozinho? Em vez de ficar supondo ou presumindo coisas, sob o risco de se equivocar, prepare perguntas e lembre-se de fazê-las. Uma pergunta se relaciona a algo que você precisa descobrir, uma condição para alguma coisa que você gostaria de conseguir.

> **RESUMO**
>
> - Ter muita clareza sobre seu objetivo é fundamental para sua negociação ser bem-sucedida.
>
> - Ao preparar seu roteiro, certifique-se de permanecer na bolha do ego e não pensar na outra parte.
>
> - Elabore um objetivo inspirador e em forma de afirmação positiva, um que você realmente queira atingir.
>
> - Lembre-se de que você não negocia seu objetivo, e sim as condições pelas quais pode atingi-lo.
>
> - Aprofunde seu objetivo no máximo de condições que você conseguir. Seja criativo, pense fora da caixa e sem convenções, seja curioso e pergunte sobre possibilidades, imagine tudo o que seria realmente bom obter e que seja coerente com seu objetivo, como você gostaria que seu ideal fosse. Não se concentre apenas no que é estritamente necessário.
>
> - Para cada condição, defina uma ambição em que você acredite. Esse valor será o ponto de partida de sua negociação, o valor que você comunicará à outra parte e que você objetiva conseguir.
>
> - Coloque um limite em cada condição quando você souber que não pode ou não vai além desse valor-limite. Esse limite significa o ponto de ruptura de sua negociação, o ponto além do qual você não quer ou não pode mais negociar e pula fora. Limites são sólidos, e o único elemento que nunca é compartilhado com a outra parte.
>
> - Você luta para chegar o mais perto possível de suas ambições, e não para defender seus limites.

- Condições vitais são as que possuem ambição e limite. Condições "champanhe" opcionais têm somente ambição. Em geral, há muito poucas condições vitais (que potencialmente rompem o acordo).

- Prepare perguntas para serem feitas sobre o que você precisa descobrir que não tenha conseguido descobrir por conta própria. Evite imaginar respostas e fazer suposições.

- Liste a informação que você tem interesse em compartilhar porque é relevante para o processo e porque acredita que ela influenciará positivamente as partes a permanecerem engajadas nas negociações.

- Defina um roteiro que você usará como estrutura durante as reuniões.

NOTAS

[1] Mais detalhes sobre esse exemplo podem ser encontrados no Apêndice.

[2] N. Mandela. 12 Wise Nelson Mandela Quotes that will Inspire your Success. *Inc.*, 2018. <www.inc.com/peter-economy/17-wise-nelson-mandela-quotes-that-will-inspire-your-success.html> (disponível em: <https://perma.cc/2XZW-N3AZ>).

[3] J. Goldstein. *Mindfulness*. Louisville: Sounds True, 2013.

[4] M. R. Chowdhury. The Science and Psychology of Goal-Setting 101. *Positive Psychology*, 2020. <https://positivepsychology.com/goal-setting-psychology/> (disponível em: <https://perma.cc/RW8W-7HJX>).

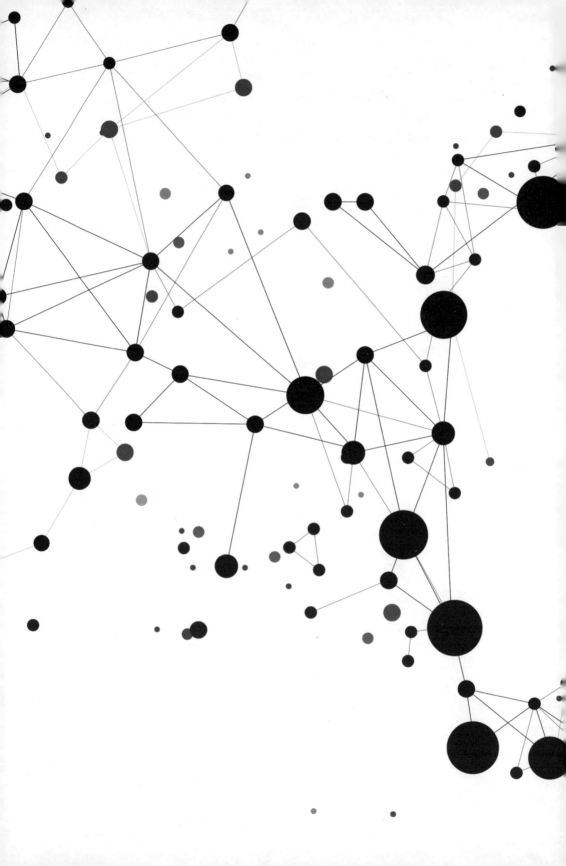

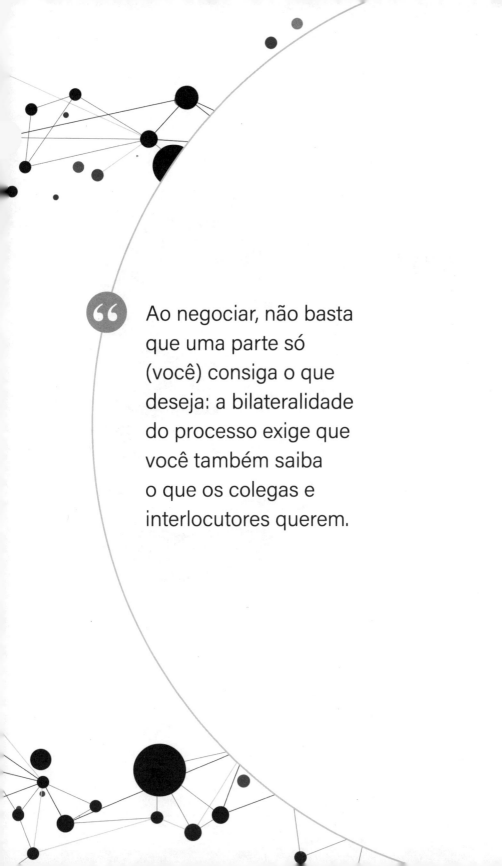

" Ao negociar, não basta que uma parte só (você) consiga o que deseja: a bilateralidade do processo exige que você também saiba o que os colegas e interlocutores querem.

PARTE 3

Reuniões e comunicação

As duas principais habilidades para ser um excelente negociador – que consegue acordos duradouros e é respeitado no processo – são ser extremamente bem preparado, conforme abordado no Capítulo 5, e ter capacidades excepcionais de comunicação e escuta. Os quatro capítulos seguintes focam a importância da comunicação para negociações bem-sucedidas. O Capítulo 6 apresenta as reuniões e sua estrutura; o Capítulo 7 explora as ferramentas comunicativas necessárias para que boas negociações aconteçam, elaborando um conjunto de ferramentas simples e concreto; o Capítulo 8 se concentra em negociações on-line, e o Capítulo 9, em elementos não cognitivos para levar em conta e usar ao se encontrar com as outras partes.

CAPÍTULO 6
Etapa 3: As reuniões

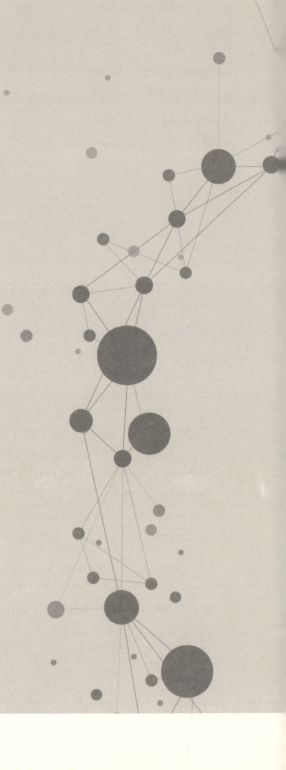

Figura 6.1

Este capítulo foca as reuniões com a outra parte e a comunicação. Uma vez que sabe o que quer, você precisará compreender como comunicar isso para atingir seu objetivo ou, pelo menos, chegar perto dele. Ao negociar, não basta que uma parte só (você) consiga o que deseja: a bilateralidade do processo exige que você também saiba o que os colegas e interlocutores querem. Todo mundo precisa ter o próprio interesse satisfeito – ao menos parcialmente – para garantir que cada uma das partes se engaje no resultado acordado. Por mais incrível que você possa ser em vender sua ideia ou projeto, se não trouxer as outras pessoas a bordo e corresponder às necessidades delas seu acordo será unilateral, sob o alto risco de não se colocar em prática o que foi acordado.

O *mindset* com que você encontra as outras pessoas influenciará sua maneira de se comportar e se comunicar. Neste capítulo, você se lembrará do *mindset* específico necessário para uma boa reunião antes de aprender os pré-requisitos essenciais para que uma reunião boa e proveitosa aconteça. Será destacada a estrutura do encontro de negociação, juntamente com suas três partes distintas: a introdução, o meio e o encerramento. Alguns exemplos lhe permitirão entender melhor o relacionamento entre a declaração inicial que será feita durante a introdução e a ferramenta de linkagem.

Desde construir confiança e elo até seguir o roteiro e fazer outras pessoas saberem o que você quer e, por fim, entender o que a outra parte quer e do que precisa, os propósitos de uma reunião são muitos.

CONTEXTO DA REUNIÃO E PRÉ-REQUISITOS

A reunião é o momento em que você se encontra com a outra parte, seja cara a cara ou virtualmente. Recontextualizando a reunião, há três pilares da excelência para a negociação de parcerias e acordos:

- O *mindset* – considerando a outra parte sua oportunidade;
- Preparação excelente;
- Habilidades de escuta muito fortes.

■ O *mindset*

Conforme explicado no Capítulo 1, o *mindset* é fundamental do início ao fim do processo, porque a maneira como você considera a outra parte vai influenciar sua atitude, seu estilo de comunicação, suas linguagens verbal e não verbal, suas paciência e resiliência, e também suas suposições, a maneira como você interpreta o que a pessoa diz e como ela se comporta. Na verdade, seu *mindset* vai influenciar o processo inteiro. Para exigir que a outra parte atinja seu objetivo, a primeira coisa que você deve fazer, portanto, é garantir considerá-la basicamente uma oportunidade, percebendo que ela é alguém de quem você precisa (porque seria mais difícil ou impossível conseguir sozinho seu resultado).

■ Preparação excelente

Você precisa saber exatamente o que quer, isto é, seu *roteiro* precisa estar claro em sua mente. Isso lhe permitirá focar a outra parte de maneira 100% concentrada e interessada, e não controladora.

Estar bem preparado e saber exatamente o que quer é de suma importância: se você não tem clareza mental sobre o que quer obter, não apenas estará sob influência do outro como, também, terá o desafio extra de transmitir sua mensagem sem equívocos. Quanto mais claro seu objetivo, mais fácil é expressá-lo para que ele seja compreendido sem ambiguidades.

■ **Habilidades fortes de escuta**

Um excelente negociador se caracteriza por excelentes *habilidades de escuta*.

Por que ouvir em vez de tentar convencer o outro? Algumas pessoas são excelentes para falar, ótimas para influenciar e convencer de maneira envolvente, dominando a conversa, e no processo frequentemente deixam pouco espaço para o outro e suas opiniões (por vezes, diferentes). Essas pessoas se esquecem de um aspecto fundamental: elas se esquecem ou ignoram que as soluções quase sempre virão do que a outra parte diz, *porque ela sabe do que precisa para se engajar no processo*.

Para negociar um acordo ou um contrato a ser honrado, você precisa do *buy-in* de seus colegas – porque, por definição, uma negociação é um exercício bi ou multilateral. Portanto, você precisa descobrir o que eles querem e do que precisam, vai perguntar se a informação não está prontamente disponível e buscar firmar uma boa relação se eles estiverem retraídos, desconfiados ou tímidos, ou seja, *você precisa se envolver e precisa que eles se envolvam*. Você também terá de verbalizar o conteúdo de seu roteiro, além de expressar suas próprias necessidades, seus desejos e suas questões de forma transparente e cooperativa.

Em negociações complexas, por exemplo, com várias equipes envolvidas em um projeto e em que todos os participantes são necessários para fazê-lo avançar, a melhor maneira de engajar todo mundo envolve uma quantia considerável de descobertas e escuta com todos os *stakeholders*. Quanto mais essas pessoas são autorizadas a contribuir e participar, mais elas se sentirão comprometidas com o acordo negociado e com o resultado final. Isso é importante, já que o comprometimento de todas as partes é definitivamente necessário para efetivar o acordo.

Jennifer Potenta, diretora do grupo Corporate Private Placements da MetLife, afirmou: "Ouvir é realmente importante, porque às vezes você *acha* que sabe o que a outra parte quer, mas, ao ouvi-la, você realmente *escuta* o que ela quer. É aí que você chega a algum lugar, a uma resolução que funciona para ambos os lados".[1]

■ Sobre comunicação e transparência

"Quando quiser enganar o mundo, diga a verdade."[2] A famosa frase de Otto von Bismarck elucida um fato – às vezes – surpreendente. A transparência pode ter um efeito desarmador em um mundo no qual muitas transações se baseiam em intenções ocultas, táticas manipuladoras e retenção de informações, bem como em esperanças e expectativas de que o outro entendeu uma mensagem que você não conseguiu transmitir. Conversas frustrantes, demoradas e, por vezes, infrutíferas podem levar, na melhor das hipóteses, a uma bela perda de tempo, e na pior, a graves mal-entendidos, dando origem a situações desagradáveis ou até conflituosas. Ambientes familiares e laborais estão cheios desses exemplos. Muitas vezes, as pessoas supõem que o outro sabe o que elas querem. Então, ficam surpresas quando o outro não reage conforme o esperado e, às vezes, chegam até a se ofender. Lembre-se sempre:

> Se eu não sei o que você quer, não posso ajudá-lo a conseguir, e se você não sabe o que quero, não pode me ajudar a conseguir.

Uma regra de ouro é que, se você não fala sobre determinada coisa nem a pede, o mais provável é que não vá consegui-la. Você compartilhará informações usando seu roteiro como ponto de partida, trazendo para a conversa suas condições e as ambições de cada uma delas (lembre-se: nunca mencione seus limites), de modo que fique claro que elas são negociáveis (quando forem), que você está aberto e curioso, que essa é "apenas" uma (primeira) discussão, um ponto de partida. Nenhum compromisso será firmado durante as reuniões. O fato de que nenhum compromisso ou promessa são selados durante os encontros reduz a pressão e aumenta a sensação de segurança "emocional". A atitude adequada é relaxar, permanecer aberto e cooperativo e ao mesmo tempo altamente focado e concentrado.

Nunca se firma nenhum compromisso sobre condições durante uma reunião. Só se discute e se firma condições hipoteticamente. Você não está fechando um negócio, mas caminhando passo a passo rumo a um possível acordo.

■ A meta de uma reunião e como ela de fato funciona

A meta de uma reunião (e lembre-se de que pode haver – e geralmente há – várias, já que a negociação é um processo iterativo) é dividida em três partes:

- Dizer o que você quer, contar ao colega seus objetivo e condições;

- Descobrir o que o colega quer, do que precisa, o que valoriza, qual o contexto, entendê-lo, quais suas possíveis preocupações, com quais questões ele tem de lidar, qual seu possível interesse;

- Descobrir, potencialmente, novas condições.

Durante a reunião, você na verdade está tentando mapear o roteiro da outra parte: o objetivo, as condições, as ambições e os limites dela, como um consultor trabalhando com um cliente para definir – e, às vezes, ajudá-lo a definir quando não sabe – o que ele de fato quer.

Curiosamente, como muitas pessoas tendem a "pensar pelo outro", uma das consequências da reunião é a descoberta de itens que podem ser transformados em condições para si. Discussões e curiosidade geram criatividade e oportunidades. Reuniões multiculturais são particularmente interessantes para descobrir novas possibilidades, porque pessoas de histórias de vida e culturas diferentes veem as coisas de formas diferentes.

ESTRUTURA

A seguir, veja a estrutura de uma reunião.

- **A introdução:**
  - boas-vindas;
  - apresentações;

- coisas a fazer;
- logística;
- discurso introdutório;
- dar abertura à outra parte.

○ **O meio:**

- perguntas e respostas;
- compartilhamento de informações.

○ **O encerramento:**

- próximos passos;
- resumo;
- despedida.

Figura 6.2

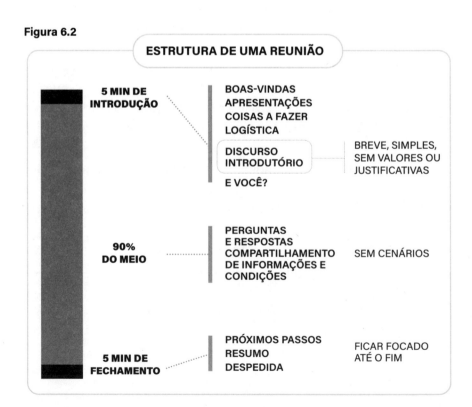

■ **A introdução (cinco minutos)**

Dois momentos cruciais e estratégicos[3] em uma reunião são o inicial (para gerar segurança) e o final (para esclarecer os próximos passos e decisões). Basicamente, o propósito da introdução (a qual é muito breve) é criar uma atmosfera construtiva e segura, o mais livre possível de áreas ocultas (ou seja, itens que não foram discutidos, perguntas que não são feitas, preocupações que as pessoas possam ter, sentimentos que talvez sejam segundas intenções etc.). As pessoas precisam se sentir seguras para falar com abertura/abertamente. Criar um ambiente assim é importante – e pode começar assim que você planeja o local e a agenda (para análise contextual, consulte o Capítulo 4).

■ **Boas-vindas**

É importante preparar o ambiente e receber os participantes, tendo cuidado para respeitar os costumes culturais. Um erro ou imperícia nesta etapa pode prejudicar o relacionamento ou, na melhor das hipóteses, simplesmente gerar certo desconforto.

■ **Apresentações**

Aqui, todas as partes se apresentam. Quem é você e o que quer que o colega saiba a *seu* respeito? O que *você acha interessante* que saibam? (Talvez você queira consultar a seção de análise contextual e de informações de seu roteiro.) Lembre-se de que tudo o que você diz sobre si mesmo influenciará a maneira como é percebido. Obviamente, palavras isoladas não são a única coisa que fazem a diferença e influenciam, mas elas contam, e lembrar-se disso é uma estratégia. Portanto, tenha clareza sobre o que quer dizer (quer mencionar seu título, sua função, sua posição hierárquica e seus anos na organização, sua situação pessoal, sua nacionalidade, as atividades em que está envolvido como voluntário?). Da mesma forma, se estiver em uma equipe, lembre-se de apresentar todos os membros, mostrando suas funções e o papel que terão durante as negociações. É claro que você vai evitar dizer "sou o piloto e X é copiloto" e, em vez disso, falar: "Presidirei esta reunião e meu colega Joe fará anotações, além de cronometrar o tempo".

■ Coisas a fazer

Este é o momento em que você presta esclarecimentos sobre a duração da reunião e deixa claro que pode haver várias delas. Muitas vezes, saber que nem tudo precisa ser concluído em uma única sessão reduz a pressão. Cronometrar bem o tempo é sempre necessário, ainda mais se a situação é complexa e desafiadora. Se o encontro vai durar mais de uma hora, planeje um breve intervalo e certifique-se de informar os participantes.

■ Logística

Existe alguma coisa que seus convidados precisam saber para se sentirem mais à vontade? Você precisa de algo para a reunião fluir tranquilamente, como um aparelho, equipamentos eletrônicos, um cavalete, regras específicas (veja também o Capítulo 8 sobre negociações on-line)? Para reuniões em que os participantes estão fisicamente presentes, talvez você queira cogitar a disposição das cadeiras e o formato e a posição da mesa, se houver uma, e dos assentos. Quem se senta próximo a quem pode revelar, por exemplo, que você descobriu e tomou cuidado para respeitar comportamentos culturais e normas diversos. Aspectos de logística relevantes para sessões on-line serão abordados no Capítulo 8, sobre negociações virtuais.

■ Discurso introdutório

É aqui que você informa à outra parte qual é seu objetivo, o que *você gostaria de* obter com as negociações, o tema da reunião. Trocando em miúdos, você se refere ao seu objetivo por escrito (no roteiro) em um formato aberto específico, isto é, dando preferência a expressões como *"Eu gostaria de"* em vez de *"Eu quero"*. Você afirma com clareza o que gostaria de alcançar ou obter (lembre-se de que seu objetivo não é negociável: você não está lá para discuti-lo, e sim para abordar as condições sob as quais pode atingi-lo) e, em seguida, ouve a reação da outra parte. Em última instância, você está procurando entender o que seria necessário para ela lhe dar o que você está pedindo. O importante é mostrar que você está firme e tem clareza sobre seu objetivo, além de aberto e flexível em relação às condições. Quanto mais inspirado e claro você estiver em relação a seu objetivo, mais fácil será expressá-lo.

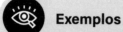
Exemplos

"Gostaria de trabalhar com sua organização, estou aqui hoje para conversar sobre as condições mediante as quais eu poderia fazer parte de sua equipe de fornecedores..."

"Gostaríamos de levar alimentos e remédios ao campo de refugiados do outro lado do rio, e estamos aqui para conversar sobre o que podemos fazer para contar com seu apoio nessa tarefa..."

"Preciso do apoio de sua equipe nesse projeto e gostaria de conversar sobre as possibilidades de chegarmos a um acordo sobre alocação de recursos..."

"Preciso garantir que haja certa segurança em nossa base de dados, e gostaria de saber o que posso fazer para me certificar de que isso foi feito..."

Figura 6.3

Como na Figura 6.3, o ponto de abertura é o ponto além do qual a outra parte tem algo a acrescentar, a dizer, com que se envolver. Talvez você queira dizer algo sobre por que deseja o que deseja, embora isso nem sempre seja necessário ou uma boa ideia (veja o Capítulo 3).

Algumas regras para o discurso introdutório:

- No discurso de abertura, não se dá informações sobre valores, nada que possa provocar uma reação negativa ou, na verdade, nenhuma reação (enérgica). Trocando em miúdos, não há nada negociável no discurso inicial.

- Seja breve, direto, não ambíguo e simples. No quesito "falar", menos é mais.

- Não justifique nada. Porém, *se for do seu interesse*, você pode mencionar um único motivo por que deseja o que deseja (na Figura 6.3, isso estará na parte de cima do funil de linkagem).

> **Exemplo**
>
> "A fim de promover a bioinformática para pesquisas sobre a erradicação da malária, eu gostaria de firmar uma parceria com sua fundação e discutir as condições que fariam vocês nos aceitarem como parceiros."
>
> "A fim de garantir uma transição tranquila para a terceirização de nossas instalações de TI, gostaríamos de fazer um acordo claro sobre como proceder em relação ao fechamento de nosso centro de dados, e gostaria de conversar com vocês sobre como podemos chegar a esse acordo."

Se você está fazendo a apresentação, abra-se para a outra parte depois de ter exposto seu ponto de vista: *"E você?"*. Assim, você indica à outra parte que a discussão está aberta e que ficaria contente em ouvi-la e em ouvir o que ela espera da reunião (isso se ela realmente souber o que espera).

■ Os 90% do meio

A parte principal da reunião acontece naquilo que se chama de meio. Na verdade, 90% do encontro acontecem nessa seção, com perguntas, respostas e compartilhamento de informações.

A primeira regra – e muito desafiadora – durante o meio da reunião é *"nada de cenário"*: na verdade, não se deve elaborar ou montar cenários pelo simples motivo de que não se sabe como seu colega vai reagir ao que você disser e como ele responderá às suas perguntas. Se você preparou um possível cenário para a conversa, a tendência será interpretar todas as coisas que a outra pessoa disser de forma que elas caibam em suas suposições, ainda que de maneira inconsciente. Sua escuta será direcionada e enviesada, seus filtros, sólidos, e suas perguntas podem, inclusive, se tornar manipuladoras.

Seu roteiro é o tópico da reunião, e o compartilhamento de informações terá um formato de fluxo aberto, tendo sempre em mente seus objetivo, condições e ambições. Depois que tiver dito à outra parte o que você quer, busque oportunidades na conversa para elucidar suas condições, afirmando claramente suas ambições. Lembre-se: se a outra parte não sabe o que você quer, será difícil ela ajudá-lo a conseguir. É sempre mais estratégico começar com suas ambições e determinar as condições mediante as quais você está disposto a abrir mão delas do que falar sobre seus limites e tentar "voltar a subir a colina íngreme" em direção a essas ambições. Com seu roteiro em mente, você fala sobre suas condições quando elas se encaixarem, agrupando-as quando apropriado. Você não apresenta suas condições como uma "lista de compras", exceto se solicitadas de maneira específica, como: *"Do que você precisa para montar um laboratório?"* ou *"Do que você precisa para dar seu workshop em nosso hotel?"* (veja a seguir um exemplo detalhado). Apenas quando explicitamente solicitado você deve apresentar sua lista de pedidos.

> **Exemplo**
>
> Uma empresa quer organizar um *workshop*. Eles pedem a você: *"Favor nos informar quais são as necessidades variadas*

para a logística de seu workshop". Você responde enviando uma lista das condições ideias para local e logística: *"O ideal seria ter uma sala ampla com carteiras e cadeiras em formato de U, dois flipcharts, água para cada participante, crachás e uma sala de descanso com uma mesa e seis cadeiras..."*.

Isso poderia ser representado em formato de roteiro, como este:

Quadro 6.1

Condições	Ambições	Limites
Sala	Uma sala ampla com janelas que possam ser abertas	
Assentos	Uma carteira por participante, com cadeiras em formato de U	O "U" não é possível
Bebidas	Água (com gás e sem gás) e copos para o facilitador e os participantes, com troca diária	
Material	Bloco de papel e lápis para cada participante Crachás Dois *flipcharts* com rodinhas e canetas hidrográficas coloridas Fita Um quadro branco para anotações	
Sala de descanso	Uma mesa e seis cadeiras, bem perto da sala principal	
Mesas	Uma para o facilitador, com duas cadeiras	
Intervalo	Café, chá, suco de laranja e biscoitos em uma sala/lugar separado	

Portanto, quando seu interlocutor lhe pergunta o que quer, você aproveita o máximo dessa oportunidade, tomando cuidado para não dizer o que *deseja*, mas *"do que gostaria"*, ou *"o melhor seria"* ou *"o ideal seria assim"* – o que indica um nível de flexibilidade. Certifique-se de estar constantemente ciente da reação do colega: não use tapa-olhos, permaneça alerta e observador o tempo todo.

Se o colega não lhe pergunta especificamente quais são suas condições, você as apresenta na discussão quando o momento parecer mais propício para isso, certificando-se de obter ou pedir a reação (inicial) da outra parte. Se você expressa suas ambições e não há nenhuma reação, não faz a menor ideia se existe a possibilidade de que lhe dirão *sim*, *talvez* ou um explícito *não*. Em algum momento, você definitivamente precisará de uma reação para aquilo que perguntou. Então, permita que o outro tenha tempo para responder, sempre tendo em mente que pessoas diferentes têm velocidades de reação e maneiras de responder diferentes. Estar ciente de aspectos diferentes de personalidade, como as formas distintas com que introvertidos e extrovertidos processam dados e reagem, será extremamente útil:[4] algumas pessoas precisam de mais tempo para processar informações e dar respostas do que outras. Um erro comum, por exemplo, é interpretar o silêncio como consentimento ou tédio. Se você precisa de uma resposta, então talvez tenha que insistir educadamente ou acordar uma data para obter uma resposta se isso não acontecer durante a reunião. Esse ponto é especialmente relevante em reuniões on-line (veja o Capítulo 8).

Você precisa garantir que pelo menos suas condições mais importantes sejam expressas, bem como as essenciais. Nem todas as condições são citadas – em geral, há muitas (lembre-se de que a flexibilidade e a força de sua negociação consistem na quantidade e na atratividade – para você – de suas condições), mas certifique-se de comentar sobre aquelas que você mais quer ver no acordo ou no contrato, e também sobre as essenciais. Talvez de 60% a 70% de todas as suas condições sejam mencionadas no acordo final.

Se estiver acompanhado por uma ou várias pessoas, lembre-se de acordar antes da reunião sobre quem vai liderá-la (piloto) e quem fará anotações (copiloto), e sobre como vocês trocarão de papéis se necessário. A ferramenta no Capítulo 7 pode ser usada para fazer anotações, de modo que elas fiquem estruturadas e você possa consultá-las quando preciso.

- **O encerramento (cinco a dez minutos)**

É importante encerrar uma reunião de forma específica e cuidadosa, a fim de não deixar pendências. Certifique-se de que os próximos passos estejam claros, reúna, escreva todos os itens discutidos e se (ou para quando) uma próxima reunião foi organizada.

O envolvimento maior de todas as partes traz a vantagem do comprometimento maior – o que é fundamental para a parceria ser colocada em prática, mesmo que leve mais tempo para consegui-la. Quanto menos as pessoas estiverem ou se sentirem envolvidas, menos vão se comprometer com a decisão final. Isso é sobretudo importante quando todo mundo *precisar* apoiar a escolha final. Quanto mais claro o panorama, menos provavelmente as pessoas ficarão decepcionadas ou terão surpresas desagradáveis.

- **Como responder quando alguém faz uma pergunta específica sobre seu limite**

Pode acontecer de a outra parte perguntar a você qual é seu limite (p. ex., *"Até onde você pode ir?"*, *"Qual é seu orçamento?"*, *"Qual é seu preço final?"*). Evite dar uma resposta direta e dizer a ela qual é seu limite; sempre volte ao que você, idealmente, esperava. Lembre-se: se você informa seu limite, pode ter certeza de que nunca sequer chegará perto de sua ambição. Se a outra parte lhe der um valor que está além de seu limite, é só responder *"Receio que não seja possível... Se conseguíssemos flexibilizar X, você concordaria com Y?"*.

- **É possível mudar limites?**

Em certas situações, após uma ou mais reuniões, ao analisar as condições discutidas e, possivelmente, novas condições que surgiram, você pode perceber que na verdade é possível mudar um limite. *Em hipótese alguma você deve mudar um limite na frente da outra parte.* Certifique-se de estar com sua equipe, longe de quaisquer outras pessoas, e analise seus roteiro e anotações para garantir que não sofra perdas por mudar de limite, e que compense devidamente qualquer troca que fizer.

O próximo capítulo apresentará a você algumas ferramentas e recomendações úteis para garantir que suas reuniões sejam bases, a fim de se chegar mais perto do acordo.

RESUMO

- Negociadores excelentes possuem habilidades de escuta altamente desenvolvidas e tiram proveito de sua capacidade para entender por inteiro seus colegas, a fim de fazer a diferença e se destacar.

- Habilidades sólidas de escuta levam ao desenvolvimento da confiança e à criação de laços. Ambos são necessários para que um acordo seja efetivamente posto em prática e para estimular as partes à ação.

- Reuniões seguem uma estrutura, mas nunca um cenário – nunca se sabe aonde seu colega o levará. Se você tiver em mente um cenário minuciosamente elaborado, focará menos o que a outra parte realmente está dizendo e mais em como isso poderá se encaixar no cenário pré-montado.

- Quanto mais claro seu objetivo estiver em sua mente, mais fácil será comunicá-lo.

- Ao participar de uma reunião, certifique-se de estar atento, descansado e 100% concentrado. Sempre demonstre interesse pelos colegas, nunca se esquecendo, ao mesmo tempo, de sua meta. Tenha sempre o roteiro guardado na cabeça.

- Reuniões não acontecem para convencer os outros e vencer um argumento. Reuniões acontecem para descobrir as condições mediante as quais você conseguirá fechar um acordo.

- O interesse permanece crucial até o fim – se alguma das partes perder o interesse, ela não se envolverá. Isso se aplica a todas as partes envolvidas, inclusive você.

- Lembre-se sempre: *"Se eu não sei o que você quer, não posso ajudá-lo a conseguir, e se você não sabe o que quero, não pode me ajudar a conseguir"*.

NOTAS

[1] Knowledge@Wharton. Women and Negotiation: are there Really Gender Differences?. 2015. <https://knowledge.wharton.upenn.edu/article/women-and-negotiation-are-there-really-gender-differences> (disponível em: <https://perma.cc/ H469-LQ9B>).

[2] O. von Bismarck. <www.goodreads.com/quotes/169528-when-you-want-to-fool-the-world-tell-the-truth> (disponível em: <https://perma.cc/5QZ2-VH6H>).

[3] K. Patterson *et al. Crucial Conversations: Tools for Talking when Stakes are High*. New York: McGraw-Hill, 2012.

[4] M. Laney. *The Introvert Advantage: How to Thrive in an Extrovert World*. New York: Workman Publishing Company, 2002.

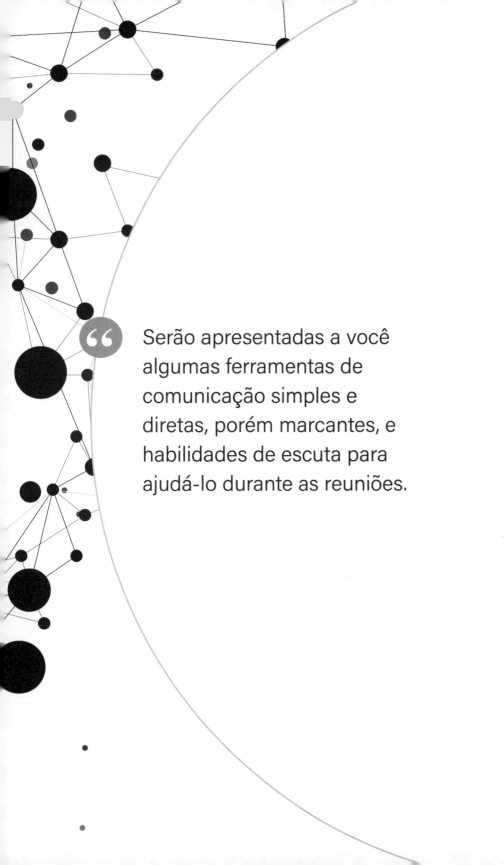

"Serão apresentadas a você algumas ferramentas de comunicação simples e diretas, porém marcantes, e habilidades de escuta para ajudá-lo durante as reuniões.

CAPÍTULO 7
Ferramentas para usar durante reuniões

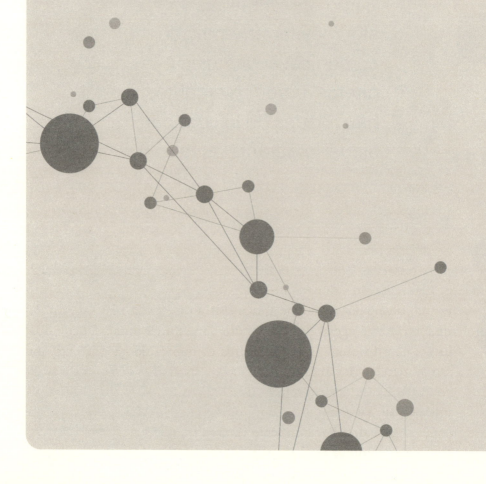

Figura 7.1

Neste capítulo, você aprenderá como falar sobre seu roteiro depois de elaborá-lo, enquanto, ao mesmo tempo, descobre o que seu colega quer e do que precisa, e também qual é a posição dele. A maneira como você apresenta seu roteiro terá um impacto significativo em como ele é recebido e compreendido, garantindo que seu estilo de comunicação e sua linguagem reflitam o fato de que você está 100% engajado em um processo bilateral, isto é, que está negociando e não impondo.

A primeira parte compartilha alguns *insights* sobre como comunicar o roteiro. Então, serão apresentadas a você algumas ferramentas de comunicação simples e diretas, porém marcantes, e habilidades de escuta para ajudá-lo durante as reuniões. Em seguida, será apresentada uma breve visão geral de atitudes úteis a se tomar durante a comunicação, com foco em aspectos de uma comunicação não violenta que são sobretudo relevantes em negociações. Essas considerações ajudarão você a entender alguns fatores que influenciam a boa comunicação interpessoal: saber como se comunicar terá papel vital em seu sucesso como negociador. Por fim, serão explorados tópicos sobre linguagem corporal e comunicação não verbal e paraverbal por terem um forte impacto na maneira como as mensagens são transmitidas e em como cada parte é percebida. A confiança surge da comunicação não verbal, e precisa ser elaborada para que negociações duradouras aconteçam. O capítulo termina com uma lista de recomendações e itens resumidos para se ter em mente ao encarar a outra parte.

MAIS SOBRE A COMUNICAÇÃO DO ROTEIRO

Individualmente, você não decide o que uma mensagem significa e como ela é compreendida; é *o receptor da mensagem que decide isso*. Nunca é possível controlar todas as reações, sensações ou pensamentos que uma mensagem pode ativar no receptor. No entanto, é aconselhável estar ciente e ser sensível a ela e a como, talvez, ela pode diferir de sua intenção, e *reconhecer* essas reações.

Durante a reunião, ao falar, comece com problemas pequenos, de preferência fáceis, e use uma linguagem preliminar, separando intenções de resultado. Evite se queixar ou insistir em algum ponto, e tente nunca perder a esperança ou partir para comportamentos ou palavras agressivas; o tempo todo, é importante – por mais frustrado que você possa se sentir – permanecer aberto e cooperativo, garantindo manter uma sensação de segurança, lembrando-se sempre que discutir e explorar não significa assumir compromissos.

Ao conversar com pessoas de opiniões contrárias às suas, quanto mais convencido e insistente você for, mais resistentes elas ficarão, porém, quanto mais você falar de maneira preliminar, mais abertas as pessoas ficarão às suas sugestões.

Nunca lance mão de ameaças e acusações, já que isso acaba com a sensação de segurança. Traduza silêncio e sinais agressivos como indícios de que as pessoas estão se sentindo inseguras e faça alguma coisa para restaurar a sensação de segurança, como demonstrar curiosidade (fazendo perguntas) e paciência (sem pressionar). Em outras palavras, como diz a sabedoria popular, *curioso, sim; furioso, nunca*. Tenha em mente o tempo todo que você ouve para entender, não para ser reativo.

Permaneça firme e focado quando se trata de saber o que você quer, evitando opções do tipo "ou/ou", que tendem a coibir a criatividade. A maneira mais fácil e direta de incentivar os outros a falar é convidá-los a se expressarem demonstrando interesse genuíno, o que é auxiliado pelo fato de você perceber que precisa das outras pessoas e que elas são uma oportunidade para você. Portanto, na verdade, seu interesse *é* genuíno. Sempre que a outra parte mencionar cifras ou condições que estão longe de sua ambição, você precisa garantir mencionar o fato de forma tranquila.

Exemplo

Considere uma discussão referente ao preço de uma mesa. Comprador e vendedor terão o "preço" como uma condição.

Quadro 7.1

Condições	Ambição	Limite
Preço do comprador	£300	£450
Preço do vendedor	£500	£250

Se o comprador (C) diz "Gostaria de comprar a mesa que você está vendendo e estou disposto a pagar £300", o vendedor (V) responderia algo como "Estou contente pelo seu interesse, mas tenho um número mais alto em mente. Na verdade, minha ideia era £500". Repare no verbo no passado, que indica que V está disposto a fazer mudanças. Então, C poderia continuar com uma pergunta hipotética:

C: "E se eu pagasse em dinheiro e a levasse hoje, você a venderia por £300?"

Dessa forma, C indica que acredita em sua ambição e "luta" por ela, e ao mesmo tempo sugere duas novas condições (pagar em dinheiro e levar a mesa), verificando abertamente que V pode estar interessado nelas, tendo esperanças, assim, de despertar o interesse de V em mudar e aceitar o preço oferecido.

Conforme mencionado no capítulo anterior, sua meta é compartilhar seus objetivo e condições pelo valor de suas ambições e focar as potenciais condições de seus colegas, descobrindo quais são as que você poderia cumprir (em troca de alguma coisa que você deseja). Você pode, inclusive, ter sorte se alguma das condições da outra parte tiverem custo baixo para você, mas um valor alto para ela. Por exemplo, um designer gráfico autônomo pode ter como condição de valor alto a possibilidade de usar, para fins de marketing, um conhecido logotipo de cliente em seu site, indicando, assim, que ele trabalhou para esse cliente importante. A condição pode ser de pouco valor para o cliente e fácil de aceitar.

A CAIXA DE FERRAMENTAS NEGOCIADOR-COMUNICADOR

Algumas ferramentas de comunicação ajudarão você a potencializar a utilidade e o fluir de suas reuniões e auxiliá-lo a negociar melhor. Lembre-se de utilizar essas ferramentas com seu toque pessoal e criatividade, com sua própria linguagem e estilo de comunicação, e varie o uso das ferramentas na lista a seguir. O fluxo geral deve ser sempre aberto e cooperativo, já que você não está pressionando um acordo ou um comprometimento sólido, mas avançando passo a passo rumo a um possível ideal. Busque sempre o interesse e a necessidade da outra parte, e tenha em mente que ouvir não significa aceitar!

- Perguntas

Existem vários tipos de perguntas:

- *Abertas*: para convidar o outro a falar mais e compartilhar mais informações.

    - *O que a integridade de pesquisa significa para você?*
    - *Como você gostaria que seu projeto fosse gerenciado?*
    - *Como você acha que o departamento devia ser organizado?*

- *Fechadas*: para fornecer uma resposta curta de validação.

    - *Você precisa de um projetor suspenso?*
    - *Você tem um laptop?*

- *Eco*: para solicitar mais descrições, repetindo a última palavra que alguém disse, e ecoá-la, falando para pedir esclarecimentos – a voz aumenta um pouco de volume.
  - "A" diz: "*Estou desenvolvendo um novo pendrive*". "B" responde com um eco: "*Um pendrive?*".
  - "A" responde: "*Sim, um desses técnicos...*".
- *Hipotéticas*: para testar o que aconteceria ao se fechar um acordo sobre uma condição específica, para fazer uma hipótese em relação a um possível resultado positivo se...
  - "*Supondo que consigamos concordar com um preço – a venda poderia acontecer no fim de agosto?*"
  - "*Se conseguíssemos aprovação no fim de junho, você conseguiria entregar no fim de agosto?*"
  - "*Imagine que temos o orçamento que queremos para a conferência; você estaria disposto a ser nosso orador principal?*"
- *"Devolutivas"*: quando a outra pessoa fala sobre o que não quer ou não demonstra clareza sobre suas necessidades, ajude-a a adotar uma atitude de resolução de problemas ou focada em soluções.
  - "*O que você quer (de mim, da situação)? Como posso ajudar? Como gostaria que as coisas fossem/mudassem?*"
  - "*Do que você precisa?*"
  - "*Se não quer isso, então o que você quer?*"

■ **Habilidades de escuta**

Parafraseando Goethe,* falar é uma necessidade, mas ouvir é uma arte. Habilidades excelentes de escuta são fundamentais para negociações, já que elas lhe possibilitam compreender o que seu colega diz e quer dizer (que nem sempre são a mesma coisa) e o ajudarão

---
* Johann Wolfgang von Goethe (1749-1832), um dos mais importantes escritores alemães da época do Romantismo. [N. T.]

a se atentar ao que ele não diz. Ouvir a palavra explícita, a reação, a mensagem implícita o ajudará a entender o que vai influenciar a outra parte a se engajar em uma negociação com você. A maioria das pessoas ouve para reagir em vez de ouvir para entender, porque elas estão preocupadas principalmente com o que planejam responder. Trocando em miúdos, seu foco é majoritariamente direcionado para si mesmas. Uma boa escuta gera um bom *storytelling*, porque demonstrar interesse convida as pessoas a falarem com você. Habilidades sólidas de escuta são o que você precisa para convidar a outra parte a compartilhar o que é importante para si, o que ela valoriza, quais são os problemas mais significativos.

Há cinco regras de ouro para ser e provar que se é um bom ouvinte:

1. **Não faça várias coisas ao mesmo tempo** – ou seja, nada de celular, mensagens, bate-papo ou e-mails quando estiver envolvido em uma conversa com alguém. A única coisa que você pode fazer além disso são anotações.

2. **Seja curioso e demonstre**. Certifique-se de que a outra parte perceba que você está escutando e que ela tem sua total atenção.

3. **Permaneça focado e concentrado**. Muitas vezes é a linguagem não verbal ou as "palavrinhas" ditas por alguém que dará informações interessantes sobre as quais vale a pena perguntar.

4. **Ouça para entender**, não para responder ou contra-argumentar.

5. **Tenha sempre em mente que você precisa do colega** e que esse diálogo é o meio mais importante para você conhecê-lo e saber o que ele quer.

▪ Escuta ativa

Uma boa comunicação requer *feedback* e resposta – e o *feedback* pode assumir o formato da escuta ativa. A escuta ativa é, antes de mais nada, uma atitude que visa garantir que a outra parte sinta que está sendo ouvida. Há várias maneiras de demonstrar isso, e uma vez me disseram: "*Se você está ouvindo de verdade, não há mais nada a fazer*".

Para demonstrar escuta ativa:

- Concentre-se. Mostre que você está atento (elogios, acenos de cabeça, linguagem corporal etc.).
- Reformule, verifique se está entendendo, resuma.
- Expresse seu interesse, seja curioso, faça perguntas, usando todas as ferramentas desta seção.
- Seja sincero e genuíno.
- Use linguagem corporal para mostrar presença. Porém, cuidado com o contato visual e a proximidade física. Em muitas culturas (e, curiosamente, no reino animal), o contato visual muitas vezes é sinal de ameaça ou desafio. É muito importante que as normas culturais das pessoas com quem você está conversando estejam claras.

■ Reconhecimento

Útil para a escuta ativa, o reconhecimento fornece *feedback* e respostas à comunicação.

"Você realmente parece chateado e magoado..."
"Vejo que está com raiva de..."

Reconhecer não significa concordar. Significa garantir que a outra parte sinta que foi ouvida e que sua reação ou emoção não foi deixada de lado. Muitas vezes, ser reconhecido é um passo forte para desarmar reações agressivas. Uma pessoa repetitiva é alguém que não sente que foi ouvido. Experimente isso com uma criança que chega da escola com lágrimas nos olhos – apenas reconheça sua tristeza, sem comentar nada diretamente logo de cara.

■ Reelaborando a frase e reformulando

Parafrasear o que a outra parte disse é uma excelente forma de a) mostrar que ela foi ouvida e b) checar/verificar que você entendeu o que ela disse, levando a correções ou esclarecimentos. Faça paráfrases e reformulações de maneira abreviada, usando suas palavras ou as da outra parte:

"Se entendi bem, a tecnologia usada para fazer a apresentação é muito importante para você, e a mensagem que deseja transmitir é..."

"Então, o que você está me dizendo é que gostaria que nossos serviços pós-venda fossem disponibilizados de forma automatizada dentro de 24 horas."

■ Silêncio

O silêncio é uma ferramenta muito poderosa e ambígua!

Há várias interpretações possíveis a se fazer quando alguém fica em silêncio, e com frequência essas interpretações não condizem com a realidade. Quando seu colega faz silêncio, está pensando? Analisando o que você acabou de dizer? Entediado? Planejando a resposta? Sonhando acordado? Fazendo uma pausa? Chateado demais para falar? E se o silêncio ocorre durante uma reunião virtual, será que é a tecnologia ou sinal de alguma insatisfação?[1]

Quando *você* faz silêncio, não está dando justificativas, defendendo sua opinião, tentando convencer ou dizendo algo de que possa se arrepender. Seu silêncio pode falar mais alto que palavras. Além disso, quando está em silêncio, você dá espaço à outra parte, convidando-a a preencher esse espaço, ou até mesmo se permitindo tempo para refletir. Apenas em silêncio você é capaz de ouvir e convidar o outro a falar.

O silêncio é um meio incrivelmente poderoso de convidar alguém a falar, e precisa vir acompanhado de expressões faciais e oculares coerentes – isto é, atentas, não entediadas, sorridentes, não agressivas. Porém, nem sempre é fácil ficar à vontade com o silêncio. Pratique o uso de poucas palavras e deixe lacunas de silêncio (mesmo que não durem mais de três segundos, regularmente) durante um diálogo. Pessoas que falam demais podem deixar escapar informações que teriam preferido guardar para si. Outra coisa para se ter mente é que o silêncio é utilizado de forma diferente, dependendo da personalidade. Por exemplo, um introvertido tenderá a passar mais tempo pensando em silêncio do que uma pessoa mais extrovertida, que muitas vezes "pensará alto".[2]

FERRAMENTAS PARA O COPILOTO

As quatro ferramentas a seguir são usadas especificamente pelo *copiloto*, se você tiver um, embora ainda as use se estiver negociando sozinho.

- **Reenquadrar**

Às vezes acontece de a conversa se desviar do tópico principal. O reenquadramento lembrará os participantes sobre do que a reunião trata e educadamente convidará as pessoas a voltarem ao tema principal.

- **Fazer anotações**

Fazer anotações é importante e é um pré-requisito para o próximo passo, a oferta, já que as anotações terão captado a essência da discussão, a opinião de cada parte, fatos e valores variados etc. Essa é outra tarefa importante para o copiloto. Anotações precisam ser fatuais, úteis, claras e eficientes. As anotações que tiverem sido feitas serão usadas para elaborar resumos e, muitas vezes, uma oferta. Na verdade, fazer anotações é semelhante a tentar reconstruir o roteiro da outra parte. Lembre-se sempre de verificar quando um valor for mencionado, e, se não for o que você esperava (ou seja, se não for sua ambição), verifique se ele é negociável.

A ferramenta a seguir o ajudará com suas anotações.

- **Resumir**

Um resumo é incrivelmente útil por vários motivos, como:

- verificar se as coisas foram compreendidas e dar espaço para a outra parte corrigir ou completar;

- diminuir o ritmo e dar tempo para refletir;

Quadro 7.2

O objetivo da outra parte

As condições dela	O que mais ela valoriza (*possivelmente o reconhecimento*)	O que menos valoriza (*possivelmente a escuta*)	Minha reação Meus comentários

As perguntas dela

Outros comentários

- retomar, com educação, o controle de uma conversa que se perdeu (em caso de raiva ou sobrecarga emocional, por exemplo);

- oferecer âncoras de segurança: ao encerrar a reunião e marcar outra data para continuá-la, você não começa do zero;

- reenquadrar a discussão.

Resumos sempre acontecem antes do término de uma reunião e, portanto, antes de se fazer uma oferta (veja o Capítulo 10). Um resumo deveria ser feito num estilo "objetivo", isto é, sem mais palavras ou opiniões e, definitivamente, não listando os vários argumentos ou justificativas que foram dados, nada além dos fatos e das coisas que foram ditas. Imagina que você precisa enviar um e-mail e tenha de pagar uma quantia considerável de dinheiro para cada palavra que digitar: você escolheria com muito cuidado o que escrever. Use poucas palavras úteis. Resumos são neutros, portanto, podem ser elaborados por qualquer uma das partes e abarcar tudo o que foi dito – por você e pelo outro. As outras pessoas – se necessário – podem completá-los ou corrigi-los. Uma reunião pode ter resumos curtos a cada 15 minutos. Sempre tenha em mente que coisas que não constam do resumo provavelmente não foram anotadas e, portanto, provavelmente serão esquecidas no acordo final. Conforme mencionado, se houver um copiloto, ele fará o resumo; se não, cabe a você, como piloto, fazer isso.

■ Sugerindo um intervalo

Quando e por que é importante fazer um intervalo? Intervalos têm de ser frequentes e regulares, sob solicitação ou quando se sentir que é preciso, por exemplo, no caso de cansaço, tédio, necessidade de esclarecer ideias, discutir em particular, buscar informações adicionais, verificar dados, rever estratégias, elaborar uma oferta. Se você notar que seu colega está cansado ou com cara de tédio, pode tomar a iniciativa de sugerir um intervalo. Mais uma vez, geralmente essa tarefa pertence ao copiloto, se você tiver um, mas qualquer pessoa pode pedir um intervalo se julgar necessário.

Fique atento aos sinais, e não tente "forçar" e continuar a conversa quando seu colega está obviamente cansado, entediado ou sem concentração. Isso é sobretudo relevante quando as reuniões são feitas on-line (veja o Capítulo 8). Ao fazer um intervalo, é importante ir para outro lugar e manter a discrição, garantindo que nenhum documento particular seja deixado para trás. Pode-se aprender muita coisa com *flip-charts*, papéis de rascunho e roteiros que têm limites claramente visíveis.

OUTRAS COISAS PARA TER EM MENTE

As recomendações a seguir se revelarão úteis durante reuniões.

- **Cuidado com suposições**

Suposições e julgamentos se espalham como pólvora e explodem como dinamite: é raro ouvir sem ficar "traduzindo" as informações recebidas com base nas próprias suposições e filtros. Às vezes, pode ser fácil demais presumir que você "apenas sabe" o que a outra parte sente e quer dizer, precipitar-se e terminar a frase da outra pessoa por ela, ou preparar sua próxima pergunta ou resposta antes que ela tenha terminado de falar, e o significado real do que ela está dizendo se perde ou é mal compreendido. Sempre questione suas suposições.

Trabalhe com fatos e informações "universais" precisas. Se der opiniões, certifique-se de não sejam confundidas com fatos, afirmando que elas são opiniões suas: "Em minha opinião, quando se fala sobre igualdade de gênero, alguns gerentes tendem a travar". Separar fatos de conclusões é um desafio, mas extremamente importante. É muito mais difícil argumentar com fatos – conforme será explicado a seguir, ao se falar sobre comunicação não violenta. Fatos são específicos, objetivos e verificáveis. Interpretar palavras e comportamentos é muito rápido: "Jo não confia em mim" é uma conclusão, não um fato. Fatos não são controversos e proporcionam um início seguro. São mais persuasivos que conclusões subjetivas.[3]

- **Estilos de comunicação e atitudes**

Cada pessoa tem um estilo específico de se comunicar, que se torna parte integrante dela. Não existe estilo "neutro". A cultura influencia muito o estilo de comunicação. E, independentemente do estilo que você tenha ou adote, ele influenciará seu público. Quanto mais você tem consciência do próprio estilo, mais pode adaptá-lo quando necessário. Por exemplo, se, em geral, você tenta defender seu ponto de vista e quer ter razão, talvez dificulte discussões úteis. Como observaram os autores Al Switzler, Joseph Grenny e Ron McMillan, "Vencer acaba com o diálogo: corrigimos os fatos, ficamos tergiversando sobre detalhes e apontamos falhas nos argumentos da outra pessoa".[4] Conforme abordado no Capítulo 4, especialistas muitas vezes buscam vencer. A maneira mais rápida de acabar com uma negociação é colocar dois especialistas frente a frente, porque um especialista funciona com a lógica da verdade, enquanto um negociador funciona com a lógica do interesse. E, nesse caso específico, fica a pergunta: para você, é melhor conseguir o que quer (juntamente com o relacionamento, visto que ele é necessário para garantir que a parceria será respeitada) ou ter razão? Saia mentalmente de uma discussão e observe a si mesmo e o impacto que está causando. Seja humilde o bastante para não monopolizar a verdade, e tenha em mente que nem sempre você precisa vencer. A meta não é ser persuasivo ou convencer os outros de que você está certo. A meta é descobrir o que precisa acontecer para você atingir seu objetivo. Ser aberto, flexível, confiante e cooperativo influenciará o modo como as pessoas se comunicam com você.

■ Sobre ser vago e incerto

Evite palavras vagas e incertas ("*Gostaria de um pouco mais...*", "*Acredito que menos...*", "*Talvez...*", "*Algo como...*"), já que elas são muito genéricas para uma negociação bem-sucedida. Em vez de pedir "mais" salário ou "mais" férias, é importante ser específico. Ao negociar, não deixe nada para a outra parte imaginar ou supor. Por exemplo, em vez de "*Você poderia trabalhar em horários flexíveis uma semana?*", diga: "*Eu ficaria muito contente se você pudesse trabalhar em turnos, com uma semana começando às 7h e terminando às 15h, e a seguinte começando às 11h e terminando às 19h*".

Somente quando a solicitação é precisa a resposta pode ser exata. Quando você é vago, está deixando a outra parte interpretar a solicitação não específica, o que alegremente ela fará tendo em mente *o próprio* interesse, e não o seu – ou seja, ela ouvirá o que lhe for conveniente. Ser claro não significa ser insistente, significa... ser claro.

- Não é porque não queremos as mesmas coisas que estamos em um conflito.

- Discordar não significa faltar com o respeito.

- Ouvir não significa perder.

- Entender o ponto de vista alheio não significa aceitá-lo.

Tudo o que é dito por ambos os lados da mesa de negociações, e mesmo o que não é dito, transmite um significado e gera reações, incluindo as palavras empregadas, linguagem corporal, expressões faciais e tom de voz. Portanto, certifique-se de apresentar o que você mais tiver interesse de apresentar. Estar bastante ciente disso fará crescer sua influência, aumentará suas boas reações e permitirá melhores adaptações mesmo em mudanças sutis de circunstâncias ou atitudes. Microcomportamentos desempenham um papel fundamental em criar confiança (veja o Capítulo 9 para mais informações sobre microcomportamentos e sua influência).

Habilidades de comunicação – e, principalmente, habilidades de escuta – são fundamentais para que suas negociações obtenham um resultado bom e duradouro. Isso é um desafio e tanto, porque quando você, após despender um bocado de energia, pensamento e análise profundos, enfim entende bem o que de fato quer obter, é fácil cair na armadilha de fazer tudo o que puder para tentar convencer seu colega sobre a importância e a probidade do que deseja. No entanto, se opta pela negociação, que *é* uma abordagem bilateral em que existe outra parte a se levar em conta, então você precisa focar e entender as necessidades dela, ainda que estas não estejam claramente expressas e, portanto, possam precisar de algum tempo para se revelar.

Alguns exemplos de comportamentos e comunicação são, sobretudo, úteis durante negociações. Há muitos cursos e livros excelentes sobre o tema, e o objetivo aqui não é apresentar uma explicação aprofundada sobre ele, mas compartilhar algumas dicas que poderiam ajudá-lo de fato durante suas reuniões.

UM MODELO ÚTIL DE COMUNICAÇÃO PARA AJUDÁ-LO DURANTE REUNIÕES: A COMUNICAÇÃO NÃO VIOLENTA

Marshall Rosenberg[6] observou que vários mal-entendidos e conflitos provêm do fato de que muitas pessoas não sabem como expressar suas necessidades ou emoções de maneira adequada. Ele chega a várias conclusões dignas de nota no contexto de uma negociação.

■ A língua do "eu" versus a língua do "você"

A maneira como as pessoas falam influencia reações. Quando incomodadas, infelizmente elas usam a língua do "você" de forma bem acusadora, apontando o dedo: "*Você não lavou a louça*", "*Você colocou o papel errado na impressora*", "*Você nunca ouve*", "*As coisas sempre têm que ser do seu jeito*". A língua do "você" tende a gerar uma reação fechada ou automática, às vezes, até agressiva. Essa acusação, aliada à generalização, é um caminho rápido para a elaboração de uma resposta defensiva, que tende a ser contraproducente e muitas vezes leva ao agravamento. Uma acusação como essa pode levar a uma resposta interna de processamento de pensamentos que soe como: "*Bem, já que sou sempre preguiçoso... por que mudar? Jo nunca vai acreditar que sou capaz de coisas diferentes*".

Duas coisas devem ser evitadas a qualquer custo:

- usar a língua do *você* – apontando um dedo acusador ("*Você é tão preguiçoso*");

- usar generalizações ("*Você nunca ouve*", "*Você sempre chega atrasado às reuniões de equipe*").

Quando necessário, por exemplo, quando quiser dar um *feedback* ou compartilhar uma preocupação, concentre-se em como você se sente, isto é, na língua do "eu", referindo-se a sentimentos ("*Eu me sinto chateado, incomodado, confuso*"), conforme explicado a seguir; e, também, em fatos universais e observáveis, e definitivamente não em algo que você conclui ou imagina. Conclusões se baseiam em interpretações, que podem ser diferentes de uma pessoa para outra.

Rosenberg elaborou um modelo de quatro passos para comunicar sentimentos e dar *feedbacks*.

1. Exponha fatos – não conclusões, suposições ou generalizações;
2. Exponha como *você* se sente: a emoção quando X é feito, motivo pelo qual isso se refere à língua do "eu", isto é, "*Eu me sinto com raiva, decepcionado, chateado...*";
3. Exponha a *sua* necessidade;
4. Faça um pedido concreto (que não é uma ordem).

> **Exemplo**
>
> Imagine que você está tendo a seguinte discussão com seu filho adolescente: "Você não sai do celular quando estamos jantando! Estou de saco cheio de seus amigos virtuais à mesa e de nunca ter um momento para conversar com você".
>
> Em vez disso, tente: "Nas últimas três noites você ficou demais no celular durante o jantar, e isso me chateia. Preciso sentir que você aprecia o tempo e o esforço que tive para preparar o jantar. Você poderia, por favor, evitar usar o celular à mesa enquanto estamos comendo?".

Em um ambiente de trabalho, talvez você queira evitar falar sobre sentimentos, e, em vez disso, se concentrar no impacto que um certo fato está causando.

> **Exemplo**
>
> "Notei que você chegou 15 minutos atrasado nas últimas três reuniões de laboratório (fato), o que nos fez ter de passar um tempo atualizando-o sobre a discussão, e isso nos deixa atrasados (impacto)..."

Em certas situações, você poderia optar por evitar fazer um pedido concreto, a fim de deixar espaço para a criatividade e o progresso – em outras palavras, deixar a outra parte pensar no que poderia ser feito, a fim de parar de ferir sentimentos ou gerar situações dolorosas.

■ Orelhas de chacal e de girafa

Marshall Rosenberg fala sobre as diversas armadilhas em que as pessoas caem ao se comunicar, as quais podem acabar com uma comunicação eficiente e respeitosa e magoar relacionamentos, o que deve ser evitado durante negociações. Rosenberg observa que as pessoas tendem a ouvir o que é dito através de vários filtros, para os quais ele usa as metáforas "orelhas de chacal" e "orelhas de girafa".

Falando de maneira bem simples, a metáfora do chacal indica tendências a insistir em críticas, julgamentos, amargura e ressentimento, e a da girafa indica agir como um dispositivo sutil de tradução, passando por cima da emoção para compreender a necessidade subjacente (percebendo que por trás de cada emoção existe uma necessidade não manifesta e, por vezes, frustrada que está sendo expressa de forma infeliz).

Ao se comunicar, Rosenberg afirma que cada pessoa tem quatro orelhas, com as quais ouvem mensagens difíceis:

- **Orelha de dentro do chacal**: indica a tendência de ouvir tudo o que lhe é dito como crítica, de levar para o lado pessoal e negativamente, ou transformar qualquer mensagem em autodepreciação: "*Sou um inútil, um insensato, nunca entendo, sou isso e aquilo...*" – isto é, "*Tem algo errado comigo*".

- **Orelha de fora do chacal**: ao usar esta orelha, você reage à maioria das mensagens criticando o emissor: "*Jo está sempre reclamando, Jo nunca está feliz, a gerência é inútil, o governo não está fazendo seu trabalho...*" – isto é, "*Tem algo errado com a outra pessoa, ela é o problema*".

- **Orelha de dentro da girafa**: com esta orelha, você está ciente das próprias necessidades (subjacentes), as ouve e, quando apropriado, as verbaliza: "*Quando ela diz que precisa de um momento de silêncio, me sinto inseguro, portanto, preciso garantir que isso não tenha nada a ver com o fato de eu fazer muitas perguntas ou falar demais*".

- **Orelha de fora da girafa**: esta orelha lhe permite perceber a necessidade por trás da emoção que a outra parte está expressando, para compreender que a emoção está escondendo algo mais profundo: "*Quando meu colega me irrita, sinto que há um profundo sentimento de injustiça direcionado a mim, e não raiva*".

Por mais que elas pareçam simples e você possa ler a respeito e estudá-las a fundo, é um desafio colocá-las em prática; no entanto, adotar as orelhas de girafa e evitar a língua do "você" tornará seu estilo de comunicação mais cooperativo e eficiente.

COMUNICAÇÃO VERBAL, NÃO VERBAL E PARAVERBAL

Como apontou o teórico da comunicação Paul Watzlawick, tudo é comunicação: "Não é possível não se comunicar".[7] Existem diferentes formas de comunicação: sinais e mensagens precisam ser coerentes, sejam eles verbais, não verbais ou paraverbais. As pessoas reparam na discrepância ou na ausência de coerência entre o que se diz e como se diz, e reagirão de acordo, ainda que inconscientemente.[8] Objetive estar ciente em vez de buscar o controle, e continue verificando: você está transmitindo os sinais e as mensagens que deseja transmitir? Foque o que você diz e como o diz, quem você é, o que demonstra e o que está comunicando sem palavras.

■ Características das comunicações verbal, não verbal e paraverbal

A comunicação verbal se constitui das palavras reais que você usa.

A comunicação não verbal é seu próprio estilo de comunicação silenciosa, constituído de:

- gestos;
- expressões;
- postura (mais sobre postura no Capítulo 9);
- a maneira como você usa o espaço e se movimenta;

- roupas e acessórios;
- o contato visual que você faz;
- o sorriso.

A comunicação paraverbal é a maneira como você diz o que diz:

- o tom e a velocidade da voz;
- os silêncios.

Todos os itens citados acima compõem seu estilo específico de comunicação e devem ser coerentes. Quando você "sente" que algo que a outra parte está lhe dizendo é discordante – por exemplo, sinais não verbais não estão sincronizados com a palavra falada –, pode ser um sinal de que existem intenções ocultas ou alguma coisa a incomodando ou perturbando. E lembre-se de que, enquanto você está tentando aprender com o outro por meio do estilo de comunicação dele, ele está fazendo o mesmo com você.

É um fato bastante conhecido que, ao se comunicar oralmente, os aspectos não verbais desempenham um papel muito mais importante do que o conteúdo estritamente verbal. O professor Albert Mehrabian é famoso por ter pesquisado o efeito do comportamento não verbal, como expressões faciais, tom de voz e o significado literal da palavra expressa ao se comunicar emoções e atitudes – por exemplo, se você gosta ou desgosta de alguma coisa ou alguém. As obras teóricas e experimentos iniciais de Mehrabian demonstram o papel que a comunicação não verbal desempenha na expressão de sentimentos em relação aos outros, sobretudo quando há discrepância entre o que é dito e as pistas não verbais que acompanham, como tom de voz ou expressão facial. Ele descobriu que, quando as palavras não "batem" com a expressão facial, as pessoas tendem a acreditar na expressão que veem, e não nas palavras que ouvem.

Aplicável especificamente quando se fala sobre sentimentos ou atitudes, a teoria de Mehrabian afirma que:

- 7% da mensagem estão nas palavras reais expressas;

- 38% da mensagem são expressos via comunicação paraverbal (paralinguística);

- 55% da mensagem são expressos por meio de expressões faciais.

A maneira como você diz uma coisa vai perdurar por muito mais tempo do que o que você realmente diz. O valor dessa teoria se relaciona a comunicações em que o conteúdo emocional é significativo, e a necessidade de compreendê-lo da forma correta é grande, coisas particularmente importantes em negociações. Assim, a comunicação não verbal representaria mais de 90% do que você transmite a seu interlocutor. Quem você é, como se sente, seus microcomportamentos, sua expressão e qual ênfase (tom) coloca nas palavras que diz constituem parte importante de sua comunicação com outras pessoas. Muita coisa é comunicada por meio de suas expressões corporais e faciais. Quanto mais coerentes sua linguagem não verbal e seus microcomportamentos forem com as palavras expressas, mais você constrói confiança e segurança, dois aspectos fundamentais para uma discussão proveitosa.

As pessoas prestam mais atenção àqueles que transmitem que realmente querem dizer o que estão dizendo – porque eles demonstram, por exemplo, pelo tom de voz, paixão, expressão facial, microgestos. E, porque a comunicação é mais do que palavras, sendo também a maneira como elas soam, como elas ganham vida, o fato de que seu objetivo é inspirador e significativo para você vai transparecer e influenciar outras pessoas. Além disso, o fato de que você realmente quer atingir seu objetivo, de que você acredita nele impactará seu nível de confiança, sua atitude e sua postura gerais. Isso, por sua vez, transmitirá uma mensagem marcante para seu interlocutor.

É fácil esquecer o que o tom de voz pode fazer com a palavra expressa. Seu *mindset* será uma influência: queira parecer (e ser) confiante, relaxado, à vontade, "engajado" no objetivo e na negociação. Seu comportamento faz diferença e será notado. Quando em dúvida sobre o que fazer ou como se comportar, sempre se pergunte "*É do meu interesse fazer X e Y?*". Isso pode ser desafiador, e envolve uma boa quantia de autoconsciência, por exemplo, sobre as reais intenções de alguém.

Ficar extremamente focado no outro e ciente dele, observando bem de perto a forma como as pessoas se comunicam lhe dará uma boa vantagem em negociações, e o ajudará, por exemplo, a sentir se algo é negociável ou não, ou se um limite declarado na verdade poderia ser flexível (p. ex., por meio de uma hesitação, uma reação facial discordante, um olhar preocupado para o colega etc.). Lembre-se, no entanto, de não supor nada; em vez disso, sempre teste e questione uma suposição.

 Exemplo

Se você se sente hesitante ou sem jeito ao falar sobre estabelecer acordos de nível de serviço, pode dizer: "Tenho a impressão de que acordos de nível de serviço são um tema delicado, que exige mais tempo de discussão... Tem mais alguma coisa que você gostaria de ter incluído?".

A postura é um aspecto importante para um bom negociador: ela afeta a maneira como você aborda as pessoas. Não se pode e não se deve simular experiência e *expertise*, mas pode-se simular um certo nível de confiança, o que pode ajudá-lo[10] (consulte o Capítulo 9 para mais informações sobre esse tópico).

As comunicações não verbal e paraverbal dependem da cultura, conforme observado anteriormente (veja o Capítulo 4 sobre análise contextual). Nessas situações, certifique-se de que, ao executar a análise contextual, passe o tempo necessário descobrindo o quanto for possível sobre a maneira como outras culturas tendem a se comunicar. Isso também será útil para mostrar que você é todo ouvidos e respeitoso. É inacreditavelmente fácil ficar incomodado por um comportamento por ele estar sendo interpretado como desrespeitoso quando, na verdade, poderia se tratar tão somente de falta de conhecimento ou compreensão. Por exemplo, pessoas de certas culturas tendem a ser mais rudes que outras, outras tendem a ficar de cara fechada o tempo todo... O que não falta são exemplos de diferenças.

No interessante artigo da *BBC* "Why Meeting Another's Gaze is so Powerful" ("Por que olhar nos olhos das outras pessoas tem tanto poder", em tradução livre), observou-se que o contato visual molda sua percepção da outra pessoa que o olha nos olhos. Por exemplo, em culturas ocidentais, pessoas que fazem mais contato visual são geralmente tidas como mais inteligentes, mais conscientes e sinceras, e, portanto, tende-se a acreditar mais nelas. É claro que contato visual em excesso também pode deixar algumas pessoas pouco à vontade, e quem fica olhando nos olhos direto e reto pode ser considerado esquisito.[11]

RESUMO

- Ao longo das reuniões, lembre-se de que você precisa da outra parte. Portanto, é do seu interesse aprender o máximo possível sobre ela, descobrir do que ela gosta, do que precisa, o que valoriza, o que é importante para ela, sobre o que tem dúvidas. Quanto mais você sabe a respeito dela, mais conseguirá trabalhar em parceria de forma eficaz. E a melhor maneira de descobrir é perguntando.

- Certifique-se de ter bem claro em sua mente o que você quer dizer e atingir. Use seu roteiro, lembrando-se sempre do objetivo. Quanto mais preparado você estiver, mais confiante ficará, mais clara sua mensagem será e mais criativo você se tornará.

- De forma clara e simples, diga o que você gostaria de obter com a negociação. Certifique-se de também comunicar seu estilo cooperativo além da boa vontade em ser flexível e explorar opiniões. Não espere que o outro adivinhe ou leia mentes. Fale de maneira confiante e aberta, e lembre-se de que não se assume nenhum compromisso durante as reuniões, fato que deveria diminuir a pressão que talvez você sinta e – de forma consciente ou não – coloque sobre a outra parte.

- Evite cenários a qualquer custo, ou seja, conversas mentais como *"Se eles disserem isto, direi aquilo, e se mencionarem X, mencionarei..."* porque elas influenciarão toda a dinâmica da discussão e a forma como você interpreta o que a outra parte diz.

- Lembre-se de que, se eles não sabem o que você quer, não podem ajudá-lo a conseguir, e se você não sabe o que querem, não pode ajudá-los a obter. Compartilhar informações é crucial para ser capaz de compreender a dinâmica da troca (em vez de simplesmente tentar convencê-los a lhe dar o que você quer de maneira unilateral).

- Em vez de ficar supondo as coisas, lembre-se de que o melhor modo de descobrir alguma coisa sobre alguém ou uma situação é fazendo perguntas. Pergunte até tudo ficar o mais claro possível.

- Não há necessidade de justificar suas opiniões e desejos ou pedir desculpas por eles. Vez ou outra, talvez você queira explicar um posicionamento ou item, mas frequentemente justificar envolve a sensação de ter sido acusado de alguma coisa e, portanto, de precisar defender seu ponto de vista. Ao falar com pessoas de opiniões contrárias, quanto mais convencido e insistente você for, mais resistentes elas se tornam; quanto mais experimentalmente você fala, mais as pessoas ficam abertas a suas opiniões. É difícil ser atacado por aquilo que não disse. Pense com cuidado antes de compartilhar opiniões, já que elas podem levá-lo a um debate que talvez não seja útil. Evite o humor, já que pode magoar e sair pela culatra.

- Existem várias ferramentas comunicativas bem simples, mas poderosas, que, aliadas às linguagens verbal, não verbal e paraverbal, transmitem mensagens marcantes e informações. No entanto, certifique-se de que as mensagens verbais e não verbais que você envia sejam coerentes entre si.

- Evite palavras curtas e depreciativas (*mais ou menos*, *quase*, *algo como*, *hummmm* etc.) e use sua linguagem não verbal de modo que ela a ajude a criar confiança.

- Quando diante de um ponto de bloqueio, observe, fique atento, concentrado e tenha paciência. Lembre-se de que criatividade e mente aberta criarão oportunidades, enquanto convicções criam prisões.

- Nunca é boa ideia envergonhar, humilhar, provocar ou subestimar ninguém durante as reuniões. As reações mais comuns ao encarar comportamentos assim é se fechar e não se envolver mais no processo, ou ficar agressivo. E, se uma situação como essa acontecer, tenha em mente que, diante de raiva, da agressão ou do silêncio (afastamento), a melhor opção é tentar ter paciência e curiosidade e garantir o restabelecimento da segurança antes de prosseguir.[12] Quando há raiva, chegue a um acordo mútuo para fazer uma pausa. Nunca negocie com raiva. Sempre observe com muito cuidado sinais de que a confiança e a segurança estão desaparecendo.

- Criar laços com os outros é importante. Isso garantirá que o processo siga em frente, já que você ouve mais as pessoas de quem gosta e com quem consegue se identificar. Preste atenção redobrada às "palavras totalmente sem importância",[13] já que elas podem significar muito ("Olá, como vai você?"). Muitas vezes, elas dizem muito mais do que você imagina, como aceitação e reconhecimento, e são valiosas para construir um relacionamento.

- Lembre-se sempre de que a outra parte é uma oportunidade. Incentive os outros a expressar fatos, sentimentos e histórias, e ouça com atenção a que eles têm a dizer. Isso pode levar um tempo, então, quando possível, tenha paciência.

- Lembre-se, porém, que mesmo que você siga tudo à risca e a outra pessoa não queira dialogar, o diálogo não acontecerá. Vale a pena persistir, pelo menos no início, não ficar ofendido, mas ser resiliente, continuando a demonstrar respeito. Continue acreditando que encontrar um caminho adiante, uma solução, é possível. Lembre-se da resiliência de Nelson Mandela, que guiou tantas de suas ações profundamente ciente de que alguma coisa sempre parece impossível até que seja feita. Uma hora ou outra, quase sempre a outra pessoa vai dialogar com você.

> E, se ela não fizer isso desta vez, significa que *no momento* não tem interesse em dar continuidade às discussões, mas que, no futuro, a possibilidade de negociar pode voltar a surgir. Em seu livro *Grande magia: vida criativa sem medo*, Elisabeth Gilbert menciona o fato de que muitas pessoas seguem a tendência de abandonar e desistir no momento em que as coisas deixam de ser fáceis ou gratificantes.[14] A resiliência o impedirá de se arrepender por não ter tentado de tudo e de desistir cedo demais.

NOTAS

[1] Veja o Capítulo 8 sobre negociações on-line.

[2] S. Cain. *Quiet: the Power of Introverts in a World that Can't Stop Talking*. New York: Broadway Books, 2013.

[3] K. Patterson *et al*. *Crucial Conversations: Tools for Talking when Stakes are High*. New York: McGraw-Hill, 2012.

[4] *Ibidem*.

[5] C. Arnold. What are Micro-Behaviours and How do they Impact Inclusive Cultures?. *The EW Group*. <https://theewgroup.com/micro-behaviours-impact-inclusive-cultures/> (disponível em: <https://perma.cc/62C2-Y59R>).

[6] M. Rosenberg. *Nonviolent Communication*. 3. ed. Encinitas (CA): Puddle Dancer Press, 2015.

[7] P. Watzlawick. Watzlawick's Five Axioms. <www.wanterfall.com/ Communication-Watzlawick%27s-Axioms.htm?> (disponível em: <https://perma. cc/5XHG-MQFB>).

[8] J-J. Crèvecoeur. *Relations et Jeux de Pouvoir*, Rumilly: Jouvence, 2000.

[9] A. Mehrabian. <www.bl.uk/people/albert-mehrabian> (disponível em: <https://perma. cc/E3AC-PZWH>).

[10] A. Cuddy. Amy Cuddy TED Talk: Fake it Till you Make It. *YouTube*, 2016. <www.youtube.com/watch?v=RVmMeMcGc0Y> (disponível em: <https://perma. cc/3LJ2-8FG2>).

[11] C. Jarrett. Why Meeting Another's Gaze is so Powerful. *BBC*, 2019. <www.bbc. com/future/article/20190108-why-meeting-anothers-gaze-is-so-powerful> (disponível em: <https://perma.cc/BQC9-EB3L>).

[12] Inspirado por K. Patterson *et al*. *Crucial Conversations: Tools for Talking when Stakes are High*. New York: McGraw-Hill, 2012.

[13] S. Misteil. *The Communicator's Pocketbook*. London: Management Pocketbooks, 1997.

[14] E. Gilbert. *Big Magic: Creative Living Beyond Fear*. London: Bloomsbury, 2015.

CAPÍTULO 8
Negociações on-line e reuniões on-line

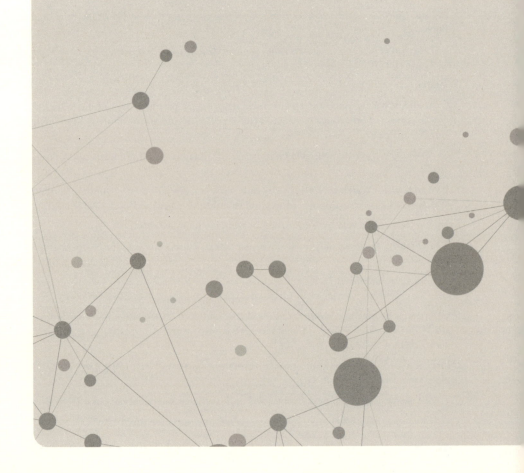

Figura 8.1

Este capítulo explora o uso e os efeitos de ferramentas on-line no processo de negociação. Esse tópico ganhou proeminência em 2020, quando, devido à situação sanitária com a pandemia da COVID-19, o mundo ficou cada vez mais caracterizado pela comunicação midiatizada, isto é, a comunicação realizada através de um meio que não envolve estar fisicamente presente entre outras pessoas.

Quais são as vantagens e as desvantagens de reuniões virtuais? Os resultados são influenciados pelo fato de as pessoas se encontrarem pessoalmente ou não? E-mails e mensagens ajudam as pessoas a negociar? O que precisa ser levado em conta em reuniões feitas por meio de aplicativos on-line? Este capítulo trará algumas sugestões de respostas.

Negociações eletrônicas e as ferramentas correspondentes (eNS – sistemas de negociação eletrônica) que abrangem um sistema de tomada de decisões não serão abordadas. Esses sistemas são sobretudo úteis porque, conforme a complexidade aumenta, negociadores de carne e osso enfrentam problemas para compreender e avaliar todas as soluções possíveis, e são regularmente confrontados com sobrecarga de informações em situações complexas.[1]

Ao longo deste capítulo, negociações on-line vão se referir principalmente a reuniões de negociação que acontecem em parte (o chamado formato híbrido) ou integralmente por meios eletrônicos, e que usam comunicação eletronicamente mediada (CEM), como um computador com aplicativos para videoconferência ou e-mails. Portanto, o foco será direcionado ao modo como extrair o máximo das negociações e traduzi-las, de forma eficaz e simples, do modelo face a face para um formato on-line.

A comunicação midiatizada também inclui telefone, SMS e mensagens instantâneas.[2] Ela se relaciona à capacidade de uma pessoa de usar tecnologias de comunicação de maneira apropriada e eficaz, portanto, as dicas apresentadas neste capítulo também serão úteis para os menos versados digitalmente.[3]

A primeira parte do capítulo abarca o contexto que levou ao surgimento das reuniões on-line. Em seguida, serão feitas considerações relacionadas a quando usar comunicação eletronicamente mediada – seja por videoconferência, e-mails ou chats. Depois, o capítulo analisa qual ferramenta CEM é a melhor para cada etapa do processo de negociação de cinco etapas. Negociações on-line através de encontros virtuais possuem especificidades que precisam ser levadas em conta para o sucesso e a eficiência máximos.

Ainda que a comunicação on-line tenha muitas vantagens – por exemplo, é menos dispendiosa que viajar e discussões a longa distância muitas vezes são mais fáceis de organizar –, também há desafios acerca dos quais estar ciente e que precisam ser levados em consideração. Serão explorados alguns desses desafios, bem como ideias sobre como garantir que as ferramentas sejam bem empregadas. As características e os inconvenientes do uso de e-mails ao negociar serão levados em conta, e a parte final deste capítulo focará algumas das vantagens e desafios para se ter em mente ao se engajar em reuniões de negociação on-line.

■ O contexto da crescente dependência de reuniões on-line

O surto pandêmico da COVID-19 no início de 2020 alterou consideravelmente a maneira como as pessoas negociam, colaboram, fazem acordos e se comunicam, acelerando um processo de digitalização que já estava a caminho. Cada vez mais as pessoas dependem da tecnologia da informação e da CEM para gerenciar seus negócios e substituir reuniões presenciais. 2020 se tornou um "ano de revolução on-line".

O uso de ferramentas eletrônicas de comunicação nunca foi tão difundido, e muita gente percebeu que abraçar negociações on-line pode ser crucial para a sobrevivência de várias empresas. Uma crença atualmente difundida é a de que, para muitos funcionários que lidam com informação, o trabalho virtual ou de casa provavelmente se tornará tendência de longo prazo. De fato, o advento de ferramentas múltiplas de videoconferência que permitiram a centenas de pessoas que participassem e interagissem nas reuniões e conferências virtuais mudou o panorama dos negócios.

Com o uso crescente da internet e da tecnologia CEM, há muitos anos várias negociações já vinham usando comunicação eletrônica para planejar reuniões, definir cronogramas, enviar resumos e verificar a situação de um ponto específico. A autora Maureen Guirdham, em sua pesquisa sobre o tópico, observou que antes de as ferramentas on-line – e, em particular, de aplicativos de videoconferência de alta qualidade – passarem a ser amplamente usadas, preferia-se muito mais as negociações presenciais às feitas por e-mail ou telefone. Ela apontou que o principal motivo para isso era que a comunicação presencial permite *feedback* imediato, fornece várias pistas e usa uma linguagem natural, reduzindo, portanto, a ambiguidade com muito mais rapidez do que qualquer outro meio.[5] No entanto, essas vantagens são cada vez mais possíveis com aplicativos de videoconferência de alta qualidade, que aliam voz e imagem para que as pessoas possam falar ao mesmo tempo que veem umas às outras. Em videoconferências e situações presenciais, pistas visuais são constantemente usadas para verificar o entendimento e construir elos, o que não é possível com memorandos, mensagens de texto e e-mails.

Organizações, empresas e governos são constituídos de pessoas que precisam se encontrar, discutir, negociar e colaborar, seja isso possível ou não presencialmente. A interconectividade é mais essencial do que nunca para que as vidas econômica, política e social continuem. Negociações continuam a acontecer, parcerias continuam sendo feitas e colaborações, definidas, tanto on-line quanto off-line. Por exemplo, as negociações do Brexit continuaram – ainda que num ritmo possivelmente mais lento – durante o primeiro período de *lockdown* em 2020, assim como as negociações relacionadas ao preço e à distribuição das vacinas contra a COVID-19 entre cientistas, universidades, empresas farmacêuticas e governos.

Reuniões virtuais estão rapidamente se tornando comuns e habituais para muitas pessoas e comunidades. A necessidade de reinventar a forma como as pessoas trabalham, governam e fazem as coisas tornou-se questão de sobrevivência. Entretanto, é importante lembrar que a nova maneira de trabalhar exige um nível relativamente alto de destreza digital e recursos técnicos que não estão disponíveis para todos na mesma proporção. Abraçar essa mudança – e, ao mesmo tempo, estar ciente de suas desvantagens – pode ser uma experiência enriquecedora e um meio de sobrevivência, porque a situação mundial atual reduziu drasticamente os encontros presenciais e as viagens. Parece razoável presumir que os "negócios de sempre" nunca mais voltarão ao nível pré-2020 e que o uso de ferramentas on-line continuará a se expandir, com as reuniões do futuro acontecendo virtualmente em uma escala muito maior e tornando a CEM ainda mais importante.

▪ Quais são as características da comunicação eletronicamente mediada?

De acordo com a ferramenta usada, a CEM varia em termos de capacidade de transmitir pistas não verbais, fornecer *feedback* rápido, apresentar traços pessoais e dar suporte ao uso da linguagem natural. Para ajudar a classificar essas diferenças, um aparato teórico chamado teoria da riqueza midiática (MRT, em sua sigla em inglês) qualifica as CEMs de acordo com sua "riqueza" em fornecer significados que não sejam apenas semânticos. Algumas CEMs proporcionam maior capacidade para trocar informações de maneira eficaz. Por exemplo, e-mails ou chats serão menos ricos do que videoconferências, porque estas permitem a comunicação por linguagem corporal, expressões faciais e *feedback* imediato e, portanto, estão mais próximas da comunicação presencial.[6] Para fazer reuniões on-line e para negociar, sempre é melhor escolher mídias que tenham riqueza alta e permitam uma comunicação multidimensional.

A cognição social, que é o processo geral de observar e tentar conhecer outras pessoas, é importante em contextos de negociação. As pessoas colhem informações tanto do conteúdo das mensagens quanto da forma como elas são transmitidas, isto é, por meio das linguagens não verbal e paraverbal. Em sua extensa pesquisa sobre o tema da comunicação midiatizada, Guirdham aponta que uma cognição social apurada é extremamente útil, por vezes fundamental, já que influencia a tomada de decisão e a comunicação. Já que as mensagens podem ser – intencionalmente ou não – ambíguas e conter múltiplos significados,[7] quanto mais alta for a MRT, menos provavelmente as pessoas cometerão erros e farão interpretações falsas.

Há vantagens e desafios inerentes a esse uso mutável e crescente de tecnologia para aprimorar, ou mesmo substituir, a comunicação entre as pessoas. Ter uma ideia clara dessas vantagens e desafios ajudará a garantir que as CEMs sejam usadas com mais eficiência, ao mesmo tempo deixando espaço para pistas emocionais e sociais. Lembre-se, igualmente, de que a escolha do meio de comunicação também será interpretada, assim como qualquer mudança (repentina) no meio de comunicação. Pode ser útil garantir que, em algum momento no início das reuniões, você fale sobre "metacomunicação", que se refere a comunicar a maneira como você se comunica, esclarecendo qual mídia usará, quando e para que tipo de informações, definindo, assim, algumas regras básicas úteis.

Os diferentes canais e suas principais características de decodificação são, em ordem de riqueza (MRT):

- **presencial**: permite decodificação das linguagens verbal, não verbal e paraverbal.

- **videoconferência**: permite decodificação das linguagens verbal, não verbal e paraverbal – de maneira mais limitada que presencialmente, já que a visão periférica (ver o que está acontecendo fora do campo estreito de visão) fica muito mais difícil.

- **telefone**: permite decodificação das linguagens verbal e paraverbal.

○ **mensagens de texto e chats**: permite decodificação da linguagem verbal.

Como regra geral, ao negociar, escolha, se possível, a mídia que lhe proporciona mais pistas para decodificar as mensagens de seu colega.

■ Qual ferramenta CEM pode ajudar em qual etapa do processo de negociação – e o que deve ser levado em conta

Em relação ao processo de negociação explicado neste livro, há várias etapas em que ferramentas CEM são usadas com prontidão e de fato provaram seu valor. Os principais canais eletrônicos utilizados em negociações que empregam esses processos de cinco etapas são e-mails e videoconferências.

▶ DURANTE A ETAPA DE ANÁLISE CONTEXTUAL

Durante esta etapa, as seguintes recomendações precisam ser levadas em consideração:

É importante garantir que todas as partes tenham acesso a uma *boa conexão de internet*. Isso inclui conectividade e largura de banda, que é a taxa de transferência de dados de uma rede ou conexão de internet.[9] A conexão precisa ser boa – a última coisa que você quer é se preocupar com a linha caindo. Entretanto, é preciso contar com essa possibilidade, sobretudo se você estiver negociando com pessoas de países remotos, com capacidade menos potente de conexão.

A *ergonomia do computador* deve ser levada em conta. As partes envolvidas na reunião precisarão de uma tela de computador larga o bastante para conseguir ver todos os participantes do encontro ao mesmo tempo, além de uma câmera bem posicionada e um microfone. Ninguém deve ficar invisível. A iluminação deve permitir uma boa visão das expressões faciais. Enxergar os colegas é realmente importante. Lembre-se de que as pessoas estão sempre enviando pistas comportamentais que são estímulos para os sentidos e necessárias para criar um ambiente que conduza a uma negociação sólida e respeitosa, bem como para construir um certo nível de confiança.

Antes das reuniões, verifique se a *tecnologia* disponível para cada parte é o mais equivalente possível, para que haja pouca injustiça e preconceitos por causa de tecnologias desiguais. Isso pode incluir tablets, notebooks ou PCs e acesso a aplicativos diferentes. Não se pode usar tecnologias de forma injusta, a fim de colocar uma parte em desvantagem. Um exemplo é o uso de ferramentas como dispositivos com *touchscreen*, que permitem ao usuário interagir com um computador por um toque de tela. Esse é um *add-on* muito útil, já que ajuda a acrescentar gráficos, notas, listas de maneira natural, como se você estivesse usando um *flipchart* ou bloco de notas. Se uma das partes não tem acesso à possibilidade de escrever e desenhar para esclarecer uma ideia ou uma potencial solução enquanto as outras têm, a compreensão pode ficar deficiente. O mesmo se aplica para o compartilhamento de telas. A ideia é fazer um bom uso do que está disponível e ter acesso às ferramentas básicas capazes de comportar e aprimorar a discussão e os entendimentos, em vez de usar em excesso ferramentas da moda ou criar vantagem de uma parte sobre outras.

Você terá de garantir que todas as partes envolvidas nas negociações tenham acesso ao *mesmo software* com largura de banda suficiente, qualidade de imagem e som. *Softwares* como o Microsoft Teams, o Google Meet, o Zoom, o Go To Meeting, o Cisco Webex e similares devem estar alinhados. Dependendo do pagamento de licenças, algumas organizações, comunidades ou pessoas talvez não possam acessar *softwares* caros e tenham que depender de *softwares open source*. Isso precisa ser verificado com antecedência.

O *conhecimento digital* terá um papel no quanto as pessoas estão à vontade com as ferramentas que usarão. Quanto menos elas tiverem dificuldade com as ferramentas, mais poderão se concentrar na discussão e nos outros. Plataformas de videoconferência e soluções para reuniões on-line podem ser bastante amigáveis. Certifique-se de testar a conexão com a internet e as funcionalidades antes das reuniões. Antes do primeiro encontro on-line, ou no início dele, pode valer a pena e poupar muitos problemas futuros passar algum tempo analisando as opções e funcionalidades básicas se você achar que pode haver incongruências em relação ao domínio das ferramentas.

Questões de *confidencialidade* devem ser discutidas e acordadas por todas as partes, por exemplo, a decisão sobre gravar ou não a reunião, como e com quem compartilhar os documentos, e onde (em qual mídia) eles serão salvos. Algumas dessas observações podem ser determinadas por exigências legais. Certifique-se de que questões de segurança e confidencialidade sejam verificadas em termos de regras e regulamentos dos países e dos hábitos das organizações com que as negociações e as reuniões acontecerão, já que as leis mudam de um país para outro. Um lugar privativo e silencioso também é importante para garantir a confidencialidade.

As mesmas regras de uma reunião presencial se aplicam, com algumas extras, como pausar todas as notificações e fechar todos os outros aplicativos para não se distrair. Experiências revelam que definir e enviar regras virtuais antes das reuniões é útil – veja, a seguir, sobre a importância de enviar um convite. Dependendo das partes envolvidas, elas podem ser discutidas e acordadas formalmente, ou apenas enviadas com o convite para a reunião.

Todas as partes devem conseguir e estar disponíveis para receber *documentos* durante a reunião, entrar nas *salas simultâneas*, se necessário, e ligar e desligar o microfone e as telas de vídeo.

Os papéis também precisam ser esclarecidos, assim como em reuniões presenciais: quem será o piloto, o copiloto, e se haverá especialistas disponíveis. Além disso, alguns aplicativos de videoconferência exigem papéis extras – mais técnicos – além dos de anfitrião e coanfitrião. Também será tomada a decisão de quem serão o anfitrião e o coanfitrião, tendo em mente que isso pode mudar de uma reunião para outra: as partes podem alternar a abertura das reuniões, estimulando um senso de justiça. Dependendo da quantidade de participantes, vez ou outra pode ser útil nomear um facilitador, que também poderia ser copiloto, para ficar verificando quem quer falar, por exemplo, levantando a mão.

Ao se definirem as reuniões – pelo menos antes da primeira –, um *convite* claro especificamente elaborado para o formato on-line deve ser enviado a todos os participantes. Esse convite deve definir a estrutura do modo como a reunião será conduzida, incluindo solicitações tecnológicas, duração, questões de confidencialidade e qualquer outro aspecto de logística necessário. O convite deve ser enviado por e-mail.

▶ DURANTE A ETAPA DE PREPARAÇÃO

Durante a etapa de preparação, talvez você queira se perguntar se compartilhará seu roteiro (veja o Capítulo 5) em sua tela. Nesse caso, você vai precisar preparar uma cópia *sem deixar seus limites visíveis*. Você também pode querer decidir enviar algumas de suas perguntas ou informações por e-mail antes da reunião, dependendo do escopo e da complexidade das respostas solicitadas. Durante a reunião de fato, elas também podem ser enviadas por e-mail para uma melhor compreensão dos contextos multiculturais em que o nível de proficiência do idioma falado não é o mesmo entre todos os participantes.

▶ DURANTE A ETAPA DE REUNIÃO

Conforme visto em capítulos anteriores, negociações exigem discussões em dado momento, sejam elas presenciais ou virtuais. Assim, quando a presença física não é possível, deve-se encontrar uma alternativa on-line. Para que reuniões de negociação sejam eficientes e ajudem a construir acordos e parcerias duradouros, há várias questões para se ter em mente.

Durante a etapa de reunião, que é quando as ferramentas on-line terão a maior influência, é importante lembrar que uma das habilidades características de um excelente negociador é sua capacidade de construir um relacionamento com as outras partes, observar suas emoções e linguagem não verbal – e agir com base nelas – e captar dicas sensoriais sutis. Somente conversas cara a cara permitem que esse nível de comunicação aconteça, sejam elas presenciais ou por meio de videochamadas de computador com o Zoom, o Microsoft Teams, o Google Meet. Portanto, você sempre deve tentar organizar pelo menos uma reunião cara a cara; de preferência, mais.

As melhores práticas em matéria de reuniões "presenciais" se aplicam a reuniões on-line também, como respeitar o cronograma e a duração e nomear alguém para ficar com as minutas. Provavelmente você terá que definir regras para falar: como se fazer notar, quem fala e quando. Os papéis do anfitrião/coanfitrião não precisam necessariamente ser respaldados pelos de piloto/copiloto. Os papéis do piloto e do copiloto quando on-line serão tão importantes quanto presencialmente, enfatizando sobretudo a observação e a leitura das pistas, da linguagem corporal e da atitude das outras partes. Seja curioso, faça perguntas, permaneça focado e certifique-se de se concentrar no outro – e não na sua própria foto.

Construir confiança e conexão social é fundamental, logo, certifique-se de passar tempo suficiente no início da reunião fazendo contato com os participantes – porque o tempo geralmente gasto em um café ou um chá informal de boas-vindas não é possível on-line. Mesmo que construir confiança on-line pareça mais difícil que em reuniões presenciais, ainda assim é possível. Só que pode levar um pouco mais de tempo. A tecnologia é apenas uma ferramenta – sua personalidade é tão importante on-line quanto presencialmente. Abrir a sala de conferências 15 minutos antes do início da reunião pode ajudar, contanto que haja alguém disponível para receber os participantes. Você pode optar por sugerir que se pause todas as notificações, a fim de ficar 100% concentrado na reunião, ouvir com atenção o que está sendo dito e observar pistas não verbais.

A linguagem não verbal vale tanto na tela como nas ocasiões em que você e as outras partes se encontram presencialmente. As principais diferenças são que, na tela, a linguagem corporal como um todo é menos aparente; em geral, somente o rosto e os ombros são vistos. Curiosamente, usar uma câmera pode permitir maiores zoom e foco no rosto, com suas características distintivas e expressões, proporcionando *insights* extras a seu parceiro de negociação. Sua maneira de sentar, as roupas que veste, o cenário, a iluminação, seu semblante, seu tom de voz – tudo isto influenciará a forma como você é percebido. É importante lembrar que você sempre pode ser visto, mesmo que não esteja falando. "Um ar distante, distraído... Pode ser aceitável, mas parece ainda mais frio e remoto on-line. Seja simpático!"[10] Continue enviando sinais sociais e de presença, como sorrisos, contato visual, acenos de cabeça, e encontre meios de mostrar que está ouvindo ainda mais que quando em presença física. Faça várias perguntas: elas são um indício claro de seu nível de interesse e de sua vontade de se engajar e compreender.

Preste tanta atenção ao *dress code* como se estivesse indo a uma reunião presencial, e lembre-se de que quando você se levantar para pegar um copo d'água as pessoas o verão por inteiro. Apresentações on-line e off-line devem ser consistentes entre si.[11]

Antes de entrar na sala, respire fundo, sorria, relaxe os ombros e esteja presente de corpo e mente, como estaria em uma sala física. É incrível o que se pode ver e perceber através de uma tela.

As comunicações verbal e paraverbal têm um papel importante em conversas sobre negociação por meio de computadores conectados. Muitas vezes, as pessoas falam rápido demais on-line. Se você quiser ser compreendido, certifique-se de falar devagar e articular bem as palavras – ainda mais devagar que em presença física. Talvez você queira combinar um sinal a ser usado quando alguém quiser falar, como erguer a mão. Isso ajudará a evitar situações em que várias pessoas falem ao mesmo tempo, já que pode ser difícil ver quem começou a falar quando há muita gente on-line. Em tais situações, para garantir uma comunicação fluida, será preciso delegar o papel de moderador ou facilitador a alguém. Se usar um intérprete, garanta que ele tenha tempo suficiente para traduzir antes que se volte a falar. Se as conversas precisarem de tradução em língua de sinais, será necessário um cuidado extra em relação à iluminação.

Guirdham descobriu que negociações emocionalmente positivas se caracterizam por uma quantidade maior de palavras trocadas do que interações emocionalmente negativas.[12] Portanto, envolva-se na conversa, usando as mesmas ferramentas de comunicação descritas no Capítulo 7. Diferenças entre personalidades podem ser exacerbadas pela "timidez virtual" – em que uma pessoa com tendência à introversão, juntamente com a timidez virtual, pode achar difícil se expressar, portanto, talvez seja preciso ser paciente e demonstrar interesse de forma explícita.

Não tema os silêncios. Momentos de silêncio e aguardar sua vez de falar é ainda mais importante em reuniões on-line, porque pode haver um intervalo pequeno de tempo entre o que é dito e os outros participantes ouvirem. Não salte para conclusões precipitadas quando houver silêncio. Como aponta Guirdham, as pausas mais longas podem ser consequências de atrasos técnicos, e, portanto, não necessariamente contêm significado atribuído a si.[13]

Insista em esclarecer e repetir o que foi dito e compreendido, em reformular, e nunca hesite em fazer vários intervalos longos, bem como pausas regulares para tomar um café e se alongar. Em reuniões on-line, o tempo entre as pausas deve ser mais curto do que em reuniões fisicamente presenciais.

Há outras considerações para se ter em mente ao se fazer uma reunião virtual com a outra parte. A tecnologia proporciona oportunidades incríveis para aprimorar a experiência on-line. Não é só "recorrer a ela" e tão somente converter "presencial" para on-line. Tire o máximo proveito dela. Isso não apenas a tornará mais interessante, interativa e envolvente, mas também garantirá que uma dinâmica eficaz de grupo entre em cena. Fazer uso de salas de descanso para discussões em pequenos grupos ou uma conversa bilateral pode ajudar a construir confiança e conexão. Gravar e filmar as reuniões, se todas as partes estiverem de acordo, é válido no caso de precisar consultar uma decisão ou uma parte específica da conversa, ou se for preciso compartilhar com pessoas ausentes o que foi dito. Esse acordo deve ser escrito – a ser verificado durante a etapa de análise contextual.

E lembre-se sempre de que nem todo mundo se sente à vontade com tecnologia, e que ela é uma ferramenta, não uma arma.

▶ DURANTE AS ETAPAS DE OFERTA E IMPLEMENTAÇÃO

Durante as duas últimas etapas do processo de negociação – a oferta e a implementação –, bem como durante a etapa da reunião, envie lembretes e e-mails para que todos os participantes compartilhem a mesma informação. Independentemente de a reunião ser on-line ou presencial, sempre é aconselhável enviar um resumo dela por escrito, a fim de que todos tenham o mesmo registro factual e possa consultá-lo se necessário.

■ Algumas considerações sobre e-mails e para que eles devem ser usados

E-mails são meios de comunicação assíncrona, permitindo mais tempo para refletir entre a mensagem enviada e a resposta, diminuindo, dessa forma, reações impulsivas. Formar opiniões, assim como formar impressões, leva mais tempo por e-mail. Já que há evidências de que retardar o julgamento aumenta a sua compreensão, essa assincronicidade pode ser vantajosa.[14]

E-mails são uma ajuda e tanto para certas tarefas. Por exemplo, eles podem ser úteis quando é preciso verificar uma informação pequena, enviar um resumo, fazer uma pergunta, confirmar uma data, enviar um lembrete. Em outras palavras, usar e-mails é melhor para uma troca breve factual. E-mails também podem ser arquivados para referência futura de maneira direta.

Conforme abordado anteriormente, ao negociar, raramente só palavras bastam; a comunicação por escrito não é a melhor maneira para decifrar sinais que aumentarão a compreensão da outra parte. Entretanto, se você está envolvido em uma negociação que está acontecendo apenas, ou sobretudo, em formato escrito, como por e-mail ou lembretes, os conselhos a seguir podem ser úteis.

- Não suponha que seu colega vá ler nas entrelinhas. Tente afirmar explicitamente suas emoções, seus sentimentos ou preocupações: *"Estou me sentindo frustrado por conta da falta de progresso"*.

- Verifique regularmente com os colegas como eles estão se sentindo, e verifique o que você está supondo: *"Tenho a impressão de que alguma coisa na minha última proposta o incomodou. Certo?"*, *"Como você se sente em relação à última discussão?"*.

Às vezes, a comunicação escrita pode ser mais fácil e mais vantajosa ao lidar com uma parte com quem você está em conflito, já que esse tipo de comunicação o ajuda a ser mais preciso no que está sendo escrito e a esclarecer mal-entendidos, e a escrita pode ficar longe da influência das emoções. Além disso, a comunicação escrita pode se adaptar melhor a pessoas de personalidade mais introvertida.

É interessante notar que as pessoas estão 100% cientes da importância da comunicação não verbal para transmitir sinais sutis e significados em uma mensagem, o que é o motivo principal por que os emoticons e emojis foram inventados. Frequentemente, as pessoas usam emojis e emoticons para acrescentar certo significado aos e-mails, para substituir – de forma inadequada – sinais não verbais, e seu objetivo é transmitir uma mensagem sutil (ou não). Preste muita atenção a isso, já que diferentes emojis contêm significados diferentes em culturas diferentes.[16] Por exemplo, enquanto o símbolo do "curtir" pode ser sinal de aprovação na cultura ocidental, na Grécia e no Oriente Médio ele tem sido tradicionalmente interpretado como algo vulgar e até ofensivo.[17]

Pistas emocionais e sociais são muito mais difíceis de se observar, enviar e receber por e-mail, atravancando, dessa forma, um meio importante de se construir confiança e vínculos. Isso exigirá um cuidado mais específico em relação à escolha das palavras utilizadas. Ao escrever um e-mail, tomar um cuidado extra com a maneira pela qual expressar uma ideia, como fazer uma sugestão, como seguir em frente ajudará a reduzir ambiguidades e mal-entendidos.

Não se pode apagar o que se escreveu, portanto, certifique-se de escrever e enviar sua real intenção, e não uma expressão de raiva ou frustração da qual você possa se arrepender. Tenha cuidado com duplos sentidos, e sempre dê preferência a uma linguagem simples e direta. As coisas escritas não devem deixar margem a interpretações – daí a importância de tomar cuidados redobrados com o conteúdo e com a forma daquilo que se escreve. Lembre-se: o que você escreve pode estar sujeito à lei, e certas coisas, quando fora de contexto, podem ser prejudiciais. Escreva primeiro, espere um pouco, releia e *somente depois* envie. Pistas sociais e comunicação não verbal são muito difíceis de se obter por e-mail, embora significados e mensagens sutis possam ser encontrados no texto real utilizado. E-mails longos ou factuais e curtos, a maneira como um e-mail é assinado, usar um tom de arrependimento em vez de decepção – tudo isso proporciona um significado ao texto e influencia o relacionamento. A velocidade com que se responde a um e-mail também envia pistas, assim como a escolha das palavras e dos detalhes desse e-mail.

Às vezes, as pessoas alternam entre e-mails e chats. É preciso evitar estes últimos, já que contêm um toque mais informal e são menos fáceis de salvar e consultar depois. Dependendo da confidencialidade da negociação, chats devem ser considerados não seguros.

VANTAGENS DE REUNIÕES DE NEGOCIAÇÃO ON-LINE

Há muitas vantagens em conduzir reuniões e negociação on-line. Muitas negociações envolvem pessoas que residem em diferentes regiões geográficas. Conseguir reunir outras partes para conversar consome tempo e energia, sobretudo quando as pessoas envolvidas moram em locais com diferentes fusos horários. A "fadiga de viagem" pode prejudicar a qualidade das reuniões e influenciar a disposição das pessoas em organizar várias reuniões. Encontros fisicamente presenciais também podem ser bem dispendiosos em termos econômicos, muitas vezes envolvendo despesas com viagem e acomodações, e também custos administrativos para a organização em si. Com a possibilidade de usar tecnologia para conectar pessoas ao redor do mundo sem presença física cara a cara, pode render economias consideráveis de dinheiro, tempo e energia.

As pessoas tendem a ficar relutantes quando as coisas se complicam, como ao precisarem, por exemplo, coordenar gente de lugares diferentes. Organizar várias rodadas de negociações fica mais simples, já que não se deve levar em conta o tempo de viagem. É mais fácil separar metade do dia e coordenar vários cronogramas do que um dia inteiro ou até mais. É mais fácil ser flexível para encontrar datas – acomodando, assim, várias necessidades (o que pode ser uma bela de uma pista ao negociar) – quando as reuniões são mais curtas e on-line.

Acontecimentos mundiais recentes, como a pandemia de 2020, obrigaram as pessoas a tomarem muito cuidado, por motivos de saúde, ao se encontrar presencialmente. Na maioria dos casos, a situação sanitária até impediu as pessoas de se encontrarem cara a cara. Ferramentas on-line garantiram que as empresas continuassem e que as pessoas pudessem fazer reuniões. Já que reuniões presenciais só podem acontecer se os participantes usarem máscara de segurança, a tendência será preferir as reuniões on-line, já que elas permitem ver melhor os rostos, fazer leitura labial e observar melhor a linguagem não verbal. Além disso, alguns tons de voz soam bem abafados por trás das máscaras, o que, aliado a pessoas possivelmente menos expressivas, pode tornar a compreensão mais desafiadora. Por fim, falar usando máscara pode tornar a compreensão difícil, se não impossível, para pessoas com problemas de audição.

Conforme abordado no capítulo de análise contextual (Capítulo 4), cenários multiculturais podem ser traiçoeiros. Encontros on-line podem ajudar a evitar possíveis equívocos ou falhas relacionadas a costumes culturais, como apertar ou não as mãos, ou às instalações da sala física. Por exemplo, não há por que se preocupar com quem vai se sentar ao lado de quem nas reuniões on-line. Se isso pode ser um problema ao usar salas reservadas, sempre é possível, com algumas ferramentas de videoconferência, colocar manualmente as pessoas nessas salas.

Também se observou que, por mais surpreendente que pareça, certas pessoas acham mais fácil falar on-line do que cara a cara. O fato de estarem fisicamente seguras em casa talvez surta efeito em sua disposição e facilidade de se expressar.

Por último, mas não menos importante, também haveria a impressão de que há motivos ecológicos fortes para se fazer reuniões on-line, sobretudo se o avião for a opção de transporte para as partes internacionais se encontrarem.

DESAFIOS E EMPECILHOS DAS NEGOCIAÇÕES ON-LINE

Um dos empecilhos mais comuns ao se fazer negociações on-line é a dificuldade maior em acessar toda a linguagem corporal e a visão periférica na sala. No entanto, tem-se observado que "interagir em um ambiente mediado por computador não inibe, mas tão somente desacelera a transmissão de informações socioemocionais".[18] Virtualmente, expressões faciais e linguagem paraverbal são tão totalmente comunicadas quanto em ambiente presencial. Além disso, às vezes as expressões faciais são ainda mais notadas quando a câmera foca apenas um rosto, permitindo que se concentre no não verbal de maneira mais discreta que presencialmente, em que ficar encarando pode ser considerado rude e desrespeitoso.

Outro empecilho é a dificuldade de se envolver em conversas leves informais, já que não se pode, por exemplo, ir até a máquina de café ou sair para respirar um ar fresco. Assim, os vínculos e a confiança precisam ser criados de maneiras alternativas. Por exemplo, embora seja menos discreto e espontâneo, muitas vezes é possível enviar uma mensagem particular mais pessoal para alguém, ou então solicitar uma sessão na sala particular. Às vezes, dependendo da complexidade da situação e de sua familiaridade com as pessoas com quem está negociando, talvez você queira organizar, além das reuniões oficiais, uma conversa informal bilateral para conhecer melhor os colegas. Pegar o telefone e ligar para eles entre as sessões também é uma possibilidade, muitas vezes negligenciada e, ainda assim, apreciada.

Nem todas as pessoas têm a mesma competência digital. Nem todo mundo fica à vontade on-line, seja com as ferramentas (conhecimento técnico) ou, simplesmente, com o mero fato de estar on-line. É preciso tomar cuidado extra para incluir pessoas que tendem a "desaparecer" no silêncio ou a ficar confusas com as ferramentas e aplicativos on-line. Se houver desequilíbrio na disponibilidade e domínio das ferramentas on-line, certas pessoas ficarão em imensa desvantagem.

Embora em algumas situações multiculturais ficar on-line possa ajudar a reduzir o risco de erros (veja acima), às vezes isso pode complicar mais as coisas. Por exemplo, quando as negociações acontecem num contexto multicultural, pode ser mais desafiador trazer costumes culturais a bordo, como a maneira como as pessoas reagem em relação ao tempo. Certas culturas são mais "direto ao ponto", enquanto outras acham necessário se engajar em interações mais informais e bate-papos para criar um ambiente de confiança, sem o qual a negociação não é possível. Um artigo da Harvard sobre superação de barreiras culturais em negociações observou que

> Ocidentais podem ficar impacientes quando rituais e conversas aparentemente fúteis com negociadores do Oriente Médio arrastam o processo. Do outro lado da mesa, porém, tais interações são essenciais para construir a confiança nas negociações. Tendências culturais gerais não se aplicam necessariamente a pessoas específicas, é claro, mas é prudente reconhecer que seus colegas podem enxergar o tempo de uma forma bem diferente da sua.[19]

Questões de segurança e confidencialidade terão de ser verificadas com atenção, sobretudo se as várias partes envolvidas nas negociações forem de todos os lados do mundo. Países diferentes possuem leis diferentes, que podem complicar certas negociações além-fronteiras. Conforme abordado anteriormente, esses aspectos terão de ser integralmente verificados, discutidos e acordados durante a análise contextual.

As pessoas se comportam e pensam de forma diferente e em velocidades diferentes, seja on-line ou presencialmente. Cuidado para não reagir rápido demais; nem todo mundo pensa e fala em um ritmo semelhante. Vez ou outra, uma resposta pode demorar um pouco mais que o esperado, ou duas pessoas podem (parecer) se interromper. Já que as pessoas tendem a pular para conclusões e a fazer suposições muito depressa, lembre-se de que a conectividade pode ser o problema, ou tão somente personalidades diferentes. No artigo "On-line Negotiation in a Time of Social Distance" ("Negociações on-line em tempos de distanciamento social", em tradução livre), o Program on Negotiation of Harvard Law School alerta que, se seu colega fica em silêncio, é importante não presumir automaticamente que ele esteja dificultando as coisas ou te ignorando só para levar vantagem. Além disso, sugerem fortemente que você não se sinta ofendido de imediato se uma mensagem parecer abrupta ou rude, mas, em vez disso, verifique e pergunte se o colega precisa de alguma coisa. Permanecer focado no relacionamento o tempo todo, e não apenas no resultado, ajudará a construir o vínculo de confiança e um acordo mais duradouro.[20]

E, por fim, algumas pessoas podem estar cansadas de ficar sentadas na frente de uma tela de computador e estejam, simplesmente, ansiosas por uma reunião presencial.

RESULTADOS

Há diferenças gritantes entre a qualidade dos acordos negociados presencialmente ou on-line? Até o momento, não há nenhuma evidência que sugira que negociações feitas sobretudo – ou totalmente – on-line tenham resultados melhores ou piores que as negociações fisicamente presenciais. Em sua pesquisa, Rachel Croson conclui que

> [...] acordos finais mediados por computador são de certa forma mais integrativos que os negociados cara a cara, o que sugere que não há perda de eficiência em relação a negociações a longa distância usando tecnologia da informação. Em segundo lugar, acordos mediados por computador tendem a ser significativamente mais igualitários que os presenciais.[21]

Na minha experiência, mesclar reuniões presenciais e on-line com a comunicação eletrônica é muito útil. Reuniões de participação virtual ou presencial sempre devem vir acompanhadas por resumos enviados por e-mail e documentos de esclarecimento.

RESUMO

- Uma plataforma on-line de reuniões é uma ferramenta, e apenas isso; relacionamentos e confiança precisam ser construídos independentemente do meio que você opta por usar.

- Sorria antes de começar; você estará enviando micropistas sociais para cumprimentar os participantes. Lembre-se sempre de que você está sendo observado por uma câmera e que o foco está sobretudo no seu rosto.

- Em reuniões on-line, valem as mesmas regras de reuniões presenciais e algumas extras, como pausar todas as notificações para não se distrair. Certifique-se de comunicá-las.

- As ferramentas e a tecnologia estão aí para ajudar, servindo para facilitar as coisas e não para se esconder atrás delas ou serem usadas como "pontos de vantagem" contra pessoas menos conhecedoras ou menos à vontade com elas. O conhecimento digital deve ser similar a todos os participantes, quando possível.[22]

- Dependendo do escopo das negociações e da complexidade das reuniões, talvez você queira sugerir uma sessão curta de treinamento ou enviar um link para um tutorial, tomando cuidado para não parecer paternalista.

- Esteja ciente de e leve em conta diferenças entre níveis de letramento digital e personalidades (p. ex., diferenças entre o tempo de que as pessoas precisam para refletir e responder, atrapalhando-se com as opções tecnológicas).

- Evite tratar as reuniões on-line como uma opção de segunda categoria. Quando bem executada, a experiência, o desempenho e a qualidade virtuais podem ser os mesmos das reuniões presenciais, se não melhores.[23]

- Não use excesso de tecnologias lançando mão dos últimos *add-ons* da moda. Torne-a humana e permaneça simples.

- Reuniões on-line devem ser mais curtas e permitir mais intervalos breves para se alongar e se mexer. Portanto, durante a análise contextual, planeje mais tempo para chegar a um acordo.

- Lembre-se dos fusos horários ao marcar reuniões com pessoas de todas as partes do mundo.

- Às vezes, é possível, e mesmo aconselhável, simplesmente pegar o telefone – um meio tradicional muitas vezes negligenciado – para dar uma resposta rápida.

- Não deixe de testar a conexão de internet e as funcionalidades antes das reuniões.

NOTAS

[1] M. Griessmair; P. Hippmann; J. Gettinger;.Emotions in e-negotiations. In: B. Martinovsky (Ed.). *Emotion in Group Discussion and Negotiation*. New York: Springer, 2015. <www.researchgate.net/profile/Leonardo_Christov-Moore2/publication/300549098_Emotions_in_Interaction_Toward_a_Supraindividual_Study_of_Empathy/links/5875508b08aebf17d3b3f-6fd/Emotions-in-Interaction-Toward-a-Supraindividual-Study-of-Empathy.pdf#page=110> (disponível em: <https://perma.cc/QJ9Y-YWCZ>).

[2] M. Guirdham. *Work Communication: Mediated and Face-to-Face Practices*. London: Palgrave MacMillan, 2015.

[3] *Ibidem*.

[4] M. McLaughlin; D. Brame. The Best Video Conferencing Software for 2021. *PC*, 2021. <https://uk.pcmag.com/cloud-services/9067/the-best-video-conferencing-software> (disponível em: <https://perma.cc/32WF-75GL>).

[5] M. Guirdham. *Work Communication: Mediated and Face-to-Face practices*. London: Palgrave MacMillan, 2015.

[6] IG Global. What is Media Richness. <https://www.igi-global.com/dictionary/cultural-impacts-spread-mobile-commerce/18169> (disponível em: <https://perma.cc/6CCL-NFVB>).

[7] M. Guirdham. *Work Communication: Mediated and Face-to-Face Practices*. London: Palgrave MacMillan, 2015.

[8] Veja o Capítulo 7, "Ferramentas para usar durante reuniões".

[9] Tech Terms, Bandwidth. <https://techterms.com/definition/bandwidth> (disponível em: <https://perma.cc/2SM3-863C>).

[10] M. Weller. The COVID-19 On-line Pivot: Adapting University Teaching to Social Distancing. *LSE*, 2020. <https://blogs.lse.ac.uk/impactofsocialsciences/2020/03/12/

the-covid-19-on-line-pivot-adapting-university-teaching-to-social-distancing/> (disponível em: <https://perma.cc/WA9S-JP7V>).

[11] M. Guirdham. *Work Communication: Mediated and Face-to-Face Practices*. London: Palgrave MacMillan, 2015.

[12] *Ibidem*.

[13] *Ibidem*.

[14] *Ibidem*.

[15] A palavra "emoticon" é uma junção dos termos *emotion* ("emoção", em inglês) e *icon* ("ícone", em inglês). Lembre-se, um emoticon é constituído de caracteres de teclado que, quando unidos de certa maneira, representam uma expressão facial; um emoji é uma imagem real. Grammarist, Emoji vs *emoticon*. <https://grammarist.com/new-words/emoji-vs-*emoticon*/> (disponível em: <https://perma.cc/YVZ4-GC6T>).

[16] A. Fleeracker. Emojis in Scholarly Communication. *LSE*, 2019. <https://blogs.lse. ac.uk/impactofsocialsciences/2019/10/03/emojis-in-scholarly-communication/> (disponível em: <https://perma.cc/FT6U-CD2N>).

[17] A. Rawlings. Why Emoji Mean Different Things in Different Cultures. *BBC*, 2018. <www.bbc.com/future/article/20181211-why-emoji-mean-different-things-in-different-cultures> (disponível em: <https://perma.cc/4UXB-QB57>).

[18] M. Griessmair; P. Hippmann; J. Gettinger. Emotions in e-Negotiations. Disponível em: <https://www.researchgate.net/profile/Leonardo_Christov-Moore2/publication/300549098_Emotions_in_Interaction_Toward_a_Supraindividual_Study_of_Empathy/links/5875508b08aebf17d3b3f6fd/Emotions-in-Interaction-Toward-a-Supraindividual-Study-of-Empathy.pdf#page=110>. Acesso em: 12 nov. 2020.

[19] A. Ojuri. How to Overcome Cultural Barriers in Communication: Cultural Approximations of Time and the Impact on Negotiations. *Harvard Law School*, 2020. <www.pon.harvard.edu/daily/international-negotiation-daily/telling-time-in-different-cultures/> (disponível em: <https://perma.cc/XC4L-GS78>).

[20] K. Shonk. On-line Negotiation in a Time of Social Distance. *Harvard Law School*, 2020. <www.pon.harvard.edu/daily/negotiation-skills-daily/on-line-negotiation-in-a-time-of-social-distance/> (disponível em: <https://perma.cc/T73E-2V8R>).

[21] R. T. A. Croson. Look at me When you Say That: an Electronic Negotiation Simulation. *Simulation and Gaming*, 1999. <https://journals.sagepub.com/doi/abs/10.1177/104687819903000105> (disponível em: <https://perma.cc/86Z8-B3BE>).

[22] A largura de banda de uma mídia é definida não somente pela mídia em si, conforme salientado pela teoria da riqueza de mídia, mas também pelo usuário: quanto mais experiência os negociadores possuem com CEM, mais eficazes são em codificar e decodificar mensagens e em enriquecer o canal de comunicação para apresentar conteúdo socioemocional. Portanto, embora a mídia possa impor certas restrições ao processo interativo, é a maneira como as pessoas usam a mesa eletrônica de negociações que primeiramente molda a interação da negociação.

[23] M. Weller. The COVID-19 On-line Pivot: Adapting University Teaching to Social Distancing. *LSE*, 2020. <https://blogs.lse.ac.uk/impactofsocialsciences/2020/03/12/the-covid-19-on-line-pivot-adapting-university-teaching-to-social-distancing/> (disponível em: <https://perma.cc/XX3Z-V7TP>).

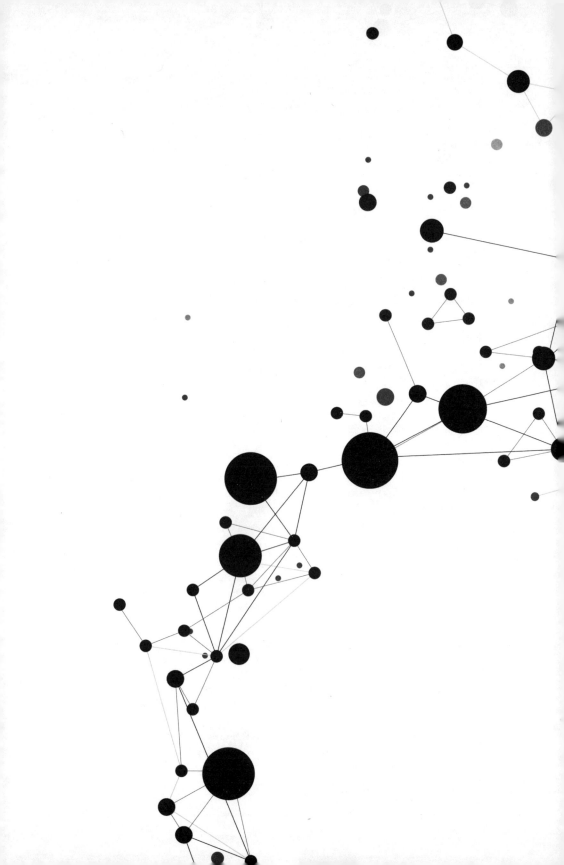

" A palavra manifesta e a linguagem não verbal, embora muito importantes, não englobam 100% das características de um excelente negociador.

CAPÍTULO 9
Ferramentas não cognitivas em reuniões de negociação

Figura 9.1

A palavra manifesta e a linguagem não verbal, embora muito importantes, não englobam 100% das características de um excelente negociador.

Sob vários aspectos, os dois temas deste capítulo são "postura" e "intuição social". A postura é o resultado das emoções, da concentração, do estresse e muito mais. A importância da postura e sua influência na dinâmica da negociação efetiva e de acordos duradouros é destacada ao longo das seções. Postura, comportamento, emoções, aquilo em que você acredita e como o demonstra, como se comunica e engaja com os colegas, até que ponto se sente à vontade, assertivo e confiante (e age dessa forma) serão uma forte influência para o resultado de suas negociações. Isso também impactará o padrão das interações e relacionamentos que você constrói e de que precisa para pôr efetivamente em prática a parceria e o acordo negociados.

Negociações bem-sucedidas são extremamente influenciadas pela maneira como a outra parte o percebe, se ela o aprecia e confia em você ou, ao contrário, sente desconfiança, se fica à vontade com a perspectiva de se envolver com você ou, em vez disso, fica cheia de dúvida e reservas.

Elementos puramente cognitivos raramente são suficientes para ajudar a entender por que alguns negociadores são mais bem-sucedidos que outros. Há outra coisa que afeta as interações e o resultado das negociações. Essa "outra coisa" foi denominada intuição social,[1] uma habilidade que, acredita-se, confere ao negociador a capacidade de impactar toda a negociação.

Para começar, serão explicadas a intuição social e seu efeito nas reuniões de negociação. As emoções exercem grande influência sobre a maneira como as pessoas interagem, se comportam e se comunicam. A seção a seguir vai explorar a influência que as emoções têm sobre as interações e a comunicação interpessoal, e compartilhar algumas ideias sobre como gerenciá-las de modo a ajudar o processo em vez de atravancá-lo. Por fim, serão explorados os efeitos do aumento da concentração, da resiliência ao estresse, de uma autoestima positiva e uma intuição elevada em suas reuniões e nos resultados de negociação. Uma preparação atenta, em que habilidades de comunicação e intuição social contribuirão com seu sucesso como negociador.

INTUIÇÃO SOCIAL E NEGOCIAÇÃO

A intuição social é uma ferramenta extremamente útil para negociações bem-sucedidas. Em 2018, os professores universitários Andrea Kupfer Schneider e Noam Ebner analisaram o conceito de intuição social e sua influência em reuniões de negociação e, portanto, no resultado negociado.[2] Eles definiram a intuição social com base na convergência de três habilidades:

1. a capacidade do negociador de fazer autocrítica;

2. a capacidade do negociador de focar a atenção no outro e descobrir informações além das apresentadas de maneira explícita;

3. a capacidade do negociador de transitar, intencionalmente, entre si mesmo e os colegas.

A intuição social vai muito além e engloba mais que as linguagens verbal e não verbal. Por exemplo, uma intuição social bem desenvolvida pode fazer um negociador perceber quando deve diminuir o ritmo;

quando se comunicar via e-mail em vez de pegar o telefone; quando insistir em uma questão específica ou deixá-la momentaneamente de lado. A intuição social varia de uma cultura para outra, já que está fortemente relacionada a pistas e comportamentos não verbais que estão constantemente enviando sinais. Embora muito poderosas quando combinadas, essas três ferramentas são altamente úteis por si só.

O primeiro aspecto da intuição social, o "*eu*", relaciona-se à autocrítica ligada às suas próprias emoções, padrões cognitivos, preconceitos e sua forma habitual de reagir. Dois exemplos do motivo por que essa habilidade é tão útil são compartilhados aqui:

- Estereótipos e preconceitos muitas vezes escondem julgamentos de maneira inconsciente. Ser (mais) atento a eles significa que se tornarão mais conscientes e, portanto, podem ser questionados e, possivelmente, reajustados.

- Ainda sobre as orelhas de girafa e as de chacal,[3] se você está ciente de uma tendência a reagir como um chacal, encontrando falhas nos outros de forma automática e estando pronto para atacar com bastante facilidade, essa simples conscientização lhe permitirá questionar a crença automática de que "*Eles estão na minha cola*". Se possível, pergunte-se "*E se eu estiver errado?*" e, a partir daí, reduza sua reação automática, talvez buscando uma maneira mais precisa de responder.

Negociadores com autocrítica elevada são mais propensos do que outros a projetar mensagens claras e consistentes e a reconhecer os efeitos que as outras pessoas e a situação estão causando em si mesmos.

O segundo aspecto, o *outro*, relaciona-se à capacidade de ler e compreender seus colegas, de estar extremamente antenado com o estado emocional deles e com o modo como esse estado se reflete através dos sinais que enviam.[4] Essa capacidade lhe proporcionará *insights* valiosos sobre a maneira como seu colega funciona e apresentará informações além da palavra falada. Por exemplo, você pode perceber microssinais de que o colega está chegando ao limite. Andrea Kupfer Schneider e Noam Ebner apontam que, em um nível muito sintonizado, esses negociadores altamente habilidosos podem inclusive "conseguir distinguir verdades e mentiras, ou reconhecer táticas de manipulação, disfarçadas de polidez ou afabilidade, como aquilo que elas realmente são".[5] Conforme observado nos capítulos 6 e 7, excelentes habilidades de escuta são fundamentais para um negociador ser bem-sucedido. Muitas vezes, ao escutarmos, as respostas já estão sendo formadas em nossa mente, reações já estão a caminho, independentemente de isso acontecer de forma consciente ou não. Ser capaz de ouvir de maneira extremamente concentrada, focada no que a outra parte está dizendo e não está dizendo, bem como na forma como ela está se expressando vai ajudar a orientar a interação e os encontros para melhores resultados – tanto em termos de conteúdo quanto de relacionamento.

O terceiro aspecto envolve *transições* – as ações adotadas para estabelecer conexões a fim de apoiar o processo de negociação. Schneider e Ebner explicam a transição dessa maneira:

> Atitudes de transição provavelmente vão incluir toda sorte de microrrespostas de que talvez sequer estejamos cientes ao executá-las. Quando essa transição funciona bem, ambos os negociadores têm a aparência e a sensação de que estão caminhando juntos, muito embora diferenças substanciais ainda possam existir. Os elementos da consciência situacional – a capacidade de ler a nós mesmos, de ler os colegas e a situação – andam de mãos dadas quando tomamos atitudes de transição.[6]

EMOÇÕES E GERENCIAMENTO DO ESTRESSE

Os primeiros dois aspectos da intuição social – o eu e o outro – envolvem conscientização sobre as próprias emoções e as emoções alheias. As emoções e suas expressões orientam e impactam interações pessoais e dinâmicas de grupo. Se gerenciadas de maneira insuficiente ou inadequada, elas podem influenciar de maneira adversa a postura, o comportamento, a linguagem não verbal e, portanto, a dinâmica dos encontros necessários para as negociações acontecerem – sejam elas on-line ou presenciais. As emoções também impactam o estilo de comunicação, bem como as linguagens verbal e não verbal. As pessoas estão constantemente enviando sinais de microcomportamentos que influenciam a maneira como as mensagens – faladas ou não – são percebidas. As emoções também impactarão suas próprias emoções. Se você está com raiva, é mais difícil ouvir e observar com cautela e mais fácil se tornar crítico e impaciente. Se está feliz, é mais fácil ficar empolgado a ponto de não esclarecer os detalhes e firmar compromissos rápido demais. Quando chateado ou decepcionado, é mais desafiador ser criativo e acreditar na possibilidade de um resultado positivo. O medo pode levar a comportamentos agressivos ou introspectivos.

Como Andrea Kupfer Schneider e Noam Ebner explicam, quando se monitora o teor emocional em uma negociação, a maneira como você se apresenta pode ser mais bem controlada, como se o conteúdo daquilo que diz combinasse com sua conduta, ou se, ao contrário, existissem "lacunas" emocionais entre sua intenção, o que você diz e o que faz.[7] Por exemplo, sentir-se de saco cheio e descontente afeta a linguagem não verbal, que aparecerá por meio de sinais sutis (ou não), como ficar inquieto ou bocejar para indicar tédio, manter contato visual e ficar encarando a fim de deixar a outra pessoa desconfortável, desviar o olhar, inclinar ou nivelar a cabeça, o que, dependendo da cultura a que se pertença, pode indicar incerteza ou ironia e desconfiança. Microcomportamentos são esses "gestos ínfimos, muitas vezes inconscientes, expressões faciais, posturas, palavras e tom de voz que podem influenciar até que ponto a pessoa ao nosso lado se sente incluída (ou excluída), e que podem ser verbais ou não verbais, muito sutis, habituais, geralmente inconscientes e influenciados por nossas visões preconcebidas".[8]

Você já notou como um olhar ou uma mudança de comportamento é capaz de causar desconforto por causa da intensidade que carregam? Uma reação habitual ao se sentir atacado (seja a agressão perceptível ou não) é revidar. E, tão logo você começa a revidar, a outra parte é vista como oponente e você deseja vencê-la. Microexpressões dessa mudança de atitude – antes mesmo que alguém diga algo – aparecerão e serão percebidas, vistas e sentidas pelas pessoas com quem você está negociando e as quais – lembre-se – você precisa trazer a bordo e fazer parcerias com elas. Essa mudança de energia impactará a dinâmica das discussões e, portanto, os resultados das reuniões. Se você se deixar dominar pelas emoções – as suas ou das pessoas com quem você está negociando –, pode ficar mais chateado ou agressivo do que gostaria de estar, pode levar comentários mais para o lado pessoal, ficar mais sensível ou crítico, focar mais a vitória (da discussão) e estar menos criativo e aberto.

Estar ciente das emoções antes que elas ativem uma reação automática – que, infelizmente, pouquíssimas vezes é a mais apropriada – é uma habilidade que qualquer negociador deve desenvolver. Isso porque, antes de moderar as emoções, é preciso estar atento a elas.

Uma forma de gerenciar melhor as emoções, cada vez mais reconhecida por sua eficácia, é a prática regular da meditação e sua derivada, *mindfulness*.[9] "Durante a meditação *mindfulness*, o objetivo de quem medita é ficar atento às experiências presentes internas e externas, com uma postura de não julgamento, manifestando aceitação, curiosidade e abertura."[10] *Mindfulness* – através da meditação ou não – envolve estar ciente do que está acontecendo em termos psicológicos e físicos, de reações biológicas e sensações físicas, por mais sutis que possam ser. É a atenção momento a momento, simplesmente notando e observando.

Por que isso é relevante e como pode aprimorar suas habilidades de negociação?

Quando você fica ciente do que está acontecendo em termos físicos, observa as sensações conforme elas aparecem. Quando você observa o que está acontecendo, faz uma pausa por uma fração de segundo. Essa fração de segundo o ajuda a evitar – ou a reduzir – uma reação automática, com base no gatilho, criando, assim, um espaço em que reside a possibilidade de adaptar sua resposta. Como notou o psiquiatra e sobrevivente do holocausto Viktor E Frankl, "entre o estímulo e a resposta existe um espaço, e nesse espaço está nosso poder e liberdade".[11] Ao negociar, você pode ter uma reação (muito) forte a algo que percebe como injusto, e automaticamente rebate ou se retrai. A paixão, a raiva, o desejo e o medo camuflam suas percepções: não se pode enxergar com clareza. Muitas vezes, você sequer percebe o impacto que essas emoções têm na sua vida. É por meio da criação desse minuto de espaço que o negociador pode buscar adaptar sua reação e atitudes, a fim de permanecer focado na solução.

Por exemplo, durante uma reunião alguém pode dizer, em tom de acusação: "*Você sempre traz sua expertise e experiências passadas para a conversa, e simplesmente não estamos interessados. Você não nos ouve – está sempre fechado demais para novas ideias*". Talvez você sinta sua mandíbula cerrando, suas mãos transpirando ou os punhos se fechando. Pode sentir o estômago revirar. Sua reação instintiva pode ser ficar ofendido ou magoado e, portanto, você sente a urgência de "lutar" (atacar) ou "fugir" (levantar-se e sair da mesa). Ao notar em silêncio o que está acontecendo – "*Estou bem chateado com o que foi dito. Tenho um nó no estômago, minha mandíbula está cerrada*" –, você está saindo da síndrome da resposta automática, solicitando a parte mais analítica do cérebro: o córtex. Isso lhe permitirá pensar na resposta mais adaptada, que poderia ser "*Lamento que se sinta assim. Porém, acredito piamente que podemos aprender com as experiências passadas de todas as pessoas aqui presentes. E se pensarmos em uma forma de criar um espaço para isso que seja aceitável para todos, por exemplo, começar a reunião com algum tempo para cada um falar?*".

Embora bem desafiadora, uma prática regular – mesmo curta – de meditação consciente pode ajudar, e de fato ajuda. Ao deparar com emoções fortes, "as sensações do corpo servem para orientar continuamente a atenção para as sensações ao respirar quando a mente ficou inquieta ou presa no fluxo de pensamentos".[12]

Ter melhor controle sobre as emoções é importante por vários motivos.

Em primeiro lugar, emoções tendem a ser contagiosas, afetando o clima das reuniões e das outras partes. Em segundo, elas influenciam o que você diz e como se comporta. Voltando à respiração, inspirar e expirar profundamente quando atacado (seja por uma ameaça real ou, mesmo, percebida) o ajuda a manter a calma sob pressão e a não reagir com exagero. Imagine que você está ficando seriamente irritado por alguém que não para de te interromper. Se você administrar as emoções, isto é, a raiva, ela ficará menos visível e talvez você consiga responder com calma (como a "girafa")[13], afirmando, por exemplo, quais são suas necessidades em relação a ser ouvido sem interrupções ou pedindo que regras básicas sejam esclarecidas para todas as pessoas participantes da reunião.[14] Enquanto você está observando cuidadosamente as várias partes na mesa de negociações, *elas* também *o* estão observando e fazendo as próprias interpretações do que veem e sentem. Portanto, é do seu interesse ser atento e o mais cuidadoso possível em relação ao que demonstra: ancorado, no controle, sorrindo vez ou outra, sempre concentrado.

Voltar-se para as emoções em vez de se afastar delas, reconhecendo-as primeiro e, depois, buscando compreender "por que estou sentindo o que sinto?", "Tem algo errado que deveria ser abordado?", "Estou deixando alguma coisa passar?", "Será que há intenções ocultas?" pode ser extremamente útil, às vezes indicando que algo não é como deveria ser em relação à dinâmica das interações durante as reuniões. Isso, por sua vez, alimentará sua intuição e lhe dará pistas valiosas.

Na linguagem da negociação, portanto, *é de seu extremo interesse* descobrir uma técnica para gerenciar suas emoções, sendo a meditação apenas uma delas.

Cada vez mais cientistas pesquisam o efeito da meditação sobre o bem-estar geral.[15] Esses estudos, muitos dos quais se baseiam em exames de ressonância magnética e questionários, tendem a apontar os resultados a seguir.

- maior controle da atenção e da concentração;
- maior consciência corporal;
- melhor controle das emoções;
- resiliência mais forte ao estresse;
- mudança de perspectiva do eu, com maior aceitação e autoestima mais positiva;
- melhor capacidade para tomar decisões e de ser criativo;
- redução da ansiedade e da depressão;
- queda da negatividade;
- maior intuição.

Estes benefícios atingem muito mais que o bem-estar, com efeitos notáveis na intuição social e em negociações. Eles são especialmente relevantes ao se negociar e interagir com os colegas. Todos estão interconectados, cada um influenciando o outro em uma rede de interconectividade.

■ Melhora da concentração e negociação

A prática regular de *mindfulness* melhora a concentração, com influência potencialmente marcante em três áreas específicas no processo da negociação. Primeiro, durante as etapas de preparação (análise contextual e análise do objetivo), estar altamente focado e concentrado aumentará a qualidade e a criatividade de seu roteiro e de sua análise contextual. Mais à frente, compartilhamos mais *insights* sobre a criatividade.

Segundo, durante as reuniões você fica muito mais concentrado nas próprias reações, percebendo suas emoções e sensações corpóreas (por exemplo, mandíbula cerrada ou uma percepção repentina de estar prendendo a respiração). Estar mais consciente, por sua vez, ajudará você a ter mais controle do que está mostrando e de suas expressões faciais, os sinais microcomportamentais que externaliza. Terceiro, você fica muito mais concentrado nas outras pessoas e atento a elas, à sua linguagem não verbal, ao que dizem e ao que não dizem, ao modo como se comportam e se comunicam. Fica mais fácil captar pistas, observar e verificar suas intuições e focar mais do que simplesmente as palavras utilizadas. Mais foco e concentração também o levam a ficar (ligeiramente mais) ciente de microcomportamentos. Conforme observou o consultor de gestão e autor Peter Drucker, "a coisa mais importante na comunicação é ouvir o que não é dito".[16] Essa atenção aprimorada significa que você estará mais ciente da dinâmica do que está acontecendo na mesa de negociações.

■ Estresse e negociação

Muitas negociações podem ser estressantes porque você está focando em querer alguma coisa importante, às vezes talvez até necessária ou vital. Pense nas negociações do Brexit ou, mais perto da realidade, na última vez que negociou um contrato de trabalho ou um acordo com um fornecedor – momentos importantes que podem ser bem estressantes.

O melhor é evitar se apresentar tenso, nervoso, possivelmente inquieto ou com as mãos transpirando. A prática regular de meditação ajuda a alavancar a resiliência ao estresse. Pesquisadores observaram que, no nível neurobiológico, demonstrou-se que a meditação reduz hormônios conhecidos por desencadear reações biologicamente baseadas na ansiedade.[17]

Negociar, principalmente quando há muita coisa em jogo, pode gerar ansiedade, estresse e impaciência. Isso, por sua vez, pode levar você – ainda que inconscientemente – a pressionar outras pessoas, a interrompê-las, a começar a trazer à tona argumentos para tentar convencê-las a mudar, a "pesar mais" a mão, entrando, assim, em um diálogo argumento/contra-argumento. Quando isto ocorre, a escuta se enfraquece; a escuta atenta a diferentes pontos de vista e às questões de seus colegas, na pior das hipóteses, desaparecem; na melhor, torna-se menos direta.

Negociadores bem-sucedidos podem se beneficiar de uma maior resiliência ao estresse, que gera um espaço interno de calma. Além disso, ser mais resiliente ao estresse ajuda as pessoas a manterem uma perspectiva mais positiva sobre a vida. Essa atitude afeta o otimismo e uma atitude focada em soluções, gerando – durante a negociação – confiança em que o acordo ou o contrato vai dar certo, que se conseguirá negociar a parceria, que se encontrará um resultado adequado ao interesse de cada parte (e ao próprio), que *é possível*. O psicólogo Daniel Goleman, que estudou as emoções à exaustão, observou que elas são contagiosas, e pessoas positivas, de energia elevada, tendem a influenciar gente de energia baixa.[18]

Ter menos propensão ao estresse (elevado) e permanecer positivo também terão efeitos benéficos sobre a resiliência, a capacidade de se recuperar e continuar tentando, não levar uma resposta negativa para o lado pessoal, perceber que um "não" hoje pode virar um "sim" amanhã. Esse *mindset* focado em solução, ao se deparar com uma resposta negativa, levará você a perguntar *"O que seria necessário para você dizer sim?"*, em vez de se retrair ou desistir de imediato. Surpreendentemente, muitas vezes essa pergunta é difícil ou desafiadora para seu colega responder, e pode dar abertura a novas oportunidades de explorar *as (novas potenciais) condições sob as quais ele poderia fazer o acordo*.

Lembre-se de ser paciente. Forçar seu ponto de vista até ele ser compreendido pode sair pela culatra – enquanto esperar por um momento mais apropriado criará novos caminhos. Resiliência, paciência e otimismo fazem um time forte.[19]

■ Autoestima e capacidade de negociação

A postura é influenciada pela autoestima e – quando percebida como positiva – impactará os resultados de suas negociações. A maneira como você se sente a seu respeito será traduzida para – por vezes, micro e, muitas vezes, inconscientes – comportamentos que se compreendem por meio de linguagem não verbal, expressões faciais (prontidão para sorrir, contato visual etc.) e pela maneira como você fala, as palavras que escolhe usar, seu tom de voz, com que frequência faz perguntas e demonstra curiosidade. Conforme citado anteriormente, a comunicação não verbal (isto é, atitude, gestos, comportamentos) têm forte impacto e muitas vezes revelam mensagens melhor que palavras.

Você já reparou que, quando vai a uma reunião se sentindo para baixo, com pouca autoconfiança e autoestima reduzida, muitas vezes tende a obter resultados insatisfatórios? Por outro lado, se você vai "de cabeça erguida", se sentindo bem, ancorado, equilibrado, as coisas parecem se sair conforme sua vontade? Você influencia seus resultados. Onde se coloca a atenção, coloca-se energia e criatividade. Mude de "*Sou um fracasso, isso nunca vai funcionar*" para "*Acho que vai ser difícil, mas é possível e farei meu melhor. Poderia dar certo, por que não?*".

Mais uma vez, descobertas de pesquisas têm revelado que a meditação regular ajuda a gerar uma visão mais positiva sobre a vida e contribui para uma autoestima mais positiva. Uma simples respiração profunda pode ajudar. Inspirar e expirar profundamente ativa uma resposta biológica que reduz os batimentos cardíacos e a pressão arterial. Isso, por sua vez, o deixará mais relaxado e calmo durante as negociações.[20]

Se você está se sentindo positivo e autoconfiante, está incorporando o fato de que acredita que é possível chegar a um acordo, que a negociação será bem-sucedida e que pode fazer parte de todo o processo, que realmente *acredita* que ele é possível. Acontece que você acredita fortemente que um resultado, uma solução seja possível. Segurança e confiança são tão contagiosas quanto o otimismo. Ser positivo durante as reuniões permitirá mais diálogos focados em soluções, concentrando em descobrir soluções e construir caminhos, em ser criativo, em vez de em problemas e dificuldades. Emoções positivas se conectam a conexões sociais positivas, que são fundamentais para construir parcerias duradouras de uma forma não conflituosa.

▪ Intuição e negociação

A intuição social, conforme abordada anteriormente, tem um forte componente de atenção à outra pessoa. Isso é reforçado pela intuição. Descobertas científicas revelaram que, em pessoas que meditam regularmente, há uma mudança física na estrutura do cérebro, sobretudo em relação às zonas ligadas à concentração, à intuição e à regulação das emoções.[21] A intuição ajuda a perceber o *mindset* da outra parte e a notar os microssinais que, de outra forma, muitas vezes não são vistos. A intuição indicará quando o clima está ficando desconfortável ou mais leve, quando é preciso mudar de ritmo ou sugerir um intervalo, quando é melhor "deixar quieto" ou dar uma ligeira insistida. Em um artigo da Forbes, Dina Kaplan compartilhou sua experiência.

> [...] pelo fato de você reduzir os pensamentos em sua mente ao meditar, adquire intuição e começa a notar sinais sutis das pessoas, como quando elas parecem distantes, começam a mexer no cabelo ou a falar num tom mais emotivo. Agora minha intuição capta essas pistas e percebo, por exemplo, quando alguém está compartilhando uma opinião-chave.[22]

Em seu estudo de caso "Nonverbal Communication in Negotiation" ("A comunicação não verbal em negociações", em tradução livre),[23] Michael A. Wheeler e Dana Nelson escrevem sobre o quanto a comunicação não é consciente e, portanto, a intuição é fundamental para captar pistas necessárias. Eles concluem que:

- Comunicamos muito mais informações para outras pessoas do que as apresentadas somente por meio de palavras.

- Às vezes, nossos sinais não verbais contradizem as palavras que empregamos.

- A maior parte dessa comunicação não é totalmente consciente.

- Ler a comunicação não verbal é uma arte, não uma ciência.

- A comunicação não verbal precisa ser compreendida no contexto do conjunto mais amplo de interações entre todas as partes.

Uma pessoa que medita com regularidade capta coisas difíceis de explicar de maneira tangível.

■ Como a criatividade se beneficia de uma mente tranquila

O Capítulo 3 apresentou os quatro pré-requisitos para conseguir se engajar em um processo de negociação, e um deles é a criatividade. A criatividade é fundamental. Relacionada primeiramente à reflexão sobre suas condições e à elaboração do roteiro, a criatividade também é extremamente relevante durante as reuniões, à maneira como você vê as coisas e, sobretudo, os obstáculos que estão prestes a ocorrer. Ver as dificuldades como desafios ajuda você a ficar menos sobrecarregado por eles. A agitação mental contribui para mais confusão. Uma mente calma contribui para mais *insights*, o que é inestimável quando você precisa tomar uma decisão equilibrada. Observar sem julgar, simplesmente prestar atenção, capturar mesmo os sinais sutis lhe contam uma história, a qual, se você escutar, vai melhorar a qualidade de suas decisões e a criatividade com que você tenta descobrir caminhos alternativos para chegar aonde quer ir.

Focar possibilidades e pensamento criativo, como se concentrar no que poderia ser feito para fazer alguma coisa (solução, ideia etc.) acontecer e evitar linguagem com foco no problema levará você a se concentrar em uma linguagem mais positiva (focada em soluções), como as perguntas hipotéticas "*e se*", a abordagem "*imagine que assinamos esse contrato*".

Ter um *mindset* calmo e um espaço interno tranquilo também ajudará você a manter uma atitude (ligeiramente mais) desapegada, mais observadora e neutra, e o ajudará a decidir como deseja agir, ainda que não goste do que está acontecendo. Ficar o mais ciente possível de seu estado mental, observando a dinâmica das reuniões, decidindo conscientemente não "seguir em frente", mas fazer um intervalo, dar uma caminhada e voltar renovado, talvez até com uma diferente visão geral e apreciação da situação, muitas vezes podem trazer os melhores resultados.[24] A psicóloga Alice M. Isen observou/destacou que emoções positivas facilitam um amplo leque de comportamentos sociais e processos de raciocínio importantes, gerando maior criatividade, processos aprimorados de negociação e resultados, pensamentos flexíveis abertos mais refletidos e resolução de problemas.[25]

 RESUMO

- Estar mais ancorado, mais no controle das emoções e com a mente mais aberta ajudará você a abordar as outras partes a partir de um lugar interno mais forte e mais seguro, além de mantê-lo ciente do início ao fim de que seus colegas, naquele momento, são sua melhor oportunidade e seus parceiros de negociação. Isso, por sua vez, vai gerar um ambiente mais confiável e focado em soluções.

- A intuição social é uma ferramenta altamente impactante para se desenvolver. Ela se baseia em autocrítica, na consciência do outro e na capacidade de construir pontes entre ambas as coisas, conectando-se com seus colegas.

- A intuição social é diferente da comunicação não verbal. Esta última foca o sentido codificador e decodificador, com base em certas pistas não verbais, enquanto a intuição social envolve compreender uma situação de maneira mais complexa e afetando-a compreensivelmente.[26]

- Uma forma de desenvolver habilidades de intuição social é por meio da prática regular de *mindfulness*, por exemplo, através da meditação.

- Estar ancorado em um espaço interno silencioso e focado influenciará sua autoconfiança e sua linguagem não verbal. Isso, por sua vez, se traduzirá em sinais microcomportamentais que constantemente enviarão mensagens às pessoas com quem você está se comunicando e negociando, impactando as reações delas e construindo confiança.

- Estar extremamente focado e ciente dos outros, e também do que está acontecendo de forma mais visível e menos visível, lhe dará uma vantagem imensa em captar pistas e – se for a coisa certa a se fazer – agir com base nelas.

- Estar ciente das próprias emoções e reações sutis indicará quando e onde você pode querer ser mais cuidadoso com o que revela, ter mais controle das linguagens verbal e não verbal e, possivelmente, indicar que é hora de sugerir um intervalo, mudar de ritmo, insistir ou desistir temporariamente.

- Ser intuitivo e, às vezes, agir com base na intuição é importante ao negociar. Lembre-se sempre de que intuições podem ser verificadas, como "*Tenho a sensação de que essa proposta é/não é...*", "*Parece que há uma certa incerteza sobre...*".

- Ouvir sem julgar, estar "no presente", focar o que o outro está dizendo o tempo todo lhe darão *insights* sobre o que de fato está acontecendo.

- Conectar-se com o outro, compreender não somente fatores cognitivos, mas também o conteúdo emocional, permitirá que você compreenda muito melhor a perspectiva do outro e a situação geral.

- Ouvir de um lugar interno silencioso, ancorado em si mesmo e em seu objetivo (roteiro), enquanto permanece focado no que está acontecendo, ajudará você a ser mais criativo. Ficar sobrecarregado ou se deixar levar pelas emoções (p. ex., sentindo-se ameaçado e ficando nervoso ou com raiva) embaralha a mente e atravanca o pensamento criativo.

NOTAS

[1] A. K. Schneider; N. Ebner. Social Intuition. In: C. Honeyman; A. K. Schneider (Eds.). *The Negotiator's Desk Reference*. (Marquette University Law School, Legal Studies Research Paper Series, Research Paper n. 18-05, 2017.)

[2] *Ibidem*.

[3] M. Rosenberg. *Nonviolent Communication*. 3. ed. Encinitas (CA): Puddle Dancer Press, 2015.

[4] A. K. Schneider; N. Ebner. Social Intuition. In: C. Honeyman; A. K. Schneider (Eds.). *The Negotiator's Desk Reference*. (Marquette University Law School, Legal Studies Research Paper Series, Research Paper n. 18-05, 2017.)

[5] *Ibidem*.

[6] *Ibidem*.

[7] *Ibidem*.

[8] C. Arnold. What are Micro-Behaviours and How do They Impact Inclusive Cultures?. *The EW Group*. <https://theewgroup.com/micro-behaviours-impact-inclusive-cultures/> (disponível em: <https://perma.cc/5MUE-YMML>).

[9] M. Ricard; W. Singer. *Beyond the Self: Conversations between Buddhism and Neuroscience*. Cambridge (MA): MIT Press, 2017.

[10] B. K. Hölzel *et al*. How does Mindfulness Meditation Work? Proposing Mechanisms of Action from a Conceptual and Neural Perspective. *Perspectives on Psychological Science*, v. 6, n. 6, p. 537-559, 2011.

[11] V. E. Frankl. *Man's Search for Meaning*. London: Beacon Press, 1946.

[12] B. Bornemann; T. Singer. Taking Time to Feel our Body: Steady Increases in Heartbeat Perception Accuracy and Decreases in Alexithymia over 9 Months of Contemplative Mental Training. *Psychophysiology*, v. 54, n. 3, p. 469-482, 2017.

[13] M. Rosenberg. *Nonviolent Communication*. 3. ed.. Encinitas (CA): Puddle Dancer Press, 2015.

[14] Veja o Capítulo 6 sobre reuniões, e o Capítulo 7 sobre técnicas de comunicação não violenta.

[15] B. K. Hölzel *et al*. How does Mindfulness Meditation Work? Proposing Mechanisms of Action from a Conceptual and Neural Perspective. *Perspectives on Psychological Science*, v. 6, n. 6, p. 537-559, 2011; M. Ricard; W. Singer. *Beyond the Self: Conversations between Buddhism and Neuroscience*. Cambridge (MA): MIT Press, 2017.

[16] P. F. Drucker. The Most Important Thing in Communication is Hearing what Isn't Said. 2010. <https://rantsandrevelations.wordpress.com/2010/09/26/the-most-important-thing-in-communication-is-hearing-what-isnt-said-peter-f-drucker/> (disponível em: <https://perma.cc/38ZC-FPPD>).

[17] K. W. Chen *et al*. Meditative Therapies for Reducing Anxiety: a Systematic Review and Meta-Analysis of Randomized Controlled Trials. *Depression and Anxiety*, v. 29, n. 7, p. 545-562, 2012.

[18] D. Goleman. Happy or Sad, a Mood can Prove Contagious. *New York Times*, 1991. <www.nytimes.com/1991/10/15/science/happy-or-sad-a-mood-can-prove-contagious.html> (disponível em: <https://perma.cc/FR99-AZLY>).

[19] Quando condições externas mudam de maneira tão drástica, é importante pensar em termos estratégicos sobre se este é o momento certo para renegociar uma parceria ou se há outras prioridades às quais você pode se adaptar. Ser capaz de se adaptar e ser flexível não significa abrir mão do que você mais quer; significa que, às vezes, é do seu interesse adiar a solicitação. R. Bisson. Negotiation Stations. *Research Professional News*, 2020. <www.researchprofessionalnews.com/rr-funding-insight-2020-9-negotiation-stations/> (disponível em: <https://perma.cc/77YK-YUZK>).

[20] C. Bergland. The Neurobiology of Grace Under Pressure. *Psychology Today*, 2013. <www.psychologytoday.com/intl/blog/the-athletes-way/201302/the-neurobiology-grace-under-pressure> (disponível em: <https://perma.cc/8GT9-SGPP>).

[21] Monges tibetanos têm a intuição bem desenvolvida. Em 2008, pesquisadores da área da neurociência da New York University fizeram imagens por ressonância dos cérebros de mais de vinte monges budistas enquanto meditavam. Algumas das descobertas desses e de outros pesquisadores são:

- A meditação pode mudar, de forma benéfica, o funcionamento interno e circuitos cerebrais, o que é mais conhecido como "neuroplasticidade".

- As partes mais felizes do cérebro (córtex pré-frontal) estavam bem mais ativas.

- Os cérebros deles tendem a se "reorganizar", o que indica que eles sentem uma espécie de "unicidade" com o mundo ao redor.

- Padrões de ondas cerebrais dos monges budistas eram muito mais potentes, implicando um nível mais elevado de pensamentos externos e internos.

- Os cérebros deles tinham mais foco, memória, aprendizado, consciência e "coordenação neural".

- Os monges não tinham ansiedade, depressão, vícios ou nada do tipo.

Eco Institute. The Meditating Monk's Incredibly Powerful Brain. <https://eocinstitute.org/meditation/buddhist-monk-meditation-2/> (disponível em: <https://perma.cc/4BR6-6HX5>).

[22] D. Kaplan. Meditation: a Secret Superpower for Negotiation. *Forbes*, 2016. <www.forbes.com/sites/dinakaplan/2016/07/13/meditation-a-secret-superpower-for-negotiation/#251b40b4be6e> (disponível em: <https://perma.cc/5XED-JDY6>).

[23] M. A. Wheeler; D Nelson. Nonverbal Communication in Negotiation. *Harvard Business Publishing*, 2003. Revised 2009. <https://hbsp.harvard.edu/product/903081-PDF-ENG> (disponível em: <https://perma.cc/F6T3-NELY>).

[24] D. Vessantara. *Tales of Freedom*. Cambridge (Uk): Windhorse Publications, 2017. p. 166.

[25] F. P. Bannink. *Handbook of Solution-Focused Conflict Management*. Cambridge (MA): Hogrefe Publishing, 2010. p. 91.

[26] A. K. Schneider; N. Ebner. Social Intuition. In: C. Honeyman; A. K. Schneider (Eds.). *The Negotiator's Desk Reference*. (Marquette University Law School, Legal Studies Research Paper Series, Research Paper n. 18-05, 2017.)

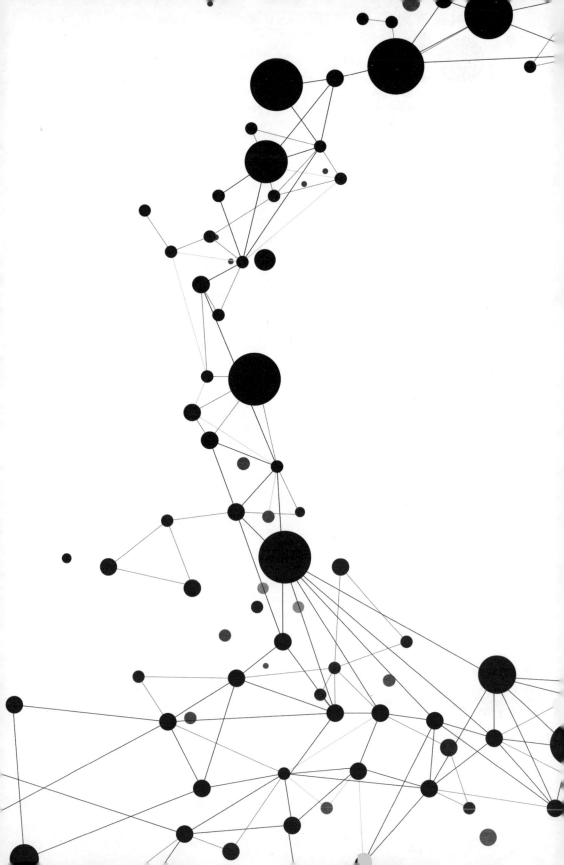

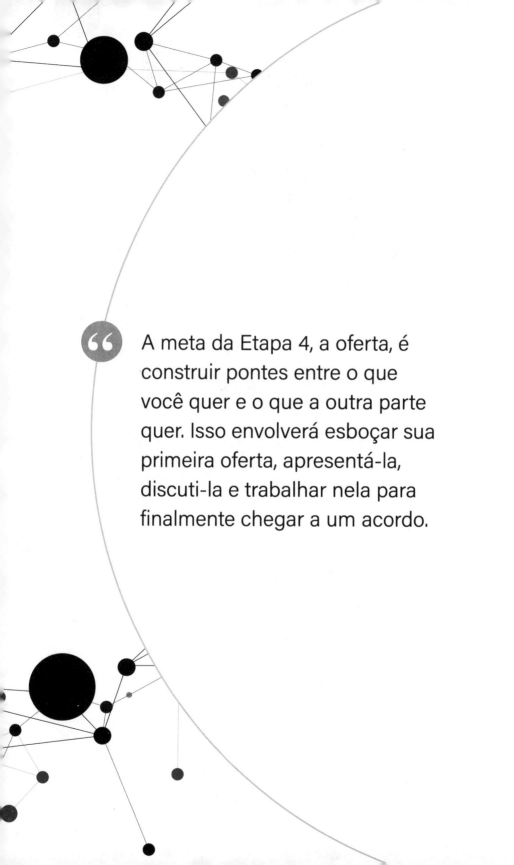

> A meta da Etapa 4, a oferta, é construir pontes entre o que você quer e o que a outra parte quer. Isso envolverá esboçar sua primeira oferta, apresentá-la, discuti-la e trabalhar nela para finalmente chegar a um acordo.

PARTE 4

Oferta e implementação

Os dois próximos capítulos abarcarão as duas últimas etapas do processo de negociação: a Etapa 4, a oferta, e a Etapa 5, a implementação. Uma vez que todos os pré-requisitos e condições exigidos foram cumpridos, que você tem todas as informações de que precisa, que você seguiu o roteiro e sabe como os colegas reagem às suas condições, e uma vez que você sabe quais são as necessidades e condições deles, então, e somente então, será possível dar um passo para trás e começar a pensar em fazer a primeira oferta.

O Capítulo 10 analisa passo a passo o que precisa ser feito para primeiramente elaborar e depois apresentar sua primeira oferta, e finalmente conseguir o contrato aprovado e assinado. O Capítulo 11 abrange os requisitos de implementação para o acordo ser colocado em prática.

CAPÍTULO 10

Etapa 4: A oferta

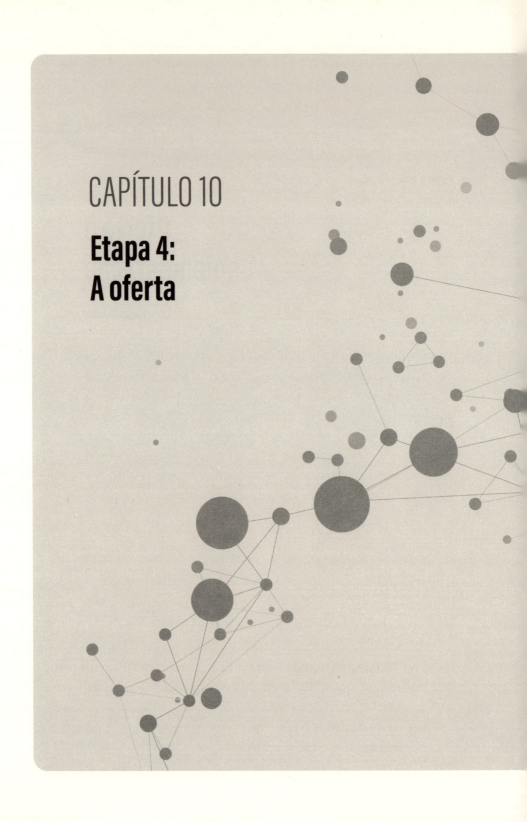

Figura 10.1

Depois que você expressou o que quer, que explorou as condições sob as quais seu colega concordará em parte ou totalmente com seus termos, que você descobriu o que a outra pessoa quer e abordou as condições sob as quais você se engajaria e concordaria em aceitar por inteiro ou em parte os termos dela, então, e somente então, você pode começar a pensar em fazer uma oferta. A meta da Etapa 4, a oferta, é construir pontes entre o que você quer e o que a outra parte quer. Isso envolverá esboçar sua primeira oferta, apresentá-la, discuti-la e trabalhar nela para finalmente chegar a um acordo. Ele é o resultado de tudo o que aconteceu durante as várias reuniões, ancorando em um compromisso o que foi discutido.

Mais uma vez, o processo de negociação é iterativo, logo, talvez você tenha várias conversas usando uma primeira oferta como ponto de partida, e depois pode ser que trabalhe em diversas outras. A meta final, portanto, é chegar a uma oferta negociada com a qual todas as partes estejam de acordo e na qual todo mundo tenha um certo nível de interesse.

Você terá que demonstrar paciência e, mais uma vez, resiliência, sempre acreditando que um resultado é possível. Para citar Barack Obama, se você está indo pelo caminho certo e tem boa vontade em continuar caminhando, mais cedo ou mais tarde fará progressos.[1] Portanto, reflita com cuidado antes de pensar em desistir.

Primeiro, você vai explorar os pré-requisitos para conseguir começar a elaborar uma oferta, isto é, quando souber que está pronto para continuar e sair da etapa das reuniões. Elaborar uma oferta é simples, embora exija certa análise cuidadosa. A próxima seção deste capítulo levará você às atitudes necessárias que o ajudarão a fazer isso, e, por fim, você aprenderá como apresentar e preparar as ofertas.

PRÉ-REQUISITOS E CONDIÇÕES PARA FAZER UMA OFERTA

Há certos elementos que precisam estar organizados antes de pensar em trabalhar na sua proposta. Quanto mais eficientes forem suas reuniões, mais fácil isso será, já que muitas vezes a oferta é pouco mais que a formalização do que foi abordado durante as reuniões. Os dois pré-requisitos para entrar nessa etapa são:

1. Você precisa de seu roteiro *com as reações da outra parte* ao que você disse, a suas ambições e suas condições. Para cada ambição declarada, eles disseram *sim*, *não*, *talvez*, hesitaram, você teve a impressão de que a outra pessoa era flexível? Essas informações são fundamentais, e não permitem nenhum tipo de suposição.

2. Você precisa saber o que a outra parte quer, qual seu objetivo, quais são suas condições, ter uma boa ideia se os valores que ela mencionou foram flexíveis e negociáveis ou não. Trocando em miúdos, você precisa ter em mãos o conteúdo do roteiro dela, que deveria estar em sua planilha de anotações.

Em certa altura, você pode sentir que o momento certo chegou e que tem o que precisa para conseguir elaborar uma proposta que você acredita que incluirá todas as condições relevantes. As três ações a seguir precisam ser tomadas quando você quer se envolver nesta etapa.

1. Para iniciar o processo, quando você ainda estiver na reunião, faça um resumo, explique que está em condições de preparar uma

oferta e faça um intervalo, durante o qual você pode elaborá-la. Se você atingir esse ponto de preparo durante a reunião, *nunca prepare uma oferta na frente da outra parte*; em vez disso, espere até finalizar o diálogo e faça um intervalo. Isto porque você quer evitar fazer concessões ou firmar compromissos de que mais tarde pode se arrepender. E também não quer ser visto como alguém que reage rápido demais.

2 Em seguida, *o ambiente necessário para começar a pensar em sua proposta* deve ser um local reservado e silencioso, onde você possa ficar a sós ou com sua equipe, se tiver uma, em um espaço que estimule o pensamento. Lembre-se de jamais elaborar uma oferta na frente da outra parte. Construir uma oferta pode ser um processo demorado e reflexivo, embora normalmente isso deva ser bem simples: tudo deve ter sido discutido durante as variadas reuniões. Dê um passo para trás, ancore-se em si mesmo e em seu roteiro e analise.

3 Finalmente, para elaborar uma oferta por meio das etapas seguintes, *você colabora com sua equipe*, usando os especialistas e o copiloto quando disponíveis.

Se as discussões variadas correram bem e foram exaustivas, construir e trabalhar numa proposta é simples, assim como a formalização das coisas sobre as quais conversou-se, e não deve conter nenhum (ou apenas valores – financeiros – pequenos ou simbólicos) elemento novo. Não deve haver nenhuma surpresa, nada bombástico em sua oferta. Em outras palavras, não deve haver condições novas importantes que nunca foram discutidas e que serão uma completa surpresa para as outras pessoas.

O QUE FAZER QUANDO OS PRÉ-REQUISITOS PARA A ELABORAÇÃO DE UMA OFERTA FORAM CUMPRIDOS

Durante uma reunião, chegará um momento em que você sentirá que tem toda a informação necessária, que discutiu suas condições e as da outra parte, e que você tem uma boa ideia de como ficará a cara do acordo em potencial. Para garantir que não deixou passar nada, depois do resumo final é possível perguntar se há mais coisas que você deveria saber ou se existe uma última pergunta que a outra parte deseja fazer.

Depois, você sai: você vai embora com sua equipe. Sempre é preciso cuidado para não deixar na sala nada que tenha sido usado nas reuniões e que poderia ser mal empregado. Quando você está em seu lugar silencioso, as ações a seguir precisam ser executadas.

Figura 10.2

ETAPAS PARA ELABORAR UMA OFERTA INICIAL

1 VERIFICAR
- que meu roteiro tenha sido usado adequadamente;
- que construí o roteiro da outra parte (e saiba o máximo possível o que ela quer).

2 AVALIAR.

3 POSICIONAR A REAÇÃO DO OUTRO.

4 TOMAR DECISÕES ESTRATÉGICAS: SE EU ACEITAR, VAI DE ENCONTRO A QUÊ?

5 DECIDIR COMO EU QUERO REAGIR ÀS NECESSIDADES E DESEJOS DO OUTRO.

6 ELABORAR UMA OFERTA: SE VOCÊ X, ENTÃO EU Y.

7 DECISÃO: CONTINUAR OU NÃO?

ETAPAS DA ELABORAÇÃO DE UMA OFERTA

■ 1. Verificação

Primeiro, você verifica se de fato usou seu roteiro de maneira completa e satisfatória: você realmente disse à outra parte qual era seu objetivo (não "*Presumi que ela entendeu?*", e sim "*Eu de fato verbalizei?*")? Mencionou suas condições vitais e mais importantes, *juntamente com as ambições*? Deu a ela as informações que você preparou e quis compartilhar? Fez as perguntas que precisava fazer? Em outras palavras, usou sua preparação (o roteiro) de forma eficaz?

Depois, você passa em revista suas anotações. Você sabe o que a outra parte quer? Qual é (diz ela) seu objetivo? Quais as condições? Você verificou se os valores apresentados são flexíveis, se são negociáveis? Sabe o que é mais importante para ela? Ouviu e observou com atenção? Ela lhe deu alguma informação? E como reagiu a suas condições e ambições?

■ 2. Avaliação/equilíbrio de suas condições

Agora, você está em posição de avaliar ou equilibrar suas condições. Para isso, reavalie sua lista de condições e, para cada condição vital, atribua um valor de 100 pontos à ambição e limite um valor de 0 (zero) pontos. Sem exceção, suas condições vitais vão variar de 100 a 0 pontos. Para suas condições opcionais, adicionais ou "champanhe", tome uma decisão sobre o número de pontos que deseja atribuir ao valor de sua ambição, com base na importância relativa da condição para você *nesse momento específico de sua vida*.

Exemplo

Imagine que você está negociando um trabalho novo, uma oportunidade profissional fantástica para sua carreira. O local de trabalho é no centro de uma cidade grande, onde os lugares para estacionar são escassos e caros. Como você mora em um lugar remoto, com pouco acesso a transporte público, precisa do carro. Portanto, você decidiu que uma de suas condições é ter acesso ao estacionamento da empresa. Essa condição é muito importante para você (supondo, 90 pontos). Não é, no entanto, uma condição vital, porque não ter vaga no estacionamento da empresa não o faria desistir dessa ótima oportunidade de trabalho, ainda que isso complicasse um pouco mais a sua vida.

Nenhuma condição "champanhe" tem limite ou valor 0, porque não é vital. Logo, para cada condição "champanhe", você avalia sua importância relativa e lhe atribuiu um número máximo de pontos (que nunca pode ser igual ou maior que 100). Confira a ferramenta de limites e ambições a seguir para compreender como avaliar ou equilibrar suas condições.

▶ AMBIÇÕES E LIMITES: UMA FERRAMENTA PARA AVALIAR CONDIÇÕES

Uma ferramenta vazia pode ser parecida com o quadro seguinte. Primeiro, você começa a atribuir pontos a suas ambições e a preencher a coluna das ambições, definindo valor 0 para os limites de suas condições vitais (e somente para estes). Apenas quando suas condições forem avaliadas (veja o exemplo a seguir) você conseguirá preencher a coluna "reação da outra parte."

Quadro 10.1

Condições	Ambição	Reação da outra parte	Limite
A (primeira condição vital)			
B (segunda condição vital)			
C (terceira condição vital)			
D (primeira condição opcional)			
E (primeira condição opcional)			
F (primeira condição opcional)			
G...			

Exemplo: Quero esse trabalho excelente sob certas condições (SCC).

Quadro 10.2

Condições	Ambições em pontos	Reação da outra parte	Limite
A (salário)	100		0
B (férias)	100		0
C (data de início)	100		0
D (lugar para estacionar)	90		
E (tamanho do escritório)	90		
F (trabalhar de casa)	60		
G (escolha do computador)	80		
H (ter duas telas)	50		
I (acesso a uma quantidade "X" de dias de treinamento/ano)	80		
...			

■ 3. Posicionamento da reação da outra parte

Para cada condição que comunicou e pela qual recebeu uma reação/resposta, você estima seu valor em pontos *para si mesmo* e, então, transcreve a resposta que obteve no espaço que fica entre sua ambição e – se houver um – o limite. Isso significa que você precisa ter tido uma reação ao valor que você deu, ter ouvido e, se necessário, ter obtido uma resposta. Por exemplo, quando você sugeriu o dia 13 de setembro de 2022 como data de início do projeto, a outra parte disse *sim, não, talvez, se for antes é melhor?* Você decide quantos pontos sente que a resposta deles vale, mais uma vez com base na importância da condição para você nesse momento, e o anota em sua escala. Esse é um exercício importante, já que lhe permite dar relativa importância a suas condições e o capacita a ter uma visão mais clara do que você possivelmente obteve.

Quadro 10.3

Condições	Ambição	Zona da reação da outra parte	Limite
A (salário)	100 (pedi £120.000 por ano)	80 (disseram que £100.000 seria possível)	0
B (férias)	100 (quis 6 semanas)	70 (disseram que 4 é a regra)	0
C (data de início)	100 (quis começar em 6 meses)	50 (disseram que a data de início era daqui a 3 meses)	0
D (lugar para estacionar)	90	Nenhuma (não há estacionamento)	
E (tamanho do escritório)	90 (quis ficar só)	60 (disseram que eu teria de compartilhar em 2 dias da semana)	

Condições	Ambição	Zona da reação da outra parte	Limite
F (trabalhar de casa)	60 (quero trabalhar de casa 2 dias por semana)	30 (disseram que meio dia em casa seria considerado)	
G (escolha do computador)	80 (quis ter um Mac)	80 (sim, é possível escolher entre Mac e PC)	
H (ter duas telas)	50 (quis 2 telas)	50 (sim, exigência do trabalho)	
I (acesso a uma quantidade "X" de dias de treinamento/ano)	80 (quis 10 dias de treinamento por ano)	20 (não no primeiro ano, mas após 12 meses no cargo)	

■ 4. Planejamento de sua estratégia e compensação

Sempre que você receber um valor que não combine com sua ambição, isto é, que o faça modificar seu melhor valor, pergunte-se duas coisas:

- Quero modificar tanto assim o valor de minha ambição?
- Se sim, contra o quê? Como compensarei essa mudança?

Em outras palavras: *Não há capacidade de mudança sem compensação*. Esta regra é fundamental: você só aceita modificar sua ambição se ganhar alguma coisa ou outra condição. No entanto, o valor da compensação depende, mais uma vez, da importância da condição para você. Em relação a uma, você pode escolher uma compensação mais simbólica, à outra, pode decidir compensar com outras ligeiramente mais importantes.

Exemplo

No exemplo anterior, digamos que a empresa comente durante a entrevista que não há possibilidade de lugar para estacionar. Então, talvez você decida que, para compensar o fato, tentará solicitar ajuda financeira para bilhetes de transporte público e para poder começar a trabalhar de manhã, em um horário que lhe permitirá evitar a hora do *rush*.

Por que compensar é tão importante? Por dois motivos. Em primeiro lugar, coisas dadas geram um sistema de prestação de contas ("*Eu lhe devo algo*") e de dependência,[2] construindo um jogo sutil de poder/agradecimento. Segundo, o ato de dar não tem o mesmo valor de uma troca, simplesmente por ser um presente – se é dado, então não deve valer muito.

O negociador Laurent Combalbert fala sobre isso em um artigo sobre a crise "Gilets Jaunes".

> Durante as últimas semanas de 2018 e as primeiras de 2019, o governo francês disputou um longo braço-de-ferro com os grevistas "Gilets Jaunes". Uma análise da situação criticava o governo Macron por conceder uma soma substancial de dinheiro sem garantir compensação (por exemplo, dando fim aos protestos). O que é concedido de forma unilateral (sem pedir nada ou receber algo em troca) perde todo o valor para a parte que recebe. Os "Gilets Jaunes", que receberam essa soma considerável, continuaram insatisfeitos... E a crise continua.[3]

Diante de certas condições, talvez você opte por recusar uma concessão significativa. Por exemplo, imagine a condição "trabalho presencial no escritório": sua ambição pode ser trabalhar presencialmente por três dias e trabalhar de casa por dois dias. Durante a entrevista, os representantes da empresa reagiram a seu desejo afirmando que a expectativa era de quatro dias e meio no escritório. Ao analisar seus dados para ter uma boa ideia sobre o que você obteve até agora e para elaborar uma proposta, talvez decida que meio dia em casa é pouco demais, portanto, tentará conseguir mais. Logo, você pode salientar que gostaria de quatro dias no escritório, contanto que tenha um dia fixo para trabalhar de casa – aqui, você apresentou duas condições: um dia fixo em casa (isto é, o dia não varia) e o número de dias, ou seja, um inteiro.

O fato de você saber que compensará qualquer afastamento de suas ambições o estimula a ser menos inflexível e rígido: você percebe que é somente por ser flexível que conseguirá algo em troca de sua disposição em se afastar do seu melhor e daquilo que solicitou.

O exemplo a seguir ilustra a linha de raciocínio para decidir se afastar ou não, e, se, sim, como compensar. Por exemplo, considere a primeira condição, "salário". Você sugeriu (sua ambição) um salário anual, que para você vale 100 pontos. Vieram com uma contraproposta, que para você representa 80 pontos.

Figura 10.3

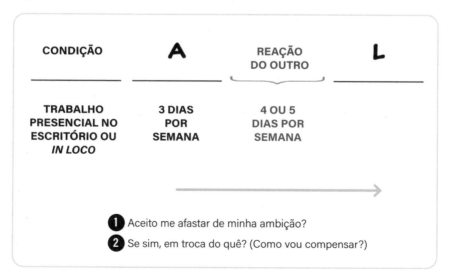

Se você aceitar a contraproposta, como compensará a perda dos 20 pontos? Talvez solicitando possibilidades de trabalhar em casa, ou uma vaga de estacionamento, ou um cartão de viagem pago pela empresa, ou horários flexíveis. Qualquer condição que, para você, valha a perda relativa que incorre na condição vital "salário". Depois, você percorre toda a lista, fazendo verificações e compensações.

■ 5. Definição de sua estratégia diante das condições da outra parte

Em seguida, você pega as anotações que fez em relação à outra parte, e se faz as mesmas perguntas para cada uma das solicitações:

- Você dará à outra parte o que ela quer (total ou parcialmente)?

- Se sim, em troca do quê? (O "quê" pode ser, por exemplo, a mudança de outra das condições dela – isto é, não dar à outra parte o tanto de coisas que ela pediu – ou, então, você pode apresentar uma das suas).

Sempre é importante lembrar que:

- Elaborar sua oferta e estratégia não significa que você esteja disposto a negociar. Esse exercício não é um compromisso com a negociação; é mais como um teste, um painel de sondagem. Você está tentando ver *o que aconteceria se fosse mais adiante, se concordasse com isso ou aquilo...*

- Negociar significa aceitar o princípio e a dinâmica da troca: você não dá, você troca, e o valor da troca é definido por cada parte dependendo do que é importante para elas neste momento específico (porque necessidades, interesses e contextos mudam e evoluem).

- Nenhuma pessoa de fora da sua equipe participará dessa análise ou saberá o que e como você decidiu fazer a troca e compensar. Por vezes, talvez você tenha condições de compensação sem nenhuma condição lógica. Não importa: a outra pessoa não será testemunha de seus pensamentos, discussões ou decisões.

Quadro 10.4

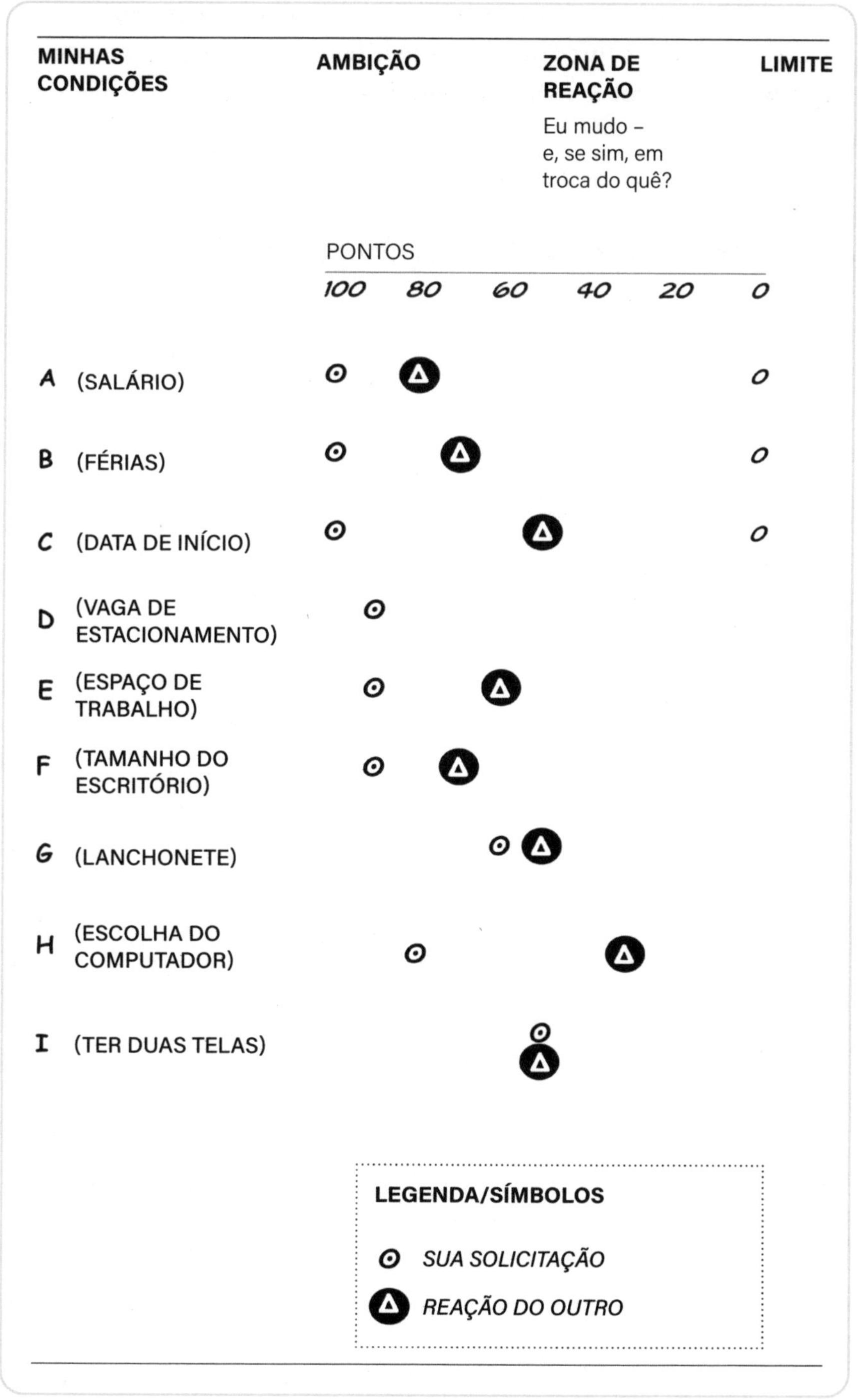

MINHAS CONDIÇÕES	AMBIÇÃO	ZONA DE REAÇÃO Eu mudo – e, se sim, em troca do quê?				LIMITE
	PONTOS					
	100	80	60	40	20	0
A (SALÁRIO)	⊙	▲				o
B (FÉRIAS)	⊙	▲				o
C (DATA DE INÍCIO)	⊙		▲			o
D (VAGA DE ESTACIONAMENTO)	⊙					
E (ESPAÇO DE TRABALHO)	⊙	▲				
F (TAMANHO DO ESCRITÓRIO)	⊙	▲				
G (LANCHONETE)			⊙▲			
H (ESCOLHA DO COMPUTADOR)	⊙			▲		
I (TER DUAS TELAS)			⊙ ▲			

LEGENDA/SÍMBOLOS

⊙ *SUA SOLICITAÇÃO*

▲ *REAÇÃO DO OUTRO*

■ **6. A elaboração de sua oferta:**
"Se você fizer isso (por mim), farei aquilo (por você)"

Agora, copie o que você e sua equipe decidiram durante a etapa anterior em um documento simples de duas colunas:

Quadro 10.5

Se você fizer isto por mim...	(Só nessas condições) Farei isto por você...
xxx	yyy
xxx	yyy
xxx	yyy
xxx	yyy
xxx	yyy
xxx	yyy

Na coluna à esquerda, você revisará suas condições (isto é, após sua decisão de aceitar ou não se afastar), e na coluna à direita, revisará as condições da outra parte (isto é, após a decisão de aceitá-las ou não). O leiaute da coluna é importante. Se for mudá-lo, isto é, se colocar "*Se eu fizer isto por você*" em primeiro, isso tende a implicar um "*Você faria isto por mim?*" – que mais se parece com uma pergunta condicional. Aqui, você está indo além do hipotético, está formulando uma oferta, que, se aceita, será vinculativa e você estará comprometido com ela.

Essa ferramenta é uma maneira fácil de profissionalizar a apresentação e deixar clara sua oferta – que, assim, será comunicada com mais facilidade. Ela também permite que qualquer possível incongruência fique claramente visível: se em uma coluna há 25 condições, e na outra, 11, uma das partes pode sentir que as próprias demandas não foram levadas em conta e que foi "traída", que alguma coisa está injusta.

Nem todas as condições em seu roteiro terão sido mencionadas durante as reuniões; é raro apresentar todas, já que você deve ter muitas delas. No entanto, todas as condições que constarem de sua oferta precisam ter sido discutidas. No mínimo, você precisa ter certeza de que todas as suas condições vitais e, quem sabe, a maioria das importantes aparecem em sua oferta, bem como aquelas sobre as quais a outra parte falou. Certifique-se de não ter apresentado uma nova condição "pesada" (possivelmente cara). Isso seria lançar um novo elemento para a outra parte e agir como uma "bomba" ao apresentar sua oferta, gerando uma reação de surpresa ou choque, ou, na pior das hipóteses, invalidando toda a negociação.

■ 7. Por fim, sua decisão: é do seu interesse negociar?

Somente agora você pode dar um passo para trás, analisar sua oferta o mais objetivamente possível e decidir *se é do seu interesse negociar ou não – quer prosseguir com isso?* Até agora você investiu tempo definindo e analisando seu objetivo. Você investiu tempo conhecendo a outra parte e discutindo com ela. Analisou se acha que vocês podem chegar a um acordo. Agora que reuniu tudo isso, você decide se vale a pena continuar a negociação ou não.

Ainda que nessa etapa seja raro as partes pularem fora, porque a maioria dos itens terão sido discutidos durante as reuniões, pode acontecer que algum deles tenha sido esquecido ou – ao analisar a situação longe da pressão, quando há menos emoção – você pode perceber que, na verdade, não quer fechar um acordo.

APRESENTANDO A OFERTA

Uma vez que você decidiu que é do seu interesse continuar a negociação, dê prosseguimento à apresentação de sua oferta, garantindo que se entenda claramente que ela é apenas uma primeira, a ser discutida como ponto de partida. Em geral, pode acontecer uma das três situações a seguir.

- você apresenta sua oferta primeiro – que é o preferível;
- a outra parte apresenta a oferta dela primeiro e não combina com a sua;
- a outra parte apresenta a oferta dela primeiro e combina perfeitamente com a sua.

■ **Você apresenta sua oferta primeiro**[4]

Quando possível (já que isso pode depender de sensibilidades culturais e personalidades diferentes, questões de idade ou níveis hierárquicos), geralmente é do seu interesse apresentar primeiro sua oferta. Do início ao fim deste modelo, você é, ou busca ser, o ponto de partida, o ponto de referência para discussões futuras. Lembre-se de que as reuniões têm como base a *sua* comunicação de seu roteiro, portanto, a discussão proposta deveria, se possível, ser baseada em sua oferta. Essa estratégia é influenciada pelo preconceito ancorado, um preconceito cognitivo conhecido que descreve a tendência comum de conferir importância demasiada ao primeiro modelo apresentado numa discussão. Esse primeiro modelo se torna uma "âncora", e as pessoas tendem a adaptar suas opinião ou negociação com base nesse primeiro modelo mencionado. Todas as cifras futuras são discutidas e interpretadas em relação a essa âncora.[5]

Você apresenta sua oferta globalmente, garantindo não estabelecer elos entre as suas condições e as da outra parte, já que muitas vezes não há conexão lógica entre elas. Em outras palavras, "Se você fizer X, Y e Z por mim, farei A, B e C por você", em vez de um método "toma lá, dá cá".

> **Exemplo**
>
> O gerente de RH de uma empresa internacional conversa com um potencial novo candidato: *"Estou contente por nos encontrarmos de novo. Com base em nossas várias conversas, ficamos felizes por conseguirmos fazer a você a seguinte oferta. Se está disposto a se mudar para a África e começar a trabalhar em três semanas, se puder fazer o treinamento interno antes de ir embora, se puder nos colocar em contato com dois hidrogeólogos e orientá-los sobre o projeto enquanto estiver fora, garantiremos que você terá seus dois meses (conforme solicitado) de licença não remunerada com início daqui a oito semanas, que possa ter acesso à equipe local antes de ir embora, que possa se beneficiar de dez dias de treinamento por ano à sua escolha e organizaremos para que você faça sua pesquisa de antecedentes de Genebra e lhe daremos um contrato ilimitado com sete semanas de férias. O que acha disso?".*

Depois, você espera a reação. Aceite o silêncio. Aceite os pensamentos. Não comece a justificar sua proposta ou a preencher buracos. Infelizmente, muitas vezes a tentação é falar demais, justificar ou dar explicações em excesso. Isso não é necessário – ou, se for, significa que provavelmente você não foi claro o suficiente durante as reuniões variadas, ou que sua oferta contém novos elementos (surpresa).

Observe.

Seu colega pode reagir de uma entre várias maneiras. Se notar surpresa ou raiva, pode significar que você incluiu uma nova condição "bombástica" importante sem ter falado antecipadamente sobre ela. Ou interpretado falsamente alguma coisa sobre a qual ele falou. Ou então, possivelmente, se esquecido ou ignorado alguma coisa que ele solicitou. Independentemente do motivo, é importante levar em conta a reação dele e agir com base nela. Conforme discutido nos capítulos 6 e 7 sobre comunicação, se notar raiva, silêncio ou afastamento, nunca leve para o lado pessoal ou tente argumentar e convencer a outra pessoa. Em vez disso, tente ser paciente e curioso, reestabelecer a confiança e a segurança (no processo e na discussão); não fique furioso, fique curioso.

Entretanto, conforme mencionado anteriormente, uma oferta poderia ser uma reflexão sobre a qualidade das várias reuniões e, portanto, a formalização das tentativas de discussão, portanto, as reações deveriam ser bem diretas e sem surpresa. Se estiver em uma negociação com várias partes, é importante ter algumas coisas em mente:

- É preciso garantir que nenhuma parte se sinta deixada de fora, e que não crie uma situação em que uma parte ou pessoa tenha a impressão de que há duas equipes contra uma terceira, a síndrome do "dois contra um".

- Se você apresenta sua oferta primeiro, talvez queira explicar como irá proceder. Por exemplo: "Como CEO desta empresa, vou apresentar nossa oferta primeiro para A e, depois, para B. Favor não interromperem até eu terminar, quando vocês poderão fazer perguntas e comentários". Ou: "Tenho uma oferta para fazer a vocês dois. Favor anotar suas perguntas e comentários quando tiverem ouvido toda a oferta".

Se uma das partes se sente deixada de fora, é frequente que não se envolva no processo e possa, inclusive, pular fora, ficar agressiva ou bloquear qualquer acordo futuro. Uma parte agressiva pode ter uma influência muito negativa sobre as outras – dependendo de quão expressivas e extrovertidas elas sejam. Lembre-se: emoções são contagiosas. Até a linguagem corporal "fechada" pode ter uma influência. Preste atenção a indicações (ainda que sutis) de descontentamento, e lembre-se de que o sinal de uma boa negociação é a sustentabilidade.

■ A outra parte apresenta a oferta dela primeiro e não combina com a sua

Se a outra parte comunica primeiro a oferta dela:

- Ouça até o fim sem interromper.
- Nunca reaja com uma contraproposta.
- Em vez disso, use a oferta dela como ponto de partida e concorde com um item por vez, conversando sobre os pontos que não combinem com o que você tinha em mente ou que sejam uma surpresa para você.

Se você vier diretamente com uma contraproposta, não haverá nenhum ponto de partida claro para a discussão, e, mais provavelmente sim do que não, uma reunião bastante caótica acontecerá, já que cada parte tende a falar sobre o que trouxe à mesa.

■ A outra parte apresenta a oferta dela primeiro e combina exatamente com a sua

Se a outra parte apresenta primeiro a própria oferta e ela combina exatamente com a sua, ouça até o fim, fique em silêncio por um ou dois minutos, e então condicione sua aceitação. Você pode, por exemplo, dizer algo como: "*Bem, é uma oferta interessante. Deixe-me pensar – se você acrescentasse o custo da impressão dos documentos, poderíamos aceitar e assinar neste instante*".

Isso não é ser mesquinho: concordar logo de cara pode levar outras pessoas a pensar que foram injustiçadas, que provavelmente perderam uma oportunidade, deixaram algo de fora, que foram traídas ou enganadas. Quando alguém responde diretamente a uma oferta, uma reação infeliz, mas comum, é pensar: *"Eu poderia ter pedido mais"*, *"Ah, meu Deus, o que foi que perdi?"*, *"O que eles estão escondendo?"*. Em vez de um *"sim"* direto, elabore uma contraproposta sobre uma condição simbólica, muito pequena, para ver até que ponto você pode melhorar a oferta. A negociação deve terminar com a outra parte dizendo *"sim"* a você. Como aponta o autor Josh Doody em seu artigo sobre negociações salariais, quando eles lhe dizem *"sim"* ou você fica sem coisas para pedir, a negociação chegou ao fim.

ELABORANDO A OFERTA

Tendo verificado a compreensão e ouvido as reações iniciais, as mesmas ferramentas usadas durante as reuniões são utilizadas para esclarecer a oferta e elaborá-la. Nunca deixe de lembrar que *você precisa da outra parte para conseguir dar andamento a esse acordo*. É extremamente importante ter isso em mente o tempo todo: a outra parte continua sua melhor oportunidade atual ao longo do processo. Exceto se, por algum motivo, a situação degringola e você decide interromper a conversa e ir embora, sempre é do seu interesse gerenciar suas emoções o melhor que puder e permanecer calmo e analítico. A boa notícia é que, em geral, quando você chega à etapa de apresentação de uma proposta formal, as partes se conhecem porque tiveram várias reuniões para discutir e construir um ambiente mais confiável. Qualquer animosidade ou possíveis mal-entendidos devem ter sido esclarecidos e administrados antes de se chegar a essa etapa.

Tente não argumentar: você não está aqui para defender seu ponto de vista e convencer o outro, mas para selar um acordo, uma parceria que trará a todas as partes alguma coisa de que precisam. Em vez de *"Não, isso não funciona para mim"* (duas palavras negativas), você pode dizer, *"Eu ficaria mais à vontade com..."* (palavras positivas). Palavras negativas desaceleram as coisas e tendem a erguer muros que tornam difícil a comunicação. No início, é difícil usar apenas palavras positivas, mas com a prática fica mais fácil.

Evite insistir e sempre ficar voltando a um ponto de bloqueio; em vez disso, busque usar novas ideias e suposições para seguir em frente. Aborde pontos difíceis o mais breve possível e utilize perguntas hipotéticas para destravar a situação. Permaneça aberto a novas formas de buscar coisas e, conscientemente (isto é, não presuma simplesmente que a outra parte saiba), demonstre flexibilidade. Sempre pense em termos de "troca", não de "presente". A generosidade não solicitada sempre termina criando obrigações em que uma pessoa se sente aprisionada em um labirinto de dependência.

FINALIZANDO A OFERTA E SELANDO O ACORDO

No fim, os pontos importantes terão sido discutidos e você percebe que está chegando a um acordo de negociação aceitável para todas as partes. Quando isso acontece, você pode optar por verificar se pode seguir em frente para selar o acordo, dizendo, por exemplo: *"Me parece que contemplamos todos os pontos que foram discutidos. Se estiver de acordo, podemos seguir em frente?"*.

Embora você possa se sentir empolgado, aliviado, ou até, simplesmente, esgotado pelo exercício, é importante se concentrar até o fim. Como diz o ditado, o diabo está nos detalhes... Demonstre aceitação geral somente quando todos os pontos estiverem claríssimos, acordados e aceitos, e certifique-se de não deixar margem a interpretações – lembre-se de que tudo o que você escreve e diz será vinculativo.

Em geral, os termos de implementação terão sido discutidos durante as últimas reuniões, e você terá de organizar uma reunião para analisar a situação e a implementação dos pontos acordados (veja o Capítulo 11). Será preciso manter um cuidado especial até o fim, já que todas as partes interessadas e os parceiros devem assinar o contrato.

VERIFICAÇÃO FINAL

Sempre é aconselhável dar uma verificada final com as partes envolvidas, perguntando a elas como se sentem em relação ao acordo e, na verdade, ao processo inteiro, além de descobrir seu nível de satisfação com o acordo negociado. Você pode fazer isso de duas maneiras.

Uma vez que o contrato foi assinado – e somente aí – pergunte à(s) outra(s) parte(s) se ela(s) está(ão) satisfeita(s) com o acordo, ou pergunte como se sente(m). Se o processo correu conforme descrito nesse modelo, na maioria das vezes as respostas serão *"Bem"*, *"Satisfeito"*. Porém, se houve intenções ocultas, uma necessidade não expressa ou se um tipo de personalidade recusou as reuniões e uma parte não conseguiu expressar certas questões, a resposta pode ser *"Bem, mas"*, *"Legal, mas"*. Nesse caso, é importante tomar nota do *"mas"*, reconhecendo-o. Nunca ignore nenhum sinal de insatisfação ou frustração em potencial; leve-as em conta. Por exemplo, você poderia reagir desta maneira: *"Lamento isso não ter sido mencionado antes, mas eis minha sugestão: seguimos em frente conforme planejamos, e em três meses agendamos uma reunião para discutir a questão que você acabou de levantar. O que acha?"*.

Se um *"Sim, mas"* é ignorado, existe a possibilidade de a parte envolvida bloquear ou dificultar a implementação do acordo negociado, ativa ou passivamente. Isso pode ter consequências no acordo real, e deveria ser evitado – você não vai querer ter desperdiçado tempo e esforços tão preciosos. No entanto, se um *"Sim, mas"* é reconhecido e se promete ao menos discuti-lo e ver o que pode ser feito – com toda honestidade –, você fica diante de uma chance melhor de que a outra parte se envolverá no acordo até as questões dela estarem na agenda. Frequentemente, a questão levantada se torna uma condição para a outra parte. Vez ou outra, pode ser incômodo perguntar – sobretudo se você não tem certeza se a outra parte está conseguindo um acordo interessante –, mas é importante fazê-lo, e com suas próprias palavras. Um ótimo acordo, se não é colocado em prática e respeitado, na melhor das hipóteses é uma perda de tempo.

Outra forma de consultar o nível de satisfação é usar uma pergunta de escala focada em solução, relacionada ao nível de confiança de cada parte na implementação bem-sucedida do acordo. Sua pergunta seria mais ou menos assim: *"Em uma escala de 1 a 10, em que 10 significa que você está totalmente confiante e 1, que não tem confiança alguma, quão confiante você sente que esse acordo será colocado em prática?"*.

Se a resposta for uma pontuação baixa, você pode reagir perguntando *"O que seria necessário para você atribuir uma pontuação ligeiramente mais alta?"* ou *"O que seria diferente se você estivesse um degrau acima na escala?".* Depois, você precisa trabalhar a resposta, ou diretamente, se a questão for simples, ou, como acima, em outra data, em que o ponto levantado seja uma condição para a outra parte.

RESUMO

- A negociação é um processo iterativo: pode ser que você precise trabalhar em várias ofertas antes de chegar a uma que seja satisfatória para todas as partes.

- A oferta é elaborada com base na lógica da troca: não há capacidade de afastamento sem algum tipo de compensação, mesmo que seja simbólica. Todo e cada movimento que se afaste de sua ambição precisa ser compensado com outra condição ou com o movimento de uma condição existente.

- Cada mudança, reação, solicitação feita a uma condição é avaliada: é ou não é aceitável, e, se for, em troca de alguma outra coisa.

- Sua realidade define o valor da troca: o mais importante é o interesse que a condição tem para você, e não o "valor de mercado". Os elementos trocados não têm, necessariamente, o mesmo valor.

- A cola do relacionamento ainda **é** os interesses de todas as partes. Isso precisa acontecer ao menos em parte, ainda que esses interesses sejam diferentes.

- Não deve haver espaço para interpretação: tudo deve ser muito preciso e claramente compreendido.

- Concentre-se até o fim: o diabo está nos detalhes.

- Ao longo desta etapa, a intuição social e as habilidades comunicativas (conforme abordado nos capítulos 6, 7 e 9) são de extrema importância.

- Todas as partes precisam concordar, se engajar e assinar o acordo.

NOTAS

[1] M. Durickas. Quote of the Day: If you're Walking Down the Right Path and you're Willing to Keep Walking, Eventually you'll Make Progress. *Contemporaries*, 2019. <www.bostoncontemporaries.com/2019/03/01/quote-of-the-day-if-youre-walking-down-the-right-path-and-youre-willing-to-keep-walking-eventually-youll-make-progress/> (disponível em: <https://perma.cc/ AB49-FLDE>).

[2] *The Economist*. A Paradox at the Heart of Gift-Giving, 2018. <www.economist.com/science-and-technology/2018/06/28/a-paradox-at-the-heart-of-gift-giving> (disponível em: <https://perma.cc/8WRY-37F5>).

[3] L. Combalbert. *Le Point*, n 2.420, p. 51, 17 jan. 2019.

[4] *Science Daily*. Anchoring Bias in Decision-Making. <www.sciencedaily.com/terms/ anchoring.htm> (disponível em: <https://perma.cc/MMG7-3LKT>); K. Shonk. What is Anchoring in Negotiation?. *Harvard Law School*, 2021. <www.pon.harvard.edu/daily/negotiation-skills-daily/what-is-anchoring-in-negotiation/> (disponível em: <https://perma.cc/ZEF4-W2R9>).

[5] *Ibidem*; *ibidem*.

[6] J. Doody. Never, Ever Utter These Phrases in a Salary Negotiation. *Fast Company*, 2018. <www.fastcompany.com/90246630/what-not-to-say-in-a-salary-negotiation> (disponível em: <https://perma.cc/55QQ-KE82>).

CAPÍTULO 11
Etapa 5: A implementação

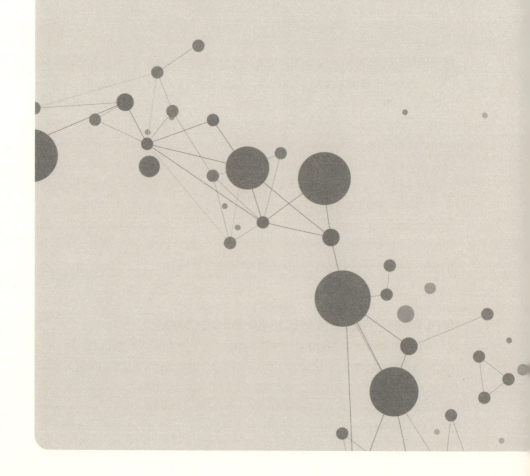

Figura 11.1

A última etapa do processo de negociação se refere à implementação do acordo negociado. Este capítulo guiará você por alguns requisitos de boas práticas relacionadas ao acordo em ação e pela maneira como o que se negociou será realmente realizado e implementado. O capítulo esclarecerá alguns dos requisitos fundamentais a se levar em consideração a fim de garantir que o que foi acordado entre você e os colegas seja efetivamente posto em prática. A maioria desses elementos, na verdade, terá sido transformada em condições que foram negociadas durante as últimas reuniões e serão incluídas no acordo principal. Será necessário definir etapas e responsabilidades. Algumas ferramentas simples de gestão de projetos ajudarão nesta etapa.

IMPLEMENTANDO A DECISÃO NEGOCIADA

Sempre existe o risco de que o que foi discutido e negociado permaneça "na gaveta", e que as decisões tomadas nunca sejam colocadas em prática. Geralmente, isso só acontece quando uma ou mais partes envolvidas perdem o interesse no processo. A meta desta última etapa no processo de negociação – a implementação – é garantir que as decisões negociadas sejam de fato levadas a cabo. Trata-se do acordo ganhando vida e da parceria sendo mantida. Esta etapa final pode ser a mais curta e mais simples de descrever, mas continua sendo tão importante quanto as anteriores, já que finaliza o processo todo.

Um erro comum é se esquecer de discutir e decidir como o acordo será implementado, o que pode levar muitas decisões a permanecerem no reino das boas intenções e do pensamento positivo, ou pior, negligenciado, juntando poeira dentro das gavetas. Não implementar os planos é perda de tempo para todas as partes e – ainda pior – pode impedir tentativas futuras de negociar com as mesmas pessoas. Idealmente, aspectos pertencentes ao "lançamento" terão sido discutidos durante as últimas reuniões, portanto, durante a etapa anterior (a oferta), é importante ter pensado no que seria necessário para o acordo negociado se tornar realidade, e garantir que o que foi decidido esteja afirmado com clareza na proposta e acordado.

Dependendo da complexidade da negociação e da quantidade de partes envolvidas, uma pessoa ou uma equipe pequena precisa ficar responsável por implementar o acordo. Suas habilidades devem envolver competências de excelente comunicação, organizacionais, gestão de projetos e de negociação, bem como carisma e determinação. Suas funções, que terão de ser esclarecidas, acordadas e comunicadas, podem variar de coordenação a atuar como especialista, ou levar a cabo o que se decidiu. Se há muitas partes envolvidas, a equipe deve se constituir de um representante de cada. Às vezes, pode ser útil trazer a bordo alguém independente e neutro para uma visão geral da implementação; entretanto, quanto mais as partes relacionadas no resultado real estiverem envolvidas no processo, mais tranquila será a implementação. Quando uma equipe está motivada por um resultado, será mais fácil lidar com as barreiras que vão acontecer. Lembre-se, conforme mencionado no início deste livro, de que o principal indicativo do sucesso de uma negociação é se as coisas negociadas foram colocadas em prática, e se o acordo se sustenta e é vinculativo.

O acordo final negociado, portanto, conterá decisões referentes a planos de ação, pontos complementares, responsabilidades e prazos. Toda essa etapa traz fortes semelhanças com elementos de gestão de projetos e coordenação. Ela pode ajudar a dividir o objetivo em sub-objetivos menores. Com cada passo à frente, você se sente avançando rumo a futuros sucessos. Pesquisas acadêmicas com base em comportamento animal demonstraram que as pessoas ficam mais motivadas e tendem a se mover mais depressa quando o fim está à vista. Esse fenômeno é conhecido como gradiente de objetivo.[1] Deve-se fazer um monitoramento situacional com cuidado e regularidade. Devido a mudanças de circunstâncias – sejam elas organizacionais, políticas ou econômicas –, alguns (parte de) acordos negociados ficam obsoletos, menos relevantes ou não desejáveis com o tempo. Em seu artigo sobre o litígio Starbucks-Kraft, Katie Shonk alerta que cláusulas de cancelamento e condições de compensação para encerrar acordos precisam ser planejadas.[2] Também é importante, para uma motivação contínua de todos os *stakeholders*, apontar e garantir que se registre tudo o que foi obtido, especialmente quando se está apenas começando. Mensurar o progresso inicial no começo pode ser tão motivador quanto usar um objetivo à vista da linha de chegada para impulsionar você até ela.[3]

As recomendações a seguir devem ser observadas para garantir uma implementação o mais tranquila e eficiente possível.

Em primeiro lugar, você precisa permanecer atento a qualquer mudança de circunstâncias, sejam elas externas (por exemplo, geopolítica) ou internas (como dentro de uma organização ou equipe). Por exemplo, na companhia X há uma reorganização repentina de departamentos que torna desnecessário o acordo entre duas entidades, já que elas se fundiram, ou as atividades de uma delas foram terceirizadas; ou as negociações dizem respeito a um país em que o líder de um grupo rebelde foi assassinado e esse grupo debandou, invalidando, assim, as negociações; ou, ainda, uma catástrofe natural ou uma pandemia mudou as prioridades governamentais; uma nova lei foi votada; aconteceu o Brexit, votaram em um novo presidente e partido político...

Você precisa permanecer alerta do início ao fim de qualquer coisa que possa afetar o acordo negociado ou a parceria, e (tentar) fazer as adaptações necessárias.

Outra questão que sempre é preciso ter em mente é a importância de manter o interesse contínuo de todas as partes envolvidas, prestando muita atenção a elas e continuando a fazer verificações o tempo todo. Para a parceria ser colocada em ação, o interesse de todos precisa continuar para o acordo ser respeitado e o dinamismo certo ser mantido.

Assim como na gestão de projetos mais tradicional, a fim de ajudar a implementação e a dinâmica, divida projetos grandes em tarefas menores, porque, conforme dados apontados na pesquisa da psicóloga Ayelet Fishbach sobre definição de objetivos,[4] "a motivação aumenta e diminui à medida que se trabalha em um objetivo específico. Você começa motivado, e rumo ao fim do projeto a motivação reaparece. Porém, na faixa do meio, sua motivação tende a se enfraquecer". Portanto, é aconselhável dividir o acordo em séries de "vitórias rápidas" ou etapas menores para:

- Mostrar a todos os *stakeholders* que é possível.

- Manter o interesse e o engajamento, se possível, até o entusiasmo, para sustentar o dinamismo e a energia.

- Garantir que algo realmente esteja sendo feito – e se certificar de que as várias partes estão cientes do fato. A comunicação é importante para que todos saibam o que está acontecendo.

Outro elemento encontrado em gerenciamentos tradicionais de projetos é a necessidade de decidir cuidadosamente com todos os *stakeholders*:

- responsabilidades e tarefas: quem é responsável pelo quê?

- prazos: para quando?

- ferramentas e métodos: como isso deverá ser feito?

- recursos: com que meios?

Você também terá de preparar e concordar com um orçamento para implementação – por exemplo, para cobrir despesas de viagens se as reuniões forem presenciais, pagar custos judiciais para elaborar contratos, nomear um consultor externo para coordenar o plano de implementação etc.

Por fim, várias reuniões de status e revisão terão de ser planejadas com antecedência, a fim de garantir que todos os *stakeholders* estejam presentes e envolvidos no processo real de dar vida ao acordo.

RESUMO

- É aconselhável que os pontos de implementação sejam discutidos durante as reuniões (finais) e que eles sejam negociados junto com o acordo. Assim, eles se tornam condições negociadas.

- Reuniões regulares para revisão terão de ser organizadas para dar continuidade a pontos acordados. Boas habilidades de gestão de projetos são uma vantagem imensa para garantir implementação, coordenação e sequência.

- Esteja alerta e extremamente atento a quaisquer mudanças de circunstâncias, e faça as adaptações adequadas no acordo. Circunstâncias políticas, organizacionais, sociais e pessoais mudam constantemente. O que era verdade hoje pode não ser amanhã. Esse é o caso sobretudo de negociações demoradas. A eventualidade e a possibilidade de adaptar o acordo negociado quando necessário devem ser levadas em conta e planejadas.

- Não deixe de planejar com cuidado uma comunicação adequada para todas as partes envolvidas na negociação e na implementação do acordo; uma estratégia de comunicação será útil.

- Lembre-se sempre de que a clareza e a transparência, a integridade e o respeito contribuem para parcerias viáveis e relacionamentos duradouros, e para que o acordo seja honrado.

- Todas as vezes, lembre-se de que o interesse é fundamental até o fim.

- Uma negociação bem-sucedida é aquela em que o que foi negociado é posto em prática de verdade. Conforme visto no Capítulo 1, não é só a qualidade do conteúdo que caracteriza o sucesso, mas também a implementação eficiente.

NOTAS

[1] "Inicialmente, essa ideia provém de pesquisas acadêmicas sobre comportamento animal, incluindo estudos de ratos em um labirinto", diz Oleg Urminsky, de *Chicago Booth*. "Estar próximo à meta aumenta a motivação. Se você é um rato em um labirinto, corre mais rápido quanto mais se aproxima do fim." A. G. Walton. What Happened to your Goals?. *Chicago Booth Review*, 2017. <https://review.chicagobooth.edu/behavioral-science/2017/article/what-happened-your-goals?source=ic-em-> (disponível em: <https://perma.cc/7PHT-X7V6>).

[2] K. Shonk. Negotiation in Business: Starbucks and Kraft's Coffee Conflict – What Happens to a Negotiated Business Agreement when it Becomes Undesirable Over Time. *Harvard Law School*, 2018. <www.pon.harvard.edu/daily/business-negotiations/the-starbucks-kraft-dispute-in-business-negotiations-prepare-for-problems/> (disponível em: <https://perma.cc/375A-5E7E>).

[3] A. G. Walton. What Happened to your Goals?. *Chicago Booth Review*, 2017. <https://review.chicagobooth.edu/behavioral-science/2017/article/what-happened-your-goals?source=ic-em-> (disponível em: <https://perma.cc/L5LQ-WSEE>).

[4] *Yale School of Management*. Prof. Ayelet Fishbach, sobre manter a motivação e atingir seus objetivos, 2019. <https://som.yale.edu/event/2019/02/how-to-achieve-your-goals-insights-from-the-behavioral-science-with-ayelet-fishbach-visiting-professor-of-behavioral-science-and-marketing> (disponível em: <https:// perma.cc/TC93-X58A>).

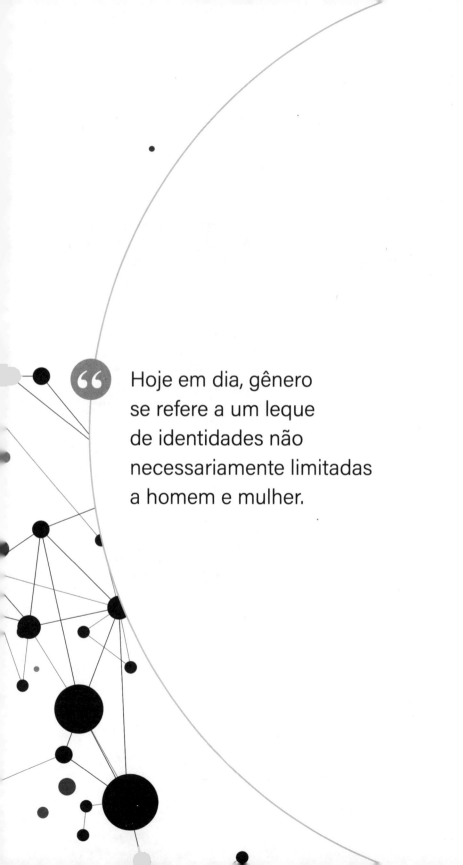

" Hoje em dia, gênero se refere a um leque de identidades não necessariamente limitadas a homem e mulher.

PARTE 5

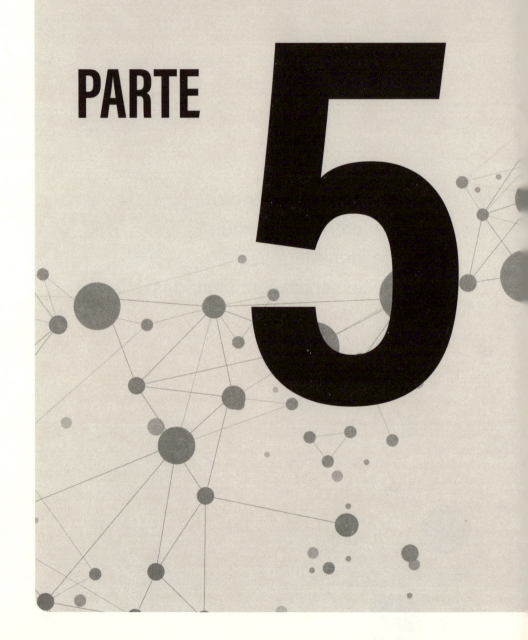

Gênero

CAPÍTULO 12

Algumas opiniões sobre gênero e habilidades de negociação

Este capítulo compartilha alguns *insights* sobre a influência do gênero em reuniões de negociação, comportamentos e resultados. A palavra "gênero" é usada para descrever características socialmente construídas de mulheres e homens, enquanto sexo se refere às determinadas biologicamente.[1] Hoje em dia, gênero se refere a um leque de identidades não necessariamente limitadas a homem e mulher. Para evitar confusão, neste capítulo, as principais características de gênero que serão discutidas se relacionam a negociadores homens e mulheres.

Há diferenças significativas na maneira como homens e mulheres negociam? E, se sim, essas diferenças aparecem nos resultados das negociações? Algumas diferenças – às vezes sutis – na forma como mulheres e homens negociam foram observadas e pesquisadas em partes do mundo. Quais são essas diferenças de gênero? Como elas influenciaram atitudes e técnicas de negociação? Elas têm maior ou menor impacto que aspectos de personalidade sobre a maneira como você se comporta e é percebido?

Essas perguntas encontrarão algumas respostas na primeira parte deste capítulo. A parte seguinte focará estereótipos e como eles influenciam comportamentos. Estereótipos realmente existem, e, embora essas noções percebidas possam ser falsas, ainda assim podem impactar as negociações. Também é possível, e bastante comum, uma pessoa se limitar a um estereótipo restritivo, que muitas vezes causará um efeito nocivo em seu estilo de comunicação e negociação e, por vezes, em sua disposição em se engajar de verdade em uma negociação. A próxima seção introduz a noção de preconceito de gênero, e é seguida por alguns pensamentos e considerações sobre como etnia e cultura impactam diferenças de gênero no comportamento em negociações. Por fim, com mais de 25 anos como negociadora, compartilharei pensamentos e *insights* pessoais sobre o tópico.

ESTEREÓTIPOS DE GÊNERO NO COMPORTAMENTO EM NEGOCIAÇÕES: MITO OU REALIDADE?

A maneira como você se enxerga influenciará sua forma de se comportar e interagir e, portanto, impactará o modo como as outras pessoas se comportarão e reagirão. Como escreveu Katie Byron, um pensamento é inofensivo a menos que se acredite nele, e, infelizmente, esses são os pensamentos em que mais se acredita com convicção, e raramente os mais úteis ou incentivadores.[2] Entre eles, *"Não sou bom o suficiente"*, *"Em todo caso, nunca vou conseguir..."*, *"Ninguém vai me ouvir porque sou..."*.

Você acredita que é menos capaz de negociar por ser mulher? Ou por ser homem? Ou as diferenças estão mais relacionadas à personalidade do que ao gênero? Ou, talvez, a um misto de ambos?

Aquilo em que se foca ajuda a moldar a realidade. Parafraseando Richard Bach, autor de *Fernão Capelo Gaivota*,[3] se você argumenta a favor de suas limitações, é quase certeza de que elas seguirão sendo limitações.

Diferenças comportamentais existem. Estereótipos existem.

Tradicionalmente, estereótipos são definidos como atributos ultrageneralizados que são associados a membros de um grupo social, como o inglês reservado ou o engenheiro nerd, implicando que isso se aplique a todos os membros do grupo.[4] Essas imagens mentais frequentemente representam uma atitude hipersimplista, preconceituosa. E, independentemente de eles terem como base um fato ou um construto social, estereótipos de gênero existem e podem afetar o comportamento ao negociar.

Existe a ameaça do estereótipo. A ameaça do estereótipo afirma que membros de grupos estigmatizados podem ter um desempenho inferior em testes de diagnósticos de habilidade por causa de preocupações sobre a confirmação de um estereótipo social negativo como característica própria.[5] Em outras palavras, se alguém sabe que existe um estereótipo sobre o grupo a que pertence, as chances de essa pessoa atuar com base no estereótipo são maiores que se não percebesse que existe um estereótipo relacionado a esse grupo.[6]

Estereótipos são construtos incrivelmente marcantes que influenciam a maneira como as pessoas se comportam e interagem. Na verdade, estereótipos influenciam toda a visão de mundo de uma pessoa, seja de forma consciente ou não. Toosi *et al.* explicam que estereótipos de gênero impactam o comportamento em negociações, proporcionando esquemas mentais sobre como essas pessoas que se identificam com um gênero específico deveriam se comportar (e se comportam) antes e durante a negociação.[7] Alguns dos estereótipos frequentemente relacionados a mulheres e negociações são as crenças e pensamentos como *"mulheres negociam mal"*, *"mulheres são menos assertivas"*, *"mulheres são mais receptivas"*, *"mulheres são mais emotivas"*, *"mulheres pedem menos"* e podem, inconscientemente, gerar resultados negativamente enviesados para mulheres, reduzindo suas capacidades. Uma mulher assertiva demais ou um homem gentil demais serão criticados. Tudo o que você fizer será criticado. Isso deveria impedi-lo de tentar? Na minha opinião, não. No entanto, estar ciente disso será útil, porque lhe permitirá adaptar suas estratégias comportamentais e de negociação.

Alguns dos estereótipos frequentemente associados a mulheres negociadoras são serem gentis (demais), cooperativas, raramente assertivas, darem menos valor a si e ao que querem, serem mais fortes em habilidades de inteligência emocional, focarem mais o relacionamento que o resultado e, em geral, serem mais empáticas que os colegas do sexo masculino. No entanto, muitas vezes o que se escreve e o que se diz sobre estereótipos de gênero é simplista demais. Provavelmente, é mais útil e preciso considerar o gênero uma categoria fluida e socialmente construída altamente impactada pela cultura, e não um conjunto fixo e rígido de características vinculadas ao sexo biológico.[8]

E, não obstante, observou-se que mulheres que adotam uma postura mais assertiva muitas vezes vão gerar reações fortes, sobretudo quando elas focam somente os próprios objetivos e propósitos.

PRECONCEITO DE GÊNERO

O preconceito contra a mulher é um fenômeno pelo qual certas pessoas têm uma reação negativa contra mulheres – na verdade, isso pode acontecer com qualquer minoria de gênero – cujos comportamentos violam as normas de gênero de determinada cultura.

Por exemplo, quando se fala sobre mulheres negociadoras, foi observado que *na maioria das culturas, mas não em todas* mulheres assertivas que se promovem e demonstram seus interesses podem sofrer julgamentos sociais negativos (ou seja, preconceito) porque seu comportamento é associado a características masculinas negativas altas e a características femininas positivas baixas. Acredita-se que essas mulheres são competentes, mas antipáticas.[9]

Mulheres, contudo, não são o único alvo de preconceitos. Toosi *et al.* observaram que indivíduos de baixo status social são muitas vezes punidos por se comportarem de maneira reservada diante de pessoas de status elevado. Se gente de status baixo negocia com assertividade em uma sociedade individualista, é provável que seja alvo de preconceito.[10] Seria possível presumir que o mesmo se aplica a todos os grupos minoritários. Entretanto, o que os pesquisadores apontam é que níveis de preconceito contra negociadoras assertivas foram inferidos, mas não formalmente testados.

Por estarem assustadas ou exaustas com o preconceito e a ameaça do estereótipo,[11] muitas mulheres são menos propensas a adotar um comportamento assertivo em negociações, pois temem julgamentos negativos relacionados a serem antipáticas.[12] Será que o medo do preconceito – real ou confirmado – deve impedir uma mulher, ou qualquer pessoa, de negociar? Seja homem ou mulher, o medo de consequências negativas, embora por vezes possa ser uma emoção prudente, na maioria das vezes é a melhor maneira de não conseguir atingir seu objetivo sem sequer tentar ou desistindo cedo demais.

Aquilo que as mulheres focam impacta as reações dos colegas e os resultados negociados. Estudos variados sobre diferenças de gênero em comportamentos em negociações indicaram que, quando o resultado da negociação era orientado para o bem coletivo (equipe, comunidade, família), mulheres negociaram melhor do que quando o resultado mirava a autossatisfação. Toosi *et al.* notaram que mulheres negociam com tanta eficiência quanto os homens quando eles fazem isso em prol de outras pessoas.[13] Trocando em miúdos, em negociações em prol de outra pessoa, grupo ou comunidade, mulheres são mais assertivas (semelhantes a negociadores do sexo masculino, em termos de estilo) e bem-sucedidas (colhendo benefícios financeiros similares para a pessoa por quem estão lutando). Além disso, mulheres assertivas que lutam pelos outros confirmam expectativas do papel de gênero de apoiar e cuidar, enquanto mulheres assertivas que lutam por si mesmas violam essas expectativas dos papéis de gênero. Estas descobertas, entretanto, ainda estão inerentemente arraigadas em valores culturais ocidentais.

Voltando ao procedimento de cinco etapas descrito neste livro, uma forma importante de ajudar a modelar a negociação em termos de benefícios para outrem e defesa é por meio da ferramenta de linkagem. Conforme discutido no Capítulo 3, a parte superior da ferramenta de linkagem foca valores e motivações. Os valores e muitos fatores de motivação se vinculam ao eu, embora quase sempre poderá haver alguns relacionados a outros – independentemente de "outros" se referir à equipe, à organização, ao grupo, à natureza, a sua família, ao "bem comum" etc.

Defesa, ciência dos motivos por que você quer o que se quer e clareza de vontade são todos elementos importantes para uma negociação bem-sucedida, e estimularão comportamentos mais assertivos e autoconfiantes nas negociações. Em negociações auto-orientadas – isto é, que focam apenas ganhar algo para si mesmo –, pode ser útil concentrar esforços em reformular o objetivo da negociação para uma troca mais "orientada para o outro", a fim de que algumas vantagens também sejam úteis para outras pessoas e para o "bem maior".

COMO CULTURA E ETNIA INFLUENCIAM O PRECONCEITO DE GÊNERO

Toosi *et al.* analisaram até que ponto as normas de gênero são de fato altamente dependentes em termos culturais.[14] Eles apontam que a maioria das pesquisas sobre preconceito de gênero em negociações tiveram como foco culturas predominantemente ocidentais e negligenciaram vários outros aspectos importantes, a saber, que etnias e culturas também deveriam ser levadas em conta ao se analisar a influência do gênero sobre resultados de negociações. Eles sugerem que a suposição velada de que homens são estereotipados como agentes, e mulheres, como comunitárias é condicionada por valores culturais e práticas da sociedade, e não são um fenômeno universal. Por exemplo, em sociedades coletivistas como a China e a Coreia, homens são mais propensos a serem estereotipados como comunitários – adotando comportamentos orientados para o relacionamento nas negociações – e mulheres, como agentes, o que representa o padrão oposto encontrado em culturas individualistas no ocidente.[16] Atribuir diferenças de comportamento em negociações apenas ao gênero torna simplista um padrão mais complexo. Consciência e atenção às interações entre etnia e gênero com a cultura, por sua vez, confere um *insight* mais abrangente sobre comportamentos durante negociações. Eles concluem que:

- Valores e práticas culturais orientam o comportamento nas negociações do início ao fim do processo de negociação.

- Mulheres e homens se comportarão de maneira diferente durante negociações, refletindo estereótipos de gênero que estimulam mulheres e homens a se comportar de forma distinta. Normas e valores culturais ditarão o que se espera como comportamentos apropriados ou corretos para a categoria dominante, que, em termos de gênero, na maioria das vezes é a dos homens.

- Apesar de diferenças culturais na maneira como homens e mulheres negociam, o impacto econômico imediato do comportamento negociador em resultados de negociações é consistente nas sociedades mundo afora.

OPINIÕES E EXPERIÊNCIAS PESSOAIS

Como uma mulher transforma "feminilidade" em uma vantagem positiva? Não estou falando de lançar mão de charme ou de atributos físicos. Em vez disso, estou dizendo que alguém pode se sentir menos ameaçado por uma mulher, e isso em si é uma vantagem interessante. De acordo com a professora Laurie Weingart, ser mais receptivo e colaborador é, sem dúvida, útil para negociações viáveis e duradouras.[17]

Em várias ocasiões, me perguntaram se eu acredito que há diferenças entre homens e mulheres, em termos de estilos de negociação e resultados negociados. Esta é uma pergunta capciosa. Sou negociadora profissional há mais de 25 anos, e sou mulher. O fato de ser mulher ajuda ou atrapalha minhas capacidades negociadoras ou as influencia de alguma forma?

Provavelmente, existem diferenças reais entre a forma como homens e mulheres negociam e seus respectivos estilos de comunicação. Acima de tudo, acredito que se fechar em uma imagem ou em um estereótipo é similar a se aprisionar em uma autoprofecia muitas vezes negativa, e, como tal, deve ser evitado a qualquer custo. Tanto homens quanto mulheres possuem características e habilidades que podem ser úteis em uma negociação, e são essas habilidades que devem ser trabalhadas e desenvolvidas.

Assim, minha experiência pessoal e meus instintos afirmam que negociações bem-sucedidas não dependem de gênero, muito embora o fato de eu ser mulher influencie, com maior probabilidade, a maneira como outras pessoas me enxergam e a forma como enxergo a mim mesma. Daria no mesmo se eu fosse baixa, gorda, não europeia, bonita ou simples. Automaticamente as pessoas reagirão e serão influenciadas pelos sinais externos que percebem. De fato, as pessoas são bem antenadas em sentir, reagir e saltar para conclusões.

Minha crença é que diferenças de personalidade e comportamentais influenciarão mais que diferenças de gênero tanto os resultados das negociações quanto a dinâmica das reuniões. Durante as várias negociações em que me envolvi, fossem elas reais ou estudos de caso, testemunhei vezes sem fim que características de personalidade fazem a maior de todas as diferenças. Tome como exemplo os traços de personalidade introversão e extroversão, que foram amplamente pesquisados. Muitas vezes, presume-se que os extrovertidos – que tendem a ser mais expansivos e a extrair energia dos outros – são melhores negociadores que os introvertidos, geralmente mais reservados e que preferem refletir por conta própria. De fato, pessoas mais expansivas podem se sair bem nas negociações por causa de sua capacidade de unir o pessoal e responder com rapidez e destreza às emoções alheias. No entanto, muitos pontos fortes de alguém com personalidade mais introvertida são extremamente benéficos em negociações, incluindo sua tendência a ouvir com maior atenção sem interromper e levar mais tempo para pensar. Esses traços de personalidade não dependem de gênero: tanto homens quanto mulheres podem possuir tendências introvertidas ou extrovertidas. Claramente, como Susan Cain analisa em seu livro *O poder dos quietos*, introvertidos e extrovertidos podem aprender muito uns com os outros e ambos podem ser valiosos em uma mesa de negociações.[18]

Não se engane: não estou ignorando ou diminuindo o fato de que mulheres muitas vezes são tratadas de maneira diferente em negociações. Se dermos uma boa olhada em ambos os lados da mesa de negociações, descobriremos que frequentemente mulheres negociam de um modo diferente dos homens, e mesmo quando negociam de maneira semelhante suas atitudes são vistas de forma diferente. Em seu livro *Women Don't Ask* ("Mulheres não falam", em tradução livre), Linda C. Babcock aponta que, por causa disso, mulheres talvez necessitem de uma abordagem mais "calibrada", o que não significa que elas não devam negociar, e sim que precisam ser mais estratégicas em relação a isso.[19]

Entretanto, levantarei a hipótese de que, por exemplo, o mesmo pode ser dito de uma pessoa de um cenário étnico específico entre um grupo de uma etnia predominantemente diferente, ou de um adolescente em um grupo de adultos. Minorias passam mais dificuldades. Como argumenta Michelle Obama, escritora e ex-primeira dama dos Estados Unidos, seu marido Barack seria intensamente esquadrinhado o tempo todo por ser um candidato negro, e, como tal, não poderia se permitir tropeçar ou cometer nenhum erro. Além disso, ela comenta o fato de que ele sempre teria de fazer tudo duas vezes melhor, além da pressão constante para se sair (extremamente) bem.[20] Muitas mulheres sabem como é: para garantir o sucesso, seu desempenho precisa ser ótimo.

Adotamos diferentes comportamentos, às vezes por motivos inatos, outras, por causa de nossas próprias crenças. Estou profundamente convencida da influência negativa da ameaça do estereótipo, "que provou demonstrar redução no desempenho de pessoas pertencentes a grupos negativamente estereotipados",[21] tornando-se ansiosas em relação ao próprio desempenho e, portanto, prejudicando sua capacidade de atuar com seu pleno potencial. Qualquer pessoa pertencente a um grupo minoritário entenderá o perigo dos estereótipos vinculados ao grupo a que ela pertence, sejam eles de gênero, de etnia, de idade ou outro. Mulheres que não negociam talvez se contenham por serem tímidas. Ou talvez porque, em vez disso, elas podem estar prevendo atitudes muito reais e reações muito reais que, na vida real, são corroboradas vezes seguidas. Embora elas sejam reais, alerta Linda C. Babcock, mulheres têm de ficar alertas para não se aprisionar por tais descobertas, e devem negociar aquilo que querem e em que acreditam, independentemente dos estereótipos que essas táticas podem contradizer. [22]

Negociação é uma habilidade, um *mindset* e um conjunto de ferramentas que podem ser aprendidos, *e que se aplicam a todos os gêneros*. As coisas que contribuem para um negociador impecável estão mais vinculadas a personalidade e a competências do que a gêneros. Eu ouço com mais atenção porque sou mulher ou por causa da minha personalidade? E será que isso realmente importa, contanto que eu ouça com atenção? A intuição social influencia resultados de negociações – e essa intuição se vincula a personalidade, à prática ou a gêneros?

Em minhas palestras e durante negociações profissionais, minha meta é me afastar de crenças estereotipadas, porque as acho reducionistas e enfraquecedoras. Embora seja importante falar sobre estereótipos e estar ciente deles, quanto mais os verbalizarmos, mais chances a ameaça do estereótipo terá de agir, pois somos influenciados por aquilo que ouvimos. Enquanto há traços que tendem a ser mais encontrados entre homens ou entre mulheres, todos os traços aparecem em cada um dos gêneros; para se ir além dos estereótipos, esta é a mensagem que precisamos transmitir tanto a homens quanto a mulheres. Muitas vezes, diferenças comportamentais podem ser mais bem explicadas por diferenças de personalidade que por diferenças de gênero, e o mesmo vale para negociações.

Minhas recomendações são duas. Em primeiro lugar, é importante estar ciente de como ameaças do estereótipo e o medo de represálias influenciam o comportamento durante negociações. Segundo, habilidades são desenvolvidas e praticadas. Evite pensar que você não é bom nisso, e continue tentando. Resumindo, como afirma Fatimah Gilliam, fundadora e CEO do The Azara Groups, tornar-se um bom negociador exige tanta prática quanto ser um esportista de primeira linha ou um excelente músico.[23] Em outras palavras, mesmo que certas pessoas sejam naturalmente melhores que outras, você precisa trabalhar nisso para se aprimorar e ser bem-sucedido.

RESUMO

- Estereótipos de gênero que colocam mulheres negociadoras em desvantagem em relação a homens não devem ser aplicados a todas as mulheres ou a todos os homens. Etnia, cultura, gênero e personalidade estão fortemente vinculados, e impactam a maneira como as pessoas negociam.

- A negociação é uma habilidade que pode ser aprendida, em que as mesmas regras se aplicam a todos os gêneros. Ao se comparar mulheres e homens negociadores, sem prática, os homens tendem a se sair melhor. No entanto, quando mulheres treinam vezes seguidas suas habilidades, tendem a se sair tão bem quanto, se não melhor que seus colegas do sexo masculino.

- Colocar mais ênfase no relacionamento como resultado importante da negociação é de primordial importância à sustentabilidade do acordo negociado. Isto acaba com estereótipos de gênero relacionados a negociações que afirmam que mulheres não obtêm resultados tão bons quanto os homens, já que *tanto* o conteúdo *quanto* o relacionamento são importantes.

- Uma visão hipersimplista do masculino ou do feminino sem considerar cultura e contexto gera estereótipos inapropriados. Status social, normas culturais e expectativas sociais, juntamente com interseções de etnia e gênero, moldam comportamentos e resultados de negociações.

- É 100% aceitável, e até esperado, que mulheres se comportem de forma competitiva e foquem os próprios interesses em contextos de negociação, dependendo da região geográfica e da cultura da maioria étnica.

- Mulheres podem ser negociadoras extremamente competentes e simpáticas. A intuição social altamente desenvolvida (veja o Capítulo 9) lhes permitirá serem assertivas e adotarem comportamentos e atitudes considerados firmes e justos.

- Negociações bem-sucedidas em termos de conteúdo e sustentabilidade dependem mais de habilidades do que de gênero.

- Foque sua negociação e o resultado desejado, e não seu gênero, muito embora estar ciente de percepções e estereótipos vinculados a seu gênero possa aumentar suas habilidades de intuição social.

- Ao que parece, diferenças de personalidade e comportamento influenciarão mais o resultado das negociações e a dinâmica das reuniões do que diferenças de gênero.

NOTAS

[1] Organização Mundial da Saúde. Gender: Definitions. <www.euro.who.int/en/health-topics/health-determinants/gender/gender-definitions> (disponível em: <https://perma.cc/FFP2-759X>).

[2] B. Katie. *The Work of Byron Katie.* Ojai (CA): Byron Katie International, 2019. <http://thework.com/wp-content/uploads/2019/02/English_LB.pdf> (disponível em: <https://perma.cc/ZD4Y-6XEL>).

[3] R. Bach. *Jonathan Livingston Seagull: a Atory.* New York: Macmillan, 1970.

[4] P. Hinton. Implicit Stereotypes and the Predictive Brain: Cognition and Culture in "Biased" Person Perception. *Nature*, 2017. <www.nature.com/articles/palcomms201786> (disponível em: <https://perma.cc/7DLH-2ZXJ>).

[5] C. R. Pennington *et al.* Twenty Years of Stereotype Threat Research: a Review of Psychological Mediators. *PLoS One*, v. 11, n. 1, 2016. <www.ncbi.nlm.nih.gov/pmc/articles/PMC4713435/> (disponível em: <https://perma. cc/WW6U-KZJU>).

[6] "A ameaça do estereótipo é um dilema situacional em que as pessoas estão ou se sentem em perigo de se conformar com estereótipos relacionados a seu grupo social." *Wikipedia.* Ameaça do estereótipo. <https://en.wikipedia.org/wiki/Stereotype_threat#cite_note-6> (disponível em: <https://perma.cc/ET8H-7T87>).

[7] N. R. Toosi *et al.* How Culture and Race Shape Gender Dynamics in Negotiations. In: M. Olekalns; J. A. Kennedy (Eds.). *Research Handbook on Gender and Negotiation.* Cheltenham: Edward Elgar, 2020. <www.researchgate.net/publication/340249117_ How_Culture_and_ Race_Shape_Gender_Dynamics_in_Negotiations> (disponível em: <https://perma.cc/WCH3-P843>).

[8] *Ibidem.*

[9] L. A. Rudman; J. E. Phelan. Backlash Effects for Disconfirming Gender Stereotypes in Organizations. *Research in Organizational Behavior*, v. 28, p. 61-79, 2008.

[10] E. T. Amanatullah; C. H. Tinsley. Punishing Female Negotiators for Asserting too Much... Or Not Enough: Exploring why Advocacy Moderates Backlash Against Assertive Female Negotiators. *Organizational Behavior and Human Decision Processes*, v. 120, n. 1, p. 110-122, 2013.

[11] "A ameaça do estereótipo é um dilema situacional em que as pessoas estão ou se sentem em perigo de se conformar com estereótipos relacionados a seu grupo social." *Wikipedia*. Ameaça do estereótipo. <https://en.wikipedia.org/wiki/Stereotype_threat#cite_note-6> (disponível em: <https://perma.cc/ET8H-7T87>).

[12] E. T. Amanatullah; M. W. Morris. Negotiating Gender Roles: Gender Differences in Assertive Negotiating are Mediated by Women's Fear of Backlash and Attenuated when Negotiating on Behalf of Others. *Journal of Personality and Social Psychology*, v. 98, n. 2), p. 256-267, 2010; H. R. Bowles; L. Babcock; L Lai. Social Incentives for Gender Differences in the Propensity to Initiate Negotiations: Sometimes it Does Hurt to Ask. *Organizational Behavior and Human Decision Processes*, v. 103, n. 1, p. 84-103, 2007, citado em L. A. Rudman; J. E. Phelan. Backlash Effects for Disconfirming Gender Stereotypes in Organizations. *Research in Organizational Behavior*, v. 28, p. 61-79, 2008.

[13] N. R. Toosi *et al*. How Culture and Race Shape Gender Dynamics in Negotiations. In: M. Olekalns; J. A. Kennedy (Eds.). *Research Handbook on Gender and Negotiation*. Cheltenham: Edward Elgar, 2020. <www.researchgate.net/publication/340249117_ How_Culture_and_ Race_Shape_Gender_Dynamics_in_Negotiations> (disponível em: <https://perma.cc/ WCH3-P843>).

[14] *Ibidem*.

[15] A palavra "agente" é descrita como o poder que um indivíduo tem de controlar os próprios objetivos, ações e destino. Ela deriva da palavra "agência", que o Webster's Dictionary define como a capacidade, condição ou estado de agir ou exercer poder. Merriam-Webster. Agency. <www.merriam-webster.com/ dictionary/agency> (disponível em: <https://perma.cc/5WGW-XXW7>).

[16] A. J. C. Cuddy *et al*. Men as Cultural Ideals: Cultural Values Moderate Gender Stereotype Content. *Journal of Personality and Social Psychology*, v. 109, n. 4, p. 622-635, 2015; W. Shan; J. Keller; L. Imai. What's a Masculine Negotiator? What's a Feminine Negotiator? It Depends on the Cultural and Situational Contexts. *Negotiation and Conflict Management Research*, v. 9, p. 22-43, 2016, citado em N. R. Toosi *et al*. How Culture and Race Shape Gender Dynamics in Negotiations. In: M. Olekalns; J. A. Kennedy (Eds.). *Research Handbook on Gender and Negotiation*. Cheltenham: Edward Elgar, 2020. <www.researchgate.net/publication/340249117_ How_Culture_and_Race_Shape_Gender_Dynamics_in_Negotiations> (disponível em: <https://perma.cc/WCH3-P843>).

[17] De acordo com a professora Laurie Weingart, há quatro tipos básicos de personalidades negociadoras: individualistas, cooperativos, competitivos e altruístas. A maioria das pesquisas sugere que negociadores predominantemente cooperativos são mais bem-sucedidos que barganhadores duros na queda em alcançar novas soluções que melhoram os resultados de todo mundo. Negociadores que se baseiam na cooperação também tendem a ficar mais satisfeitos com o processo e os resultados. E tanto homens quanto mulheres podem ser cooperativos, embora, mais uma vez, elas tendam a ser mais associadas a esse tipo. K. Shonk. Understanding Different Negotiation Styles. *Harvard Law School*, 2021. <www.pon.harvard.edu/daily/negotiation-skills-daily/understanding-different-negotiation-styles/> (disponível em: <https://perma.cc/9FYH-JUF6>).

[18] S. Cain. *Quiet: the Power of Introverts in a World that Can't Stop Talking*. New York: Broadway Books, 2013.

[19] L. Babcock; S. Laschever. *Women Don't Ask: the High Cost of Avoiding Negotiation – and Positive Strategies for change*. Princeton: Princeton University Press, 2003.

[20] M. Obama. *Becoming*. New York: Penguin Books Ltd., 2018.

[21] *Wikipedia*. Ameaça do estereótipo. <https://en.wikipedia.org/wiki/Stereotype_threat#cite_note-6> (disponível em: <https://perma.cc/ET8H-7T87>).

[22] L. Babcock; S. Laschever. *Women Don't Ask: the High Cost of Avoiding Negotiation – and Positive Strategies for change*. Princeton: Princeton University Press, 2003.

[23] *Knowledge@Wharton*. Women and Negotiation: are There Really Gender Differences?. 2015. <https://knowledge.wharton.upenn.edu/article/women-and-negotiation-are-there-really-gender-differences> (disponível em: <https://perma.cc/JW9Q-8DDA>).

CONCLUSÃO

DESTAQUE-SE COMO UM EXCELENTE NEGOCIADOR

Seja em negociações complexas com várias partes ou em outras mais simples, certas pessoas conseguem negociar melhor e fecham acordos mais duradouros do que outras. E algumas constroem um nome de respeito ao longo do caminho. Ainda que a personalidade tenha um papel importante, um processo sistemático firme com ferramentas específicas ajudará qualquer um a aprimorar as próprias habilidades e, portanto, a probabilidade de resultados bons e satisfatórios. Aprender as habilidades e ferramentas e ter *insights* sobre o processo é importante. Pessoas que treinaram habilidades de negociação se saem melhor do que quem conta apenas com os instintos.

Acredito que as diferenças entre uma negociação excelente e uma média podem ser resumidas em duas coisas:

- *Uma preparação apurada* do roteiro e das motivações por trás do desejo de se atingir o objetivo.

- *Uma combinação de excelentes habilidades de escuta e intuição social.* Como afirmava Goethe, "falar é uma necessidade, escutar é uma arte", e, a menos que você entenda a outra parte, não fechará um acordo.

É importante começar por si mesmo, e, depois, ter acesso à outra parte, a fim de ficar total e profundamente ciente, do início ao fim da negociação, de que a outra parte é sua melhor oportunidade *neste exato instante*, lembrando-se sempre de que você precisa dela para chegar a um acordo. Independentemente da situação, se você está negociando é porque sabe (talvez não tenha tido outra escolha) que tentar juntos seria melhor que prosseguir sozinho.

Negociadores experientes, como o tenente Jack Cambria, da equipe de negociação de reféns do departamento de polícia de Nova York, elucidam características que podem ser igualmente aplicadas a reféns ou a negociações empresarias. Cambria afirma que os melhores negociadores são os que têm histórias de vida. Ele fala sobre a importância de saber como lidar com emoções em situações extremamente pesadas, bem como de tomar decisões racionais. Ele defende com força total a necessidade de ouvir para aprender, em vez de entrar numa discussão. Sugere que negociadores treinem o tempo todo habilidades de escuta, acreditando que, em suas negociações, praticamente todo mundo pode tirar vantagem de passar mais tempo ouvindo e menos tempo falando.[1]

Para concluir este livro, vale observar que uma negociação sólida e bem-sucedida é como montar um quebra-cabeça com várias outras pessoas. Logo, a metodologia que desenvolvi e compartilhei ao longo deste livro foi montada como um quebra-cabeça, peça por peça, passo a passo. Algumas peças levarão mais tempo que outras, algumas talvez sejam mais difíceis de encaixar do que outras; juntas, elas formam um todo coerente. Várias vezes essa abordagem se provou uma forma eficiente em garantir que o acordo negociado seja posto em prática, independentemente do campo, seja em cenários empresariais, em situações humanitárias ou de preservação da natureza, na política, na ciência ou no ambiente acadêmico.

Para que a montagem do quebra-cabeça funcione, há vários aspectos a se ter em mente do começo ao fim:

- *A outra parte é uma oportunidade*: você faz parceria com ela porque sente que, combinando seus recursos com os dos outros, consegue mais coisas do que se estivesse sozinho.

- *Preparação é fundamental*: é preciso saber qual é seu objetivo e entender por que ele significa tanto para você; é preciso pensar em suas condições para ter vários que valem a pena. Lembre-se de que você não está negociando seu objetivo, e sim as condições mediante as quais pode atingi-lo. Objetivos dão energia à vida, e são terreno fértil para aumentar a criatividade. Quanto mais inspirador for seu objetivo, maior sua motivação para atingi-lo e mais criativo e resiliente você fica. Use a *ferramenta de linkagem* para ajudar a mapear o objetivo inicial e as motivações:

- *Se você pudesse fazer o que quer, o que seria?*

- E, se não quer a situação, *o que você quer?*

- Como você saberá que atingiu seu objetivo? Esta pergunta o ajudará a encontrar novas condições.

Pesquisas exaustivas revelam que negociadores subpreparados fazem concessões desnecessárias, menosprezam potenciais fontes de valor (isto é, uma variedade de condições) e, com muita frequência, se afastam de acordos vantajosos. Um comprometimento maior com o planejamento vai melhorar de forma significativa seus resultados. Você cria as coisas duas vezes: primeiro, em sua palestra mental, depois, na realidade. Quando você visualiza com detalhes precisos, seu cérebro não diferencia ficção e realidade. Projete-se no futuro e imagine sucesso. Já foi provado que visualizar o sucesso ajuda você a obtê-lo.

- *Acredito no seu objetivo e ouse perguntar.* Seja corajoso. Evite situações em que você diz: *"Desisti porque não ousei fazer perguntas".*

- *O interesse é a chave do sucesso.* As partes podem ter interesses diferentes. Ao longo de todo o processo, os interesses de todos devem ser levados em conta para o acordo durar.

- Ao negociar, não há presentes, apenas compensações. A dinâmica da negociação é elaborada na base da *troca*, não de presentes.

- *Ouvir é crucial para o sucesso.* Em uma abordagem bilateral ou multilateral, uma boa parte da solução provém da outra parte. Portanto, seu estilo de comunicação deve permanecer claro, confiante, aberto e cooperativo do início ao fim. Você precisará de habilidades de escuta muito boas. Seja autêntico e realmente interessado na outra parte, acompanhe-a até onde ela o levar, permanecendo, ao mesmo tempo, focado em seu objetivo e suas ambições. Isso me faz lembrar de um barco a vela em um clima com muito vento, mirando um porto específico. Vez ou outra, o vento soprará o barco para uma direção diferente, brincando com suas velas. Mas o marinheiro sempre tem em mente o destino final.

- Seja sagaz, *concentrado*, muito ciente e busque oportunidades sempre que a outra parte der uma "deixa".

- *Seja transparente.* Se a outra parte não sabe o que você quer, ela não pode ajudá-lo a conseguir. Seus objetivo e ambições são seu ponto de partida e precisam ser expressos.

- *Inteligência emocional* é uma ferramenta importante, mas pode ser fortemente desvantajosa já que o excesso de empatia pode levá-lo a fazer concessões demais e a aceitar visões de mundo possivelmente inaceitáveis. A *intuição social*, incluindo habilidades interpessoais sólidas e a capacidade de construir um relacionamento e vínculo com o outro, é fundamental. Isto inclui a honestidade: se algo realmente não é possível, fale. Ser sensível às emoções da outra parte é útil, ainda que ela esteja exagerando, mentindo ou fingindo. O que quer que ela faça é interessante para você, já que o ajudará a compreendê-la melhor. E a maioria das pessoas só pode fingir tanto.

- Mantenha um sorriso por perto – afinal, você só pode tentar seu melhor.

Espero que você tenha gostado de trabalhar com este livro tanto quanto gostei de escrevê-lo, e que ele tenha melhorado sua compreensão sobre o que é necessário para negociações focadas em soluções. Minha esperança é que ele o capacite a levar suas negociações para o próximo nível.

NOTAS

[1] O tenente Jack Cambria, hoje aposentado, era o gerente mais antigo da equipe de negociação de reféns do departamento de polícia de Nova York. K. Shonk. Negotiation Training with Heart: a Legendary Hostage Negotiator Puts Feelings First. *Harvard Law School*, 2018. <www.pon.harvard.edu/daily/negotiation-training-daily/ negotiation-training-with-heart/> (disponível em: <https://perma.cc/E2F9-EWTV>).

[2] K. Shonk. 5 Tips for Improving your Negotiation Skills. *Harvard Law School*, 2020. <www.pon.harvard.edu/daily/negotiation-skills-daily/5-tips-for-improving-your-negotiation-skills/> (disponível em: <https://perma.cc/L79A-UHZS>).

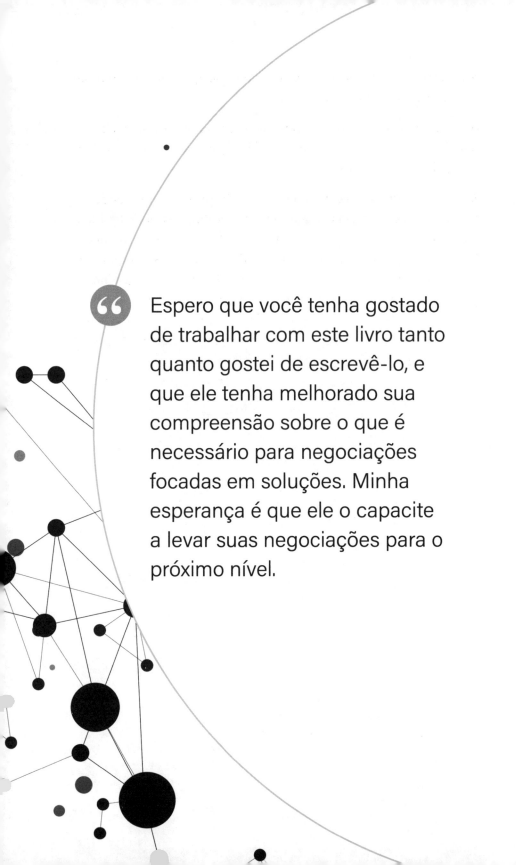

> Espero que você tenha gostado de trabalhar com este livro tanto quanto gostei de escrevê-lo, e que ele tenha melhorado sua compreensão sobre o que é necessário para negociações focadas em soluções. Minha esperança é que ele o capacite a levar suas negociações para o próximo nível.

BIBLIOGRAFIA

Esta bibliografia não é exaustiva, visto que, ao longo dos anos, muitos autores, palestrantes, clientes, parceiros e sites diferentes inspiraram meu trabalho e minhas opiniões. A influência mais importante foi minha experiência prática com negociações e conflitos interpessoais ou interorganizacionais em que me envolvi. No entanto, esta bibliografia fornece uma boa base para qualquer pessoa que queira ampliar seus conhecimentos e entender a negociação sob uma abordagem ética em relação às outras partes e com uma influência focada em soluções.

AMANATULLAH, E. T.; TINSLEY, C. H. Punishing Female Negotiators for Asserting too Much... Or Not Enough: Exploring why Advocacy Moderates Backlash Against Assertive Female Negotiators. *Organizational Behavior and Human Decision Processes*, v. 120, n. 1, p. 110-122, 2013.

BANNINK, F. *Solution-Focused Conflict Management*. Göttingen: Hogrefe Publishing, 2010.

BERTREL, L. *L'essentiel de la PNL*. Geneva: Jouvence, 2009.

CAIN, S. *Quiet: the Power of Introverts in a World that Can't Stop Talking*. New York: Broadway Books, 2013.

COYLE, D. *The Culture Code: the Secrets of Highly Successful Groups*. London: Bantam Books, 2018.

CRÈVECOEUR, J. C. *Relations et jeux de pouvoir*. Geneva: Jouvence, 2000.

CROCKER, C. A.; HAMPSON, F. O.; AALL, P. (Eds.). *Herding Cats: Multiparty Mediation in a Complex World*. Washington: United States Institute of Peace Press, 1999.

DE SHAZER, S. *Keys to Solution in Brief Therapy*. New York: Norton, 1985.

DE SHAZER, S. *Clues: Investigation Solutions in Brief Therapy*. New York: Norton, 1988.

FISCHER, R.; URY, W. *Getting to Yes: Negotiating an Agreement without Giving In*. New York: Penguin Putnam Inc., 2011.

GALTUNG, J. *Transcend and Transform: an Introduction to Conflict Work*. New York: Pluto Press, 2004.

GHAZAL, M. *Mange ta soupe et tais-toi: une autre approche des conflits parents-enfants*. Paris: Seuil, 1992.

GUIDHAM, M. *Work Communication: Mediated and Face-to-Face Practices*. London: Palgrave Macmillan, 2015.

HOECKLIN, L. *Managing Cultural Differences: Strategies for Competitive Advantage*. Boston: Addison-Wesley, 1995.

HOFF, B. *The Tao of Pooh*. London: Egmont, 1983.

KENNEDY, G. *The New Negotiating Edge: the Behavioural Approach for Results and Relationships*. London: Nicholas Brealey, 1998.

KOFMAN, F. *Conscious Business*. Boulder (CO): Sounds True Inc., 2013.

KOHLRIESER, G. *Négociations sensibles: Les techniques de négociation de prises d'otages appliquées au management*. Paris: Village Mondial, 2009.

LANEY, M. *The Introvert Advantage: How to Thrive In an Extrovert World*. New York: Workman Publishing Company, 2002.

L'ART DE NÉGOCIER. *Le Point*, v. 2.420, 17 jan. 2019.

LEWIS, R. D. *When Cultures Collide*. London: Nicholas Brealey, 2005.

LLOYD ROBERTS, D. *Staying Alive: Safety and Security Guidelines for Humanitarian Volunteers in Conflict Areas*. Geneva: ICRC, 2006.

MANCINI-GRIFFOLI, D.; PICOT, A. *Humanitarian Negotiation: a Handbook for Securing Access, Assistance and Protection for Civilians in Armed Conflict*. Geneva: Centre for Humanitarian Dialogue, 2004.

MCCORMACK, M. H. *On Negotiating*. London: Dove Books, 1995.

MCCORMACK, M. H. *On Communicating*. London: New Millennium Audio, 1999.

MONOD, J. M. Personal Communication and Interviews, (CICR), 2005.

OBAMA, M. *Becoming*. New York: Penguin Books Ltd., 2018.

O'HANLON, B.; WEINER-DAVIS, M. *In Search of Solutions*. New York: WW Norton & Company, 2003.

ON NEGOTIATION AND CONFLICT RESOLUTION. *Harvard Business School Press*, Brighton (MA), 2000.

PATTERSON, K. et al. *Crucial Conversations: Tools for Talking when Stakes are High*. New York: McGraw-Hill, 2012.

QUÉINNEC, E.; IGALENS, J. *Les organisations non gouvernementales et le management*. Paris: Vuibert, 2004.

RICARD, M.; SINGER, W. *Cerveau et Méditation*. Pocket. Paris: Allary Editions, 2017.

RUST, S. *Quand la girafe danse avec le chacal*. Geneva: Editions Jouvence, 2008.

STUDER, F.; ROSSET, M. (Eds.). *Médiation*. [S.l.]: Self-published by mediators, 2013.

TOOSI, N. R. et al. How Culture and Race Shape Gender Dynamics in Negotiations. In: OLEKALNS, M.; KENNEDY, J. A. *Research Handbook on Gender and Negotiation*. Cheltenham: Edward Elgar, 2020.

WALDER, F. *St-Germain ou la négociation*. Paris: Gallimard, 2003.

WILLIAM ZARTMAN, I. *Traditional Cures for Modern Conflicts: African Conflict "medicine"*. Boulder (CO): Lynne Rienner Publishers, 1999.

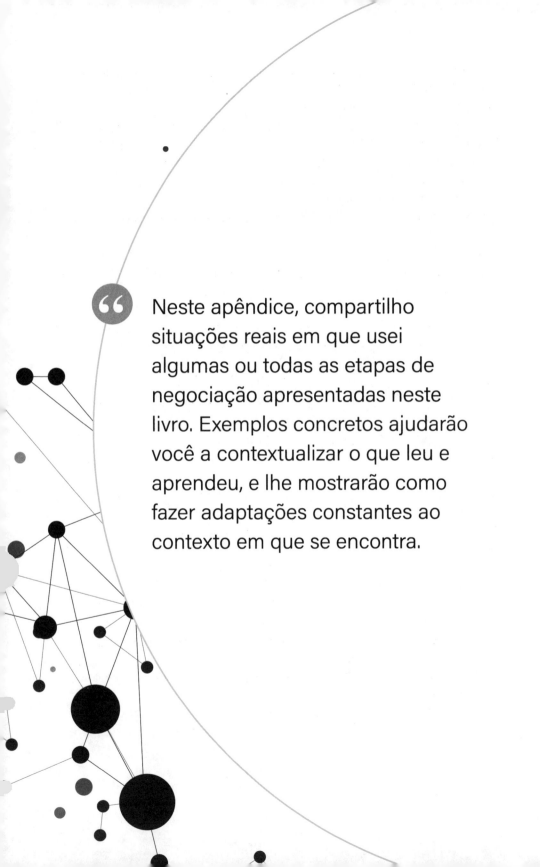

> Neste apêndice, compartilho situações reais em que usei algumas ou todas as etapas de negociação apresentadas neste livro. Exemplos concretos ajudarão você a contextualizar o que leu e aprendeu, e lhe mostrarão como fazer adaptações constantes ao contexto em que se encontra.

APÊNDICE

HISTÓRIAS DA VIDA REAL

Neste apêndice, compartilho situações reais em que usei algumas ou todas as etapas de negociação apresentadas neste livro. Exemplos concretos ajudarão você a contextualizar o que leu e aprendeu, e lhe mostrarão como fazer adaptações constantes ao contexto em que se encontra. Os exemplos e estudos de caso provêm de situações variadas nos ambientes empresariais, não para organizações sem fins lucrativos e ambientes acadêmicos, e foram experienciados pela autora. As situações foram anonimizadas, já que a maioria das negociações contêm informações confidenciais, e altamente simplificadas para o propósito deste livro.

Este apêndice fornece um catálogo de exemplos, de encontrar o *mindset* mais útil a ver como ele pode ser vantajoso para os desafios relacionados à decisão de seu objetivo; de ser criativo para descobrir condições a compreender qual comportamento adotar ao se encontrar com outras pessoas. Escolha e selecione aqueles que sejam relevantes à sua situação ou, simplesmente, que interessem a você. A lista a seguir deve ser percorrida com profundidade e consultada como um dicionário, e não lida em só uma tacada como um capítulo. Você pode trabalhar por analogia, logo, por exemplo, se sua meta é um cargo sênior em determinado lugar, verifique os pontos diferentes e, em seguida, faça um *brainstorming* sobre o que se aplica à sua própria situação. Todos os exemplos podem ser úteis, qualquer que seja seu tópico de interesse. Para ajudá-lo, eles foram agrupados em categorias amplas:

- empregos;
- fornecedor/comprador;
- eventos;
- humanitários;
- pessoais e familiares.

EMPREGOS
Ao ser despedido individualmente –
também pode ser aplicado a grupos

▌Contexto

Jo é engenheiro de sistemas de TI. A empresa em que Jo[1] está empregado deslocou e terceirizou o trabalho do departamento de TI para outro país. Muitos colegas perderão seus empregos, já que a mão de obra é mais barata no novo local. O gerente do departamento de TI mandou chamar Jo para notificá-lo da demissão iminente. Jo é informado de que haverá uma reunião na semana seguinte sobre a demissão. Essa reunião acontecerá com o gerente de recursos humanos, o gerente de Jo e o próprio Jo.

▌Etapa 1: Análise contextual

Nesta etapa, Jo precisa ter em mente o objetivo geral da empresa e sua abordagem. Isto é importante, já que influenciará toda a estratégia a ser adotada. Ser demitido nunca é uma experiência agradável, e as consequências, bem como encontrar um emprego novo podem depender de como se lida com a demissão. Após o choque inicial, a sensação de injustiça e um possível ressentimento, Jo começa a pensar em qual poderia ser a melhor estratégia a adotar. Há várias maneiras com que Jo poderia reagir – que, provavelmente, não se excluem.

Jo poderia se sentir uma vítima, pagando o preço da globalização e das tentativas da empresa de economizar dinheiro terceirizando para países com salários mais baixos a qualquer custo. Assim, Jo se sentiria injustiçado, magoado (*"Depois de tudo que fiz pela empresa e pelo meu gerente"*) e, simplesmente, querer sumir.

Jo poderia se sentir com raiva, ressentido e amargurado pelos mesmos motivos acima, e então talvez quisesse brigar. Com amargura, Jo conta aos amigos e familiares como tudo isso é injusto. Agora, ele simplesmente hesita entre brigar sozinho, fazer o *gerente* passar perrengue, ir ao sindicato que representa a equipe de TI, ir ao ministério do trabalho ou, mesmo, encontrar um advogado.

Jo poderia decidir "aprender a surfar" e se lembrar da frase que diz que todo problema contém uma oportunidade disfarçada. Não há nada que ele possa fazer sobre a demissão: ele não pode mudar o fato de que a empresa decidiu realocar todos os serviços de TI no exterior. Logo, Jo decide extrair o melhor da situação e transformá-la em algo positivo, possível e útil. Essa estratégia não significa que ele não esteja triste, com raiva ou decepcionado. Significa, simplesmente, que não agirá conforme as emoções que pode sentir. Ele não pode impedir a demissão, mas *pode* influenciar *a forma com que o demitirão*. Portanto, Jo opta por uma abordagem mais construtiva e decide que o objetivo a ser discutido durante a reunião com o gerente de RH e o gerente de TI tenha como foco a maneira de ir embora sob as melhores condições. Essa reformulação do *mindset* de Jo influenciará a atitude e a postura dele, o ajudará a controlar melhor as emoções e provocará uma discussão mais construtiva com a gerência. Provavelmente, Jo sairá com mais dignidade e conseguirá um acordo melhor, já que a empresa também tem interesse em evitar conflitos sociais e uma propaganda negativa.

Em seguida, Jo percorre a *checklist* de análise contextual (veja o Capítulo 4) e, onde é relevante (você vai notar que nem todos os tópicos são abordados), ele responde às perguntas. Por exemplo, ele pode pensar em:

- **Interlocutores**: alguém mais deveria estar presente? Se sim, quando e como Jo deve perguntar se isso é possível?

- **Cultura**: existe algo importante a ser levado em conta em relação à cultura dos interlocutores? Ainda que Jo saiba que eles vêm trabalhando na mesma empresa por dez anos, isso merece reflexão. Aqui, também são relevantes a cultura da empresa e os valores comunicados. Eles são fortes em termos de responsabilidade social corporativa, por exemplo?

- **Informações para descobrir**: este será um elemento muito importante da preparação de Jo. Ele terá que descobrir o máximo possível sobre outros acordos de demissão na mesma área e em outras, quais são as exigências legais mínimas etc. Jo também terá que descobrir se, no passado, a empresa teve outras situações em que equipes foram demitidas, e quais foram os acordos. Talvez também seja importante descobrir quantas pessoas estão perdendo o emprego. Quanto mais informações ele conseguir reunir, melhor.

- **Informações para descobrir**: por que é interessante para Jo que os dois gerentes saibam sobre ele? Isso poderia incluir mostrar o que ele sabe sobre acordos de demissão. Vamos supor que Jo já tenha sido demitido antes e saiba que alguns itens podem ser negociados – essas informações podem ser úteis de compartilhar.

- **Planejamento**: uma única reunião é o suficiente ou Jo sente necessidade de duas reuniões, uma para discutir, depois um tempo para refletir e uma última reunião para fechar um acordo?

▶ Etapa 2: Análise do objetivo

Uma vez que Jo tiver clareza da abordagem que quer adotar, isto é, extrair o máximo da situação, ele esclarece o objetivo e começa a elaborar um roteiro. O roteiro, portanto, poderia ser mais ou menos assim – esta é apenas uma seleção de condições possíveis, e é preciso refletir com cuidado sobre cada uma delas.

Objetivo: quero sair com um bom acordo de demissão, mediante certas condições.

Condição	Ambição	Limite
Acordo de demissão	6 meses de salário	3 meses
Programa de recolocação	6 meses – programa completo Empresa à minha escolha 100% financiada pela companhia	3 meses
Coach de carreira	6 meses/sessões de 1 hora pagas pela empresa *Coach* à minha escolha Começar assim que possível	
Carta de recomendação	Eu a preparo para o RH e o gerente de TI Finalizar antes de xx.xx.xx Assinar entre xx e xx	

Condição	Ambição	Limite
Referência em mídias sociais	Ponte para aposentadoria	
Esquema de aposentadoria	...	
Acesso a treinamento para aquisição de novas habilidades (o ideal é ter em mente um programa exato de treinamento, com dados e índices)	Orçamento: 100% pago pela empresa Folga Treinamento e organização à escolha Treinamento interno e/ou externo	
Data de término efetiva (folha de pagamento e real)	xx.xx.xx	xx.xx.xx
Quantidade de dias por semana concedidos para atividades de busca de emprego	2 dias por semana	
Uso de equipamentos de escritório	Usar computador, telefone e impressora próprios	
Computador	Jo pode levar quando for embora	
Vagas internas	Acesso prioritário e carta de recomendação do gerente de TI	
Comunicação interna sobre a demissão: quando, como e por quem	xxxxx	

APÊNDICE **269**

Condição	Ambição	Limite
Comunicação externa sobre a demissão: quando, como e por quem	xxxxx	
Comunicação da demissão a contatos pessoais	Jo quer autorização para enviar e-mails à sua rede de contatos usando o endereço de e-mail da empresa para lhes informar seu novo endereço de e-mail	
Conteúdo exato da resposta automática do e-mail	Escrito e postado por Jo	

Se você está usando isto para si mesmo, pode, naturalmente, acrescentar outras condições, assim como todos os exemplos neste apêndice.

▶ Etapa 3: As reuniões

Primeira reunião: Jo, muito bem preparado e, portanto, sentindo-se bastante confiante e mais em paz com a decisão da demissão, vai até o local agendado para a reunião e aguarda na sala de espera. Ele é chamado até a sala de reuniões. A mesa é redonda e bem grande. Jo cumprimenta os dois gerentes e se senta. A postura geral dele surpreende ambos os gerentes, acostumados com reações muito mais intempestivas e expressões faciais mais duras, chegando ao ponto de certos funcionários se recusarem a apertar as mãos (época pré-COVID...). Jo espera a reunião começar e ouve com atenção. Em seguida, diz:

> "Percebo que a decisão de realocar o departamento de TI não é negociável e, possivelmente, que nem todas as pessoas aceitam isso com facilidade. Portanto, o que eu gostaria é de sair sob as melhores condições possíveis, e é sobre isso que gostaria de conversar com vocês."

Isso gera uma reação curiosa e ligeiramente surpresa em ambos os gerentes, que dizem a Jo para prosseguir. O diálogo que se segue é mais ou menos assim – com um tom de voz calmo:

> "Como vocês podem imaginar, a situação para uma pessoa da minha idade é bem dura, sobretudo após tantos anos trabalhando para a empresa. Realmente gostaria de sair com um bom acordo. Há várias coisas sobre as quais eu gostaria de conversar com vocês em relação à data de saída e a aspectos financeiros, é óbvio, mas também sobre apoio para encontrar um emprego novo. Sobre o que gostariam de falar primeiro?"

Vamos supor que os gerentes estejam interessados primeiro na data de saída. O que Jo não sabe (mas presume) é que a empresa tem medo de publicidade negativa sobre a decisão de realocação, e se preocupa com que os funcionários entrem em greve ou tomem medidas legais. Consequências poderiam custar caro tanto à reputação quanto ao financeiro da empresa, se as demissões resultassem em processos e se as circunstâncias mudassem e eles tivessem de contratar uma equipe nova. No roteiro da empresa, condições podem incluir garantir que os funcionários permaneçam até que a mudança tenha ocorrido, para se certificar de que não haja tempo de inatividade para as aplicações estratégicas. Eles estão preocupados com o fato de os membros-chave da equipe, inclusive engenheiros como Jo, possam sair assim que conseguirem, criando, assim, potenciais problemas quando os aplicativos migrarem para o novo local. Eles também querem que a equipe atual treine e oriente a nova equipe.

Jo continua, confiante em suas ambições, nas quais acredita.

> "O ideal seria que eu fosse pago por seis meses e meu último dia fosse xx.xx.xxxx. Se quiserem, posso sair antes da data oficial. Já que ainda faltam três anos para eu me aposentar, eu realmente gostaria se a empresa ajudasse a fazer uma ponte desses anos para meu plano de aposentadoria. O que vocês acham disso?"

Você observará como Jo apresenta algumas condições importantes, inclusive duas vitais, em uma forma conversável, indicando que *essa é a minha vontade, vamos discuti-la*. Dependendo da decisão da empresa, as reações podem ser positivas, precisando de mais informações, ou curiosas sobre outras solicitações. Vamos supor a seguinte resposta do departamento de Recursos Humanos (RH):

RH: *"Seis meses de pagamento é exagero. O que oferecemos são três meses e alguma ajuda para a recolocação."*

Jo: *"Bem, eu sei que seis meses podem parecer exagero para vocês, mas sei que isso é possível – muitas empresas oferecem acordos financeiros melhores que o mínimo exigido por lei² e, nesse caso, realmente acho que seis meses não é nenhum absurdo. Fico contente por terem mencionado a recolocação. Gostaria muito de ajuda e assistência para encontrar um emprego novo. Seria ótimo se eu conseguisse um programa de recolocação de seis meses, e gostaria de poder escolher em qual empresa. Seria possível?"*

RH: *"Já fizemos uma seleção cuidadosa de empresas para recolocação. O RH pode lhe dar a lista. O programa que podemos oferecer é o completo, de três meses."*

Jo: *"Se eu aceitar as empresas de recolocação que vocês sugerem e o programa de três meses, sendo que o que eu queria era o de seis meses, posso ter acesso a um coach de empregos especializado? Com minha idade e qualificações, acho que isso seria realmente útil. Sei que, quando as pessoas são demitidas, geralmente existe a possibilidade de tempo para procurar emprego. Não tenho certeza do que vocês planejaram, mas dois dias inteiros por semana seriam bons para mim."*

A resposta do RH depende do roteiro exato de Jo:

> "Se dermos a você dois dias de licença-jardim, isto é, tempo livre para fazer outras coisas, como buscar um emprego novo ou ter orientações de um coach, gostaríamos de planejá-los para que no restante do tempo possamos contar com você para treinar X e Y..."

E assim por diante, analisando as condições, afirmando as ambições, verificando as reações e seguindo em frente. A postura é de abertura e confiança, já que Jo sabe que os gerentes são sua melhor oportunidade, assim como os gerentes de RH e de TI. O estilo de comunicação é aberto e cooperativo, ainda que firme e claro. O RH e a TI estão 100% cientes de que precisam de Jo e que ele sabe que suas solicitações são razoáveis.

Dependendo do tempo de reunião que ainda resta, talvez se decida por uma segunda reunião. Jo enviará um e-mail enfatizando tudo o que foi discutido (ciente de que as coisas foram discutidas, não formalmente acordadas).

▶ Etapa 4: A oferta

Jo analisa as etapas envolvidas na elaboração de uma oferta, embora esteja ciente de que, mais provavelmente, a oferta virá do RH. Vamos supor que aconteça o seguinte:

Condições	Ambições	Reação (outra)	Limites
Acordo financeiro	6 meses de salário	3 meses é a oferta. A empresa talvez se abra à ideia se Jo assinar um acordo de confidencialidade.	3 meses
Programa de recolocação	6 meses – programa completo	3 meses de programa completo	3 meses
	Empresa de minha escolha	A empresa tem uma lista de opções	
	100% pago pela empresa	Sim	
Coach de trabalho	6 sessões de uma hora pagas pela empresa	4 – não é necessário mais, já que se ofereceu um programa de recolocação	
	Coach de minha escolha	Sim	
	Começar o quanto antes	Sim, assim que todas as coisas forem acordadas	

APÊNDICE **273**

Condições	Ambições	Reação (outra)	Limites
Carta de recomendação	Preparo uma para o RH e o gerente de TI	Sim	
	A ser finalizada antes de xx.xx.xxxx	Será feita na semana anterior ao último dia	
	A ser assinada por xx e xx	Sim	
Referências em mídias sociais	Referência no LinkedIn escrita pelo gerente de TI	Não	
	Outras mídias sociais	Não. Só o LinkedIn é usado oficialmente pela empresa.	
Ponte para aposentadoria	Integral	Possivelmente 80%, se Jo não encontrar um novo emprego	
Acesso a treinamento para o certificado X	100% pago pela empresa	Sim para o certificado X, com 12 dias de treinamento. Jo paga alimentação e transporte, a empresa paga o treinamento.	
	Folga	Sim, contanto que os dias de treinamento se tornem dias de licença-jardim, isto é, dois dias de folga na semana para planejamento	
	Escolha do treinamento e da organização	Feito	

Condições	Ambições	Reação (outra)	Limites
Data final efetiva (folha de pagamento e real)	xx.xx.xxxx	Sim, contanto que Jo fique atuante até o fim. Isso pode ser revisto assim que o substituto de Jo tiver sido treinado. É preciso assinar uma cláusula contratual especial.	
Quantidade de dias por semana permitidos para atividades de busca de emprego	2 dias por semana	Sim (ver acima)	
Uso de equipamentos do escritório	Usar computador, telefone e impressora próprios	Sim	
Computador	Jo pode levar ao ir embora	Alguém precisa limpar o computador e remover todos os aplicativos e dados da empresa	
Vagas internas	Acesso prioritário e carta de recomendação do gerente de TI	(Nunca foi mencionado)	

Condições	Ambições	Reação (outra)	Limites
Comunicação da demissão	Interna e externa por xxxx e todas as comunicações escritas por Jo	Os gerentes de TI e de RH enviarão um e-mail por xxx.xxx a todas as equipes Jo e da empresa – Jo pode verificar o conteúdo do e-mail e fazer recomendações, se necessário. Isso pode ser seguido ou não. Jo pode preparar um e-mail para contato, fornecendo um novo endereço de e-mail.	

Jo está satisfeito porque, em comparação com o acordo inicial, muito mais foi obtido. A única ambição que necessita de compensação é a referência no LinkedIn. Aqui, Jo tentará compensar com a possibilidade de postar parte da carta de recomendação em sua página do LinkedIn.

A oferta – se feita por Jo – seria algo como:

Se você, empresa X:

- me der 6 meses de pagamento;

- fizer uma ponte para aposentadoria se não houver outro emprego garantido;

- concordar com a data final de xx.xx.xxxx;

- me der 2 dias por semana para procurar outro emprego;

- me pagar um programa completo de recolocação por 3 meses;

- pagar sessões com um *coach* de emprego até R$/hora por 4 sessões;

- ...

Posso garantir que eu:

- sairei somente no fim do meu contrato;

- organizarei uma festa de despedida e convidarei vocês dois (para demonstrar boa vontade);
- garantirei a confidencialidade total deste acordo;
- treinarei o futuro substituto;
- planejarei trabalhar 3 dias por semana e garantirei fazer o trabalho no mesmo padrão de sempre;
- documentarei os projetos X e Y;
- documentarei os processos X e Y;
- evitarei contato com o sindicato e jornalistas;
- ...

Etapa 5: A implementação

Durante a última reunião, um agendamento para a elaboração do contrato terá sido discutido, juntamente com datas organizadas para itens variados que foram abordados, como carta de recomendação e comunicação interna. *O exemplo anterior se baseia em uma história real, que terminou com uma festa de despedida e o CEO afirmando a Jo que nunca tinha visto alguém sair com tão pouca raiva e amargura, e permanecer profissional até o fim.*

■ Exemplo de um roteiro com condições ao se negociar uma posição de liderança

Este exemplo é para um cargo na área científica, embora muitas condições possam se aplicar a qualquer ambiente profissional. Este exemplo também pode ser usado, com adaptações, na busca de um novo emprego.

Você é um cientista sênior em busca de um cargo de liderança em uma equipe, a fim de que possa montar o próprio laboratório e levar a cabo suas pesquisas de primeira linha. Sua estratégia será dupla. Primeiro, você se concentrará no ambiente em que deseja trabalhar e no tipo dele; segundo, quando tiver encontrado a universidade, instituto ou empresa farmacêutica (ou outra companhia), focará as condições de trabalho.

Você também pode usar este roteiro e condições, com ligeiras adaptações, se for um PhD em busca de um cargo com pós-doutorado. Você ainda não tem preferência por região. Assim como na situação de líder de equipe, você pode ter dois roteiros separados: um para uso próprio, para refletir e ajudá-lo a decidir onde quer fazer seu pós-doc, outro para a negociação real do cargo.

Etapa 1: Análise contextual

A primeira coisa que você precisa fazer é decidir onde gostaria de desenvolver sua pesquisa. Você pode decidir com base em uma lista de elementos que julgue importantes, concentrando-se primeiro nas condições gerais relacionadas à escolha da universidade, instituto ou empresa farmacêutica. Aqui você tem uma escolha interessante a fazer, dependendo de sua situação pessoal: o que é mais importante para você, a cidade onde mora ou sua pesquisa? Em outras palavras, você baseia sua busca no país/região geográfica onde deseja morar e depois seleciona a organização/universidade/empresa entre as disponíveis, ou primeiro escolhe a organização/universidade/empresa e, portanto, a localização geográfica é secundária? Provavelmente, sua resposta dependerá de sua situação pessoal, e a escolha pode ser (bem) difícil quando, por exemplo, seu parceiro está em uma certa cidade/país e o instituto ideal para sua pesquisa está em outro(a). Você terá que pensar nas seguintes coisas (entre outras):

- escolha da universidade ou da empresa: qual instituto, universidade, empresa farmacêutica ou *startup*, organização internacional, companhia;

- reputação e especialização (área de pesquisa);

- missão e valores;

- campo;

- instalações disponíveis;

- para universidades, quantidade de publicações;

- porte (quantidade de pesquisadores, administradores, cientistas);

- país;
- cidade;
- tempo de deslocamento até o trabalho;
- idiomas falados – ambiente internacional;
- garantia de oportunidades (financiamento nacional, União Europeia etc.);
- estacionamento ou opções de transporte público;
- ...

Provavelmente você percorrerá sua análise contextual bem depressa, já que, quando tiver escolhido a universidade em que gostaria de entrar, talvez não tenha muita escolha em relação às pessoas com quem vai negociar. Planejamento, aspectos culturais e informações terão de ser cuidadosamente pensados e preparados. As primeiras reuniões acontecerão on-line, mas você vai precisar de pelo menos uma visita ao local para ver o campus e as instalações disponíveis.

Etapa 2: Análise do objetivo

Depois que você tiver escolhido o local onde gostaria de trabalhar, seu objetivo será um dos seguintes (dependendo de onde você estiver na carreira):

- Quero um cargo de líder de equipe para montar meu laboratório, sob certas condições.
- Quero o melhor cargo com pós-doc, sob certas condições.
- Quero um bom emprego, sob certas condições.

Em seguida, você elabora um roteiro relacionado ao cargo específico e a exigências laboratoriais para sua pesquisa. Esse é o roteiro que você usará nas entrevistas e negociações. Condições podem ser agrupadas em categorias, e a maioria delas precisará ser dividida e afinada posteriormente. Cada uma delas terá uma ambição, algumas, um limite.

Condições do cargo:

- cargo e título;
- responsabilidades;
- evolução e perspectivas de carreira;
- tipo de contrato;
- taxa percentual de emprego;
- porcentagem flexível e possibilidades de trabalhar em casa;
- descrição detalhada do cargo;
- a quem reportar;
- de quais comitês você quer fazer parte;
- salário;
- vale-refeição/lanchonete;
- data de início;
- planejamento para aposentadoria;
- seguro-saúde;
- horas extras;
- férias;
- licença não remunerada se necessária ou solicitada;
- projetos de que participar/nos quais se envolver;
- redes de que fazer parte ativamente ou se informar a respeito;
- orçamento para afastamento do laboratório;
- conferências: tempo permitido, escolha da conferência, aspectos organizacionais;
- oportunidades de treinamento (habilidades leves, técnicas e difíceis) para si mesmo e para a equipe;

- auxílio-viagem (incluindo financiamento para participar de conferências);
- presença externa/fora do laboratório;
- porcentagem de tarefas de ensino;
- ensino de idiomas;
- ajuda para procurar parceiros de financiamento e na redação de pedidos de subsídio;
- prazo para pedidos de subsídio/ajuda com pedidos de subsídio;
- porcentagem de tempo gasto com tarefas administrativas;
- acesso a auxílio administrativo/da secretaria;
- habilidades que quero usar/desenvolver;
- reuniões com a gerência – qual regularidade, com quem;
- cargo de gerência/líder de equipe, quantidade de pessoas, perfil das pessoas;
- conhecer a equipe antes do contrato;
- como minha contratação/cargo é comunicado;
- ...

Condições de laboratório (para o cargo de líder de equipe):
- capital inicial/pacote;
- tamanho do escritório;
- tamanho do laboratório;
- localização do laboratório (em qual prédio);
- localização do escritório;
- número de mesas;
- número de bancos;
- número de banquetas;

- lâmpadas (teto e bancada);
- acesso a computadores;
- acesso a equipamento especializado;
- outras necessidades especiais;
- membros de equipe para contratar: pós-doutores, técnicos de laboratório, auxiliar administrativo;
- direito de decidir quem contratar;
- ajuda do RH com a contratação;
- ajuda do RH com autorizações de trabalho/pedidos de visto;
- ajuda de secretários/auxiliares administrativos;
- equipamento específico de laboratório, incluindo dispositivos médicos ou técnicos, outras facilidades;
- acesso ao apoio de TI/biologia computacional/serviços básicos;
- direitos de propriedade intelectual;
- ...

Condições para pós-doc (para o cargo com pós-doutorado):
- liberdade sobre o tema do projeto;
- tempo para pesquisas próprias;
- tempo para supervisão;
- quotas para publicação;
- ...

Condições para recolocação:
- ajuda para encontrar emprego para o parceiro/cônjuge;
- creche;
- acomodação – ajuda para encontrar moradia;

- acomodação – auxílio financeiro;
- ajuda com visto/permissão para trabalhar;
- orçamento para recolocação e assistência;
- apoio ao parceiro;
- seguros;
- ...

Outros:
- cursos de idiomas;
- estacionamento;
- licença-maternidade/paternidade;
- ...

Pode ser que você receba uma ligação e lhe ofereçam condições. Como sempre, é do seu interesse "deixar as condições de lado" e subir de nível em sua bolha do ego para não simplesmente reagir a uma oferta, mas pensar em si mesmo e em como seria o contrato ideal. Obviamente, os valores de suas ambições dependerão da universidade ou da empresa, bem como do país. Lembre-se, você precisa acreditar em suas ambições, mencioná-las e lutar por elas.

▶ Etapa 3: As reuniões

Seja on-line ou presencialmente, as reuniões são sua oportunidade de discutir suas necessidades e vontades, para deixar claro o que você gostaria e ouvir as necessidades, desejos e preocupações da outra parte. Quanto mais você ouvir, mais descobrirá e, possivelmente, mais conseguirá usar o que sabe.

▶ Etapa 4: A oferta

A oferta será feita pela universidade ou pela empresa. Garanta que as condições de implementação tenham sido discutidas e acordadas antes de assinar qualquer coisa.

▶ Etapa 5: A implementação

Ver acima.

■ Exemplo de discurso introdutório ao passar de um cargo temporário para um permanente

Segue um exemplo de discurso introdutório que pode ser feito ao RH ao procurar um cargo permanente. Ainda que o exemplo se origine de uma situação real na área científica, ele pode ser usado em qualquer ramo de atividade.

Você é um pós-doutor trabalhando em um projeto que acontece em conjunto com um laboratório de sua universidade e uma grande empresa farmacêutica. Seu projeto está rendendo frutos promissores, e a data de publicação é iminente. A empresa farmacêutica mencionou verbalmente a você, várias vezes, a possibilidade de lhe oferecer um cargo permanente. Até agora as discussões foram apenas verbais, e você realmente precisa de um comprometimento oficial, já que, de outra forma, terá de começar a procurar outro emprego.

▶ Etapa 1: Análise contextual

Em primeiro lugar, você precisa preparar sua análise contextual, respondendo às seguintes perguntas:

- Quem é seu melhor interlocutor? Neste caso, seria o gerente de RH ou o de Pesquisa e Desenvolvimento.

- Qual é o poder de decisão/influência deles?

- Quais informações sobre eles você pode conseguir, inclusive informações culturais e preferências de comunicação?

- Qual é a melhor maneira de entrar em contato com eles?

- Quais informações – se houver – você acha que eles devem ter antes da reunião?

- Como você gostaria que a reunião acontecesse – virtual ou presencialmente, no laboratório ou no escritório?

- ...

Quanto mais você preparar o contexto, melhor, embora você precise estar aberto a surpresas.

Etapa 2: Análise do objetivo

Em seguida, você prepara seu roteiro com o objetivo: quero um cargo permanente sob certas condições. Elas incluirão muitas das existentes no exemplo anterior.

Etapa 3: As reuniões

Em terceiro lugar, você prepara seu discurso introdutório. O discurso introdutório que você poderia usar na reunião com o RH ou o gerente de P&D pode ser o seguinte (este é um exemplo; adapte-o com suas próprias palavras):

> "Estou planejando o próximo passo de minha carreira, já que logo finalizaremos o projeto e publicaremos os resultados. Realmente gostaria de continuar trabalhando com vocês, em um cargo permanente. Várias vezes discuti isso com meu gerente. Já que preciso de um compromisso sólido, o que precisaria acontecer para vocês me integrarem e me fazerem uma oferta por escrito? Qual seria o procedimento?"

Aí, você adentra a parte principal da reunião. Primeiro, ouve a réplica de seu interlocutor e observa sua reação, depois, busca oportunidades de conversas para abordar suas condições enquanto ouve atentamente às questões, às necessidades e aos desejos da outra parte. Lembre-se: você tem como foco o que precisará fazer para conseguir o cargo permanente, e não a discussão por que você deveria obtê-lo. Muitas vezes, no fim da reunião, é uma boa ideia enviar um e-mail agradecendo a outra parte pelo tempo concedido e resumindo os pontos principais que foram discutidos.

FORNECEDOR/COMPRADOR
Exemplo de negociação de um
acordo com um novo fornecedor

Você trabalha em uma grande organização não governamental (ONG) com pessoas deslocadas internamente. É necessário instalar e implantar um *software* de gerenciamento de doadores. Você foi solicitado a encontrar o melhor *software* para a organização. Decide proceder em duas etapas.

Primeiro, você precisa obter as especificações exatas referentes aos aspectos técnicos e às funcionalidades internas e escrevê-las em formato de roteiro, com condições, ambições e limites. Depois, você vai listar os critérios que julgar importantes para escolher um fornecedor, como tamanho da empresa, histórico com ONGs, localização geográfica da equipe de suporte, idioma falado, quantidade de clientes que compraram esse *software* etc. Estas condições poderiam ser chamadas de "condições do fornecedor", e você as usará para a pré-seleção das empresas com que entrará em contato.

Quando tiver feito sua seleção de potenciais fornecedores, você irá mapear e enviar suas especificações, mais provavelmente no formato de uma solicitação de informações ou de uma solicitação de proposta. A diferença das maneiras mais tradicionais de escolher um novo *software*/fornecedor é que você tem limites *e* ambições. Em geral, quando as pessoas pensam em seus *softwares* e exigências de usuário a que atribuem um único valor, por exemplo, "idioma= inglês" ou "tempo de resposta para tela de ajuda= 6 segundos". Quando há somente um valor especificado, muitas vezes esse valor representa seu limite, isto é, um tempo de resposta de 6 segundos significa que você não quer que o tempo de resposta para os usuários dure mais que 6 segundos. Na situação apresentada aqui, você pensa primeiro em seu tempo de resposta ideal. Por exemplo, seu tempo de resposta ideal (ou seja, sua ambição) pode ser 2 segundos, e qualquer tempo de resposta maior que 6 segundos é inaceitável. Isso lhe permitirá comunicar e tentar atingir seu ideal e, se não for possível, compensar qualquer movimento de afastamento de sua ambição (veja o Capítulo 10).

Por fim, quando tiver recebido várias respostas e feito sua escolha, você negociará os termos do contrato para comprar o *software*.

◗ Etapa 1: Análise contextual

Neste exemplo, você não precisará necessariamente apresentar uma análise contextual.

◗ Etapa 2: Análise do objetivo

Uma vez que você escolheu o fornecedor, vai elaborar cuidadosamente seu roteiro. Mais uma vez, as condições podem ser agrupadas em categorias, para maiores clareza e criatividade. Nesse contexto, as categorias podem ser:

- as condições do objeto, relacionadas ao produto ou ao serviço;
- o relacionamento com as condições do fornecedor, referentes ao relacionamento que você gostaria de ter com ele;
- condições contratuais, qualquer coisa relacionada ao contrato.

Isso poderia lhe fornecer um roteiro mais ou menos assim (as condições terão de ser cuidadosamente divididas em maiores detalhes):

Objetivo: quero comprar o melhor *software* de doações, sob certas condições.

Condições do objeto:

- condições relacionadas às funcionalidades das MDs: histórico de doações, do que foi doado, quanto, como e quando; histórico de clientes; contabilidade; histórico de contatos e comunicação...

- condições referentes a aspectos técnicos, a instalação e desenvolvimento: qual idioma os usuários conseguirão usar; velocidade de resposta; código usado; onde os dados ficarão armazenados; quantos servidores; treinamento técnico necessário; exigências de customização; capacidade de transferência de dados atuais (e não ter que reinserir informações); necessidade de ter administradores de bases de dados locais.

- ...

Relacionamento com as condições do fornecedor:

- um único ponto de contato ou um só gerente de contas principal;
- reuniões regulares durante a fase de implementação (com que frequência, quando, onde, com quem);
- processo de resolução de problemas;
- necessidade e possibilidade de treinamento (funcionalidades técnicas e de usuário);
- uma equipe técnica que permaneça a mesma até o desenvolvimento integral;
- serviço de pós-venda;
- manutenção e atualização regulares;
- metodologia de gestão de projetos;
- processo de escalonamento em caso de atraso ou outros problemas;
- treinamento da equipe técnica interna;
- treinamento do usuário;
- ...

Condições contratuais:

- preços e condições financeiras: *software*, licenciamento, customização, implementação, desenvolvimento, treinamento, módulos novos, melhorias;
- planejamento e datas: assinatura, início do projeto, entrega dos módulos, piloto, "*lives*";
- seguros;
- planos de *back-up*;
- ...

▶ Etapa 3: As reuniões

Elas podem variar entre on-line e visita ao local. Seu discurso introdutório poderia ser: *"Gostaríamos de comprar esse software e de discutir as condições sob as quais seria possível trabalharmos juntos"*.

Por causa da natureza do assunto (compra e venda), falar sobre condições parecerá mais natural que em outros exemplos. Mais uma vez, garanta utilizar uma linguagem aberta, certificando-se de permanecer flexível em relação a certos valores e que, sob certas condições, você estaria disposto a mudar. Continue seguindo adiante, lembrando-se de nunca se comprometer durante uma reunião.

▶ Etapa 4: A oferta

Nesta etapa, você analisará o que foi discutido durante as reuniões e esclarecerá sua oferta:

> "Se você está disposto a instalar o software X por xx.xx.xx, por um custo de..., se você nomear um gerente de contas principal que fale inglês e esteja disponível dentro de 24 horas após receber uma pergunta, se você..., garantiremos que você receba um adiantamento de xx em xx.xx.xx, pagaremos anualmente por 120 licenças, forneceremos a você informações técnicas referentes à base de dados atual e nomearemos um especialista interno de TI para se dedicar ao projeto..."

▶ Etapa 5: A implementação

Alguns dos elementos que você decidir com o fornecedor podem incluir quando os aspectos legais serão confirmados, quando o projeto inicial acontecerá e quando e com qual frequência vocês terão reuniões sobre o status.

EVENTOS
Exemplo da organização de um show ou outros eventos de lazer

Você é um estudante universitário que frequentemente trabalha como voluntário para uma ONG. Você acredita fortemente em um projeto de preservação ambiental que ela gerencia, relacionado a fogões portáteis movidos a energia solar. Com um grupo de amigos com ideias semelhantes, você decide que gostaria de fazer algo concreto para ajudar o projeto e decide organizar o show para ajudar a angariar fundos. Sua ideia é ter um público amplo, composto de famílias e adultos e também de jovens, motivo por que você gostaria de organizar um show com várias bandas tocando desde o meio da tarde até de madrugada.

▶ Etapa 1: Análise contextual

Nesta etapa, você analisará o contexto geral, incluindo várias negociações que talvez queira fazer. Talvez você queira conversar com potenciais financiadores, parceiros comerciais e, obviamente, com as bandas e o pessoal do local.

▶ Etapa 2: Análise do objetivo

O roteiro a seguir inclui seu plano estratégico geral, que então terá de ser afinado e adaptado. Mais uma vez – como no exemplo acima, para selecionar um fornecedor –, há vários níveis de condições determinantes: o primeiro é ajudar a decidir e escolher o local e as bandas. O segundo estará relacionado às condições contratuais reais a serem negociadas.

Seu objetivo geral será: queremos organizar um show para a ONG X sob certas condições. Em seguida, analise o que isso significa exatamente para você.

Talvez você queira agrupar essas condições em categorias. Elas podem incluir os itens a seguir.

Condições relacionadas ao local:

- localização (cidade, bairro);

- tamanho do local (quantidade de assentos);
- tamanho do palco;
- instalações dos bastidores;
- entrada separada para os músicos;
- área de fãs;
- facilidades gerais de acesso;
- instalações e facilidades para os músicos;
- serviços de bar;
- custo do local;
- aspectos relacionados à segurança;
- ...

Condições relacionadas às bandas e aos músicos:
- grupos para consultar;
- preço/taxa para os músicos;
- condições de pagamento;
- hotel, comida e bebida para os músicos;
- transporte;
- data e tempo para o show e a passagem de som;
- data de assinatura do contrato;
- condições de seguro/cancelamento;
- exigências de equipamento;
- escolha das músicas;
- duração do show;
- número de bis;

- direitos de gravação e filmagem;
- ...

Condições relacionadas a ingressos e planejamento:
- quantidade de ingressos;
- custo por ingresso;
- canais de vendas;
- condições de reembolso;
- ingressos em papel ou eletrônicos;
- data de início para a venda dos ingressos;
- quantos ingressos VIP;
- ...

Condições relacionadas à comunicação e RP:
- opções de meios de comunicação: cartazes, *flyers*, somente on-line;
- redes sociais;
- site: músicos, ONGs;
- orçamento;
- entrevistas (rádio, jornal, TV) com a ONG, com as bandas;
- área para fãs;
- ...

Etapa 3: As reuniões

Cada categoria de condições provavelmente vai gerar um roteiro, que será o tópico das reuniões. Com o pessoal do local, por exemplo, seu discurso introdutório será "*Gostaríamos de organizar um show em seu local e queremos discutir as condições mediante as quais isso poderia acontecer"*. Com a banda, *"Gostaríamos de organizar um show para esta ONG e que vocês fossem a banda principal. Gostaríamos de falar mais sobre esse projeto com vocês"*. A regra é a mesma: você deixa claro do que gostaria e dá abertura para discutir as condições de ambos os lados.

HUMANITÁRIO
Exemplo relacionado à negociação de acesso para prisioneiros, em um contexto humanitário

Você trabalha para uma organização envolvida com direitos humanos e, sobretudo, com condições de detenção para prisioneiros de guerra que foram detidos e aprisionados por motivos políticos. Sua organização pediu a você que visitasse um grupo de detentos no país X. Para isso, você precisa tomar cuidado para ter todas as autorizações corretas. Você está planejando uma conversa com o governo oficial, encarregado das prisões do país e dos campos de detenção. Você solicita a autorização adequada e também tem algumas exigências, como conseguir conversar com os prisioneiros em um ambiente seguro e confidencial.

▶ Etapa 1: Análise contextual

Uma análise contextual altamente simplificada poderia ser assim:
Meta (nível macro): Quero ter acesso aos prisioneiros em vários centros de detenção no país Z

	Condições desejadas	Informações conhecidas	Condições inaceitáveis
Interlocutor: nome, função, poder/influência...	Sr. X, gerente do departamento governamental responsável pelas prisões, e sra. Y, governadora prisional de Z	O sr. X estudou no Reino Unido. Novo no cargo, mas foi delegado de polícia antes dessa função. Sra. Y...	
Aspectos culturais a ter em mente (p. ex., possível necessidade de um intérprete)	O sr. X faz parte da aldeia A e fala inglês fluentemente, já que estudou no Reino Unido. A sra. Y é da aldeia B. O inglês dela é bom, mas talvez seja necessário um intérprete.	Sabe-se que a aldeia A é muito (direta, tímida, autoritária...)	

	Condições desejadas	Informações conhecidas	Condições inaceitáveis
Cronograma, planejamento e possíveis prazos	Reuniões on-line e pelo menos uma visita presencial ao país. Planejamento de reuniões para o fim de junho, que acontecerão antes do fim de setembro.	Haverá eleições em novembro, portanto, tudo precisa estar acordado antes de setembro, e as visitas devem ser planejadas para antes de...	Acordos em relação a visitas devem ser feitos antes de setembro (e das próximas eleições)
Localização e acesso	A capital X tem acesso à prisão principal. Reuniões on-line são possíveis.	É necessário visto para visitar o país X, válido por 3 meses	Não é possível (por conta de orçamento) viajar ao país mais de 3 vezes
Questões de logística e segurança	Ambiente seguro e silencioso para as reuniões. Confidencialidade garantida, nada de gravações. Apenas minutas serão compartilhadas.	Os escritórios do governo são barulhentos e não seguros, ou não possuem ar condicionado	Não é aceitável pessoas armadas durante as reuniões
Minha equipe: quem, quais funções, necessidade de especialistas, qual autoridade	Estarei com meu colega M, que atuará como copiloto. Especialistas em direitos humanos à disposição.		Não irei sozinho. Intérprete escolhido por mim.

	Condições desejadas	Informações conhecidas	Condições inaceitáveis
Estilo e meios de comunicação utilizados	A primeira reunião deve ser presencial. E-mail para guardar os históricos e enviar resumos. Verificar quais instalações para videoconferência estão disponíveis. Verificar o estilo de comunicação relacionado à cultura e quem receberá os resumos.		
Informações: descobrir, perguntar, fornecer	Obter mais informações sobre a cultura da aldeia e visitas anteriores às prisões. Contar a eles minha experiência.		

▶ Etapa 2: Análise do objetivo

Em seguida, você vai elaborar seu roteiro. Algumas das condições sobre as quais você pode querer conversar e obter incluem as seguintes:

- Acesso a quais prisioneiros: prisioneiros políticos? Homens/mulheres? Adultos/jovens?

- Acesso a qual categoria de prisioneiros: condenados, em liberdade condicional?

- Localização da detenção: prisões, campos, hospitais, centros policiais?

- Calendário: com quanto tempo de antecedência as visitas precisam ser planejadas, quando elas podem acontecer?

- Duração das visitas.

- O que você pode levar para o prisioneiro.

- O que você pode falar para a família do prisioneiro/para o mundo externo.

- Acesso a e escolha do intérprete.

- Quem estará presente nas visitas (o ideal é que se fique sozinho com os prisioneiros, sem nenhum funcionário da prisão, apenas o intérprete quando necessário)?

- Confidencialidade em relação ao conteúdo das discussões e da visita propriamente dita.

- Gravação das visitas.

- Relacionamento com o diretor do centro de detenção/prisão: quais informações compartilhar, a frequência dos encontros, localização, duração.

- Comunicação das situações (em anonimato).

Seu roteiro (mais uma vez, altamente simplificado) poderia ser mais ou menos assim:

Objetivo: quero poder visitar prisioneiros na prisão X

Condições	Ambições	Limite
Acesso a prisioneiros	Que a ONG possa decidir: Homens e mulheres em proporção similar. Condenados ou em condicional. Adultos e menores	Se a prisão ou o governo tomar uma decisão unilateral
Como decidir quem e obter o acesso	A ONG apresenta uma lista para validação do governo	

Condições	Ambições	Limite
Prazo para resposta do governo	4 semanas depois do recebimento da lista	Nenhum oficial da prisão autorizado
Quem participará das visitas	Oficiais da ONG, apenas com seus intérpretes	
Localização das visitas	Premissas da ONG Prisioneiro trazido por oficiais da prisão que aguardarão do lado de fora durante a visita	Na sala de visitas da prisão, com portas e janelas abertas
Feedback das visitas	Total anonimato pela ONG Relatório oficial anonimizado e fornecido ao governo, oficiais da prisão, à gerência da ONG e à Anistia internacional	
Presentes/pacotes para o prisioneiro	Possibilidade de a ONG levar comida, livros ou itens de saúde/médicos, cartas, celulares, dinheiro	
Comunicação	A ONG deve poder tranquilizar a família dos prisioneiros Se o prisioneiro quiser ligar para a família, tudo bem (para uma ligação de 5 minutos) O prisioneiro deve ser autorizado a escrever cartas a familiares, a serem postadas pela ONG	Se os oficiais da prisão lerem as cartas
Comida e bebida	Lanches e água/chá disponíveis e permitidos	

■ Exemplo relacionado a montar um acampamento de refugiados

Você trabalha para uma grande organização humanitária e está envolvido em um projeto para montar um acampamento de refugiados em consequência de um desastre natural. Primeiro, você precisa conversar com oficiais do governo sobre a necessidade real de ter um acampamento e sobre as exigências necessárias para montar um. Você também vai precisar conversar com outras ONGs para se certificar de que a ajuda seja coordenada, e também com as comunidades locais que moram próximas à região em que estará o futuro acampamento, para garantir o apoio delas. Também deverão ser levadas em conta parcerias financeiras.

Em muitas situações complexas como esta haverá vários níveis de reflexão para se ter em mente:

- alto nível (estratégia);

- operacional;

- básico (linha de frente).

Cada um deles leva a um ou mais roteiros e métodos de gestão de projetos. A lista de condições a seguir ajudará a planejar em alto nível quais necessidades devem ser consideradas. Mais provavelmente, grupos de trabalho abordarão tópicos individuais e criarão o próprio roteiro bem específico, como *"Quero um sistema médico adequado no local, sob certas condições"*, e as condições específicas serão destacadas. Ou *"Quero que uma equipe administrativa fixa consiga trabalhar confortavelmente, sob certas condições"*, e mais uma vez será preciso esclarecer as condições exatas.

▷ Etapa 1: Análise contextual

Em sua análise contextual, você precisará mapear cuidadosamente seus *stakeholders* e interlocutores, compreendendo as esferas variadas de influência: decidir, ser especialista, concordar... Pode ser necessária uma análise contextual detalhada para cada uma.

▶ Etapa 2: Análise do objetivo

Seu objetivo geral será: "*Quero montar um acampamento para refugiados sob certas condições.*

As condições, agrupadas em categorias, podem incluir as seguintes (que precisarão ser cuidadosamente ajustadas)".

Localização e condições de acesso:

- localização exata onde se criaria o acampamento;
- quantidade de refugiados (pessoas sozinhas e famílias) que serão aceitos;
- quem elabora planos, quem os valida;
- tamanho do acampamento, incluindo alojamentos coletivos, instalações, espaço por família/por pessoa;
- instalações: latrinas, dormitórios, centros médicos, farmácia, creche etc.;
- cobertura geográfica da possível procedência dos refugiados;
- liberdade de ir e vir para os refugiados dentro do alojamento;
- facilidade de acesso da capital, da cidade principal;
- ...

Condições relacionadas à assistência para a equipe, para os refugiados:

- saúde: quantidade de médicos, enfermeiras; equipamento necessário, remédios, tamanho da farmácia, camas etc.;
- trabalho administrativo: quantas pessoas, quais habilidades, tamanho dos escritórios, equipamentos;
- ajuda legal para refugiados;
- esportes e outras atividades, campo, equipamentos;
- aulas de idiomas;
- área de creche e apoio, equipe, brinquedos e outros equipamentos;

- ensino básico, sala de aula, quantidade de crianças/adultos, professores;
- ...

Condições de necessidades básicas:

- comida e despensa;
- água – possibilidade de construção de poços;
- banheiros, chuveiro e instalações de lavatório;
- pequena loja para necessidades regulares;
- serviço de correio;
- ...

Condições de proteção e segurança:

- proteção do acampamento;
- questões de acesso para entrar no acampamento e escritórios e áreas variadas;
- condições de planejamento;
- equipe de gestão de projetos;
- datas e etapas;
- orçamento;
- funções e responsabilidades;
- ...

Condições relacionadas à comunicação: como, quando, por quem, usando quais recursos:

- com *stakeholders*;
- com as comunidades locais;
- com o governo;

- com outras organizações internacionais e ONGs;
- com refugiados;
- ...

Condições relacionadas a financiamento e outros recursos:
- contabilidade;
- quem é responsável pelo orçamento;
- quem decide/assina;
- levantamento de fundos;
- ...

Condições relacionadas ao custo do aluguel/compra do terreno:
- perícia a ser feita;
- propriedade do terreno;
- custo;
- ...

Corpo governante do acampamento:
- equipe;
- direitos dos *stakeholders*;
- ...

Etapa 3: As reuniões

Obviamente você terá várias reuniões, que acontecerão com todos os *stakeholders* em potencial, às vezes bilateralmente e, quando necessário, com várias partes. É muito importante envolver o quanto antes os *stakeholders*, para que eles apoiem o acampamento ou, pelo menos, não prejudiquem o projeto. Acordos feitos por coerção raramente levam a organizações duráveis na linha de frente, porque muitas vezes são contestados. Dependendo da situação do país em que você precisa construir o acampamento de refugiados, talvez precise conversar com grupos armados, oficiais do governo, comunidades locais e proprietários de terras, civis, agências da ONU, qualquer ONG ou organização internacional que já trabalhe nesse país/local, doadores particulares e outras agências de fomento, sua própria ONG, a equipe principal etc.

PESSOAL E FAMÍLIA
Exemplo relacionado a discutir (negociar) com um adolescente o tempo passado na internet – *mindset*, linkagem e objetivo

Atualmente você mora com dois adolescentes em casa. Em sua opinião, eles passam tempo demais na internet, sobretudo em redes sociais e jogando. Surgem muitos conflitos, porque você tenta definir regras difíceis de manter e porque eles não entendem por que você está "por aqui". Isso se tornou uma fonte constante e frequente de brigas. Você se incomoda porque acha a situação insalubre e porque se preocupa com a atitude deles em relação a estarem on-line constantemente (conforme lhe parece). Não somente você notou que o dever de casa está piorando como também o clima familiar se deteriorou, e eles raramente saem para brincar ou praticar esportes. Sua reação inicial como pai/mãe é: *"Estou de saco cheio. Não quero meus filhos eternamente grudados no celular"*.

Se você seguir essa linha de raciocínio, a tendência é que sua reação seja convencer ou suplicar: *"Por favor, não faça isso, seja mais cuidadoso com os momentos em família..."*, ou, possivelmente, agressiva e irritada: *"Estou pelas tampas com essa jogatina, agora larga esse telefone"*. No entanto, se você decide tentar a abordagem destacada neste livro, lembre-se da regra de ouro: você precisa da outra parte (seus filhos adolescentes) para conseguir o que quer. Mesmo que esteja de saco cheio, e possivelmente com razão, eles são sua melhor oportunidade. A segunda regra de ouro é que seu objetivo é algo que você quer para si, *e não algo que não deseja que a outra pessoa faça*. Talvez você ache útil usar a ferramenta de linkagem (veja o Capítulo 3) e se perguntar: *"Por que não quero que meus filhos fiquem grudados no celular?"*. Isto preencherá a parte de cima da ferramenta de linkagem e o ajudará a moldar seu objetivo de forma mais positiva. Sua próxima pergunta será: *"Se não quero que eles fiquem grudados no celular, o que eu quero?"*.

Se você comunica o que não quer, corre o risco de entrar em uma discussão infrutífera e brigar, acabando, com muita frequência, com uma sensação de frustração e incompreensão (adolescentes pensando que a diferença geracional é ampla demais para você entendê-los, que você está sempre dizendo a eles o que fazer...).

Entretanto, se você transforma seu objetivo em algo positivo que gostaria de alcançar, usando o que você pensou e escreveu no topo da ferramenta de linkagem, a discussão e a negociação a seguir tenderão a ser mais produtivas. Lembre-se, já que você precisa da outra parte para conseguir o que quer – isto também é uma negociação, afinal –, seus filhos precisam se tornar seus parceiros, e não seus inimigos, e ser envolvidos desde o início. Portanto, seu objetivo poderia ser algo como: "*Quero uma família equilibrada e saudável, sob certas condições*".

A discussão a seguir focará o que significa, para todos, ser uma família equilibrada e saudável. Desfrute da criatividade, o que não será possível com o objetivo "*Não quero que você passe tanto tempo no celular*". Lembre-se de que opiniões *serão diferentes, mas precisarão ser ouvidas e compreendidas* se quiser ter uma conversa construtiva que possa levar a uma vida familiar mais pacífica. De outra forma, provavelmente você continuará na luta diária ou, simplesmente, imporá regras difíceis de seguir.

As condições a seguir podem ser discutidas com seus filhos:

- o tempo que se passa juntos em atividades familiares (atividades esportivas, culturais ou ao ar livre);
- o tempo que se passa off-line para todos os membros da família;
- o tempo que se passa fazendo deveres de casa;
- o tempo que se passa assistindo a filmes/à TV;
- tempo para contatos sociais e jogos – tempo livre on-line;
- que tipo de atividades on-line;
- fazer as refeições juntos, sem celular ou tablet na mesa, para pais e adolescentes;
- convidar amigos para passar a noite;
- orçamento para atividades externas;
- ...

Embora não seja uma receita para o sucesso imediato e definitivo, abordar a situação dessa maneira pode levar a uma conversa mais construtiva do que o vago "*Não quero que você faça o que está fazendo*". Também ajuda contextualizar e explicar o assunto, de onde você também pode explicar sua preocupação (veja o Capítulo 7 para comunicação não violenta). Esteja ciente de que você também precisa se dispor a mudar os próprios hábitos e aceitar ficar off-line, sem verificar e-mails a qualquer momento do dia.

Algumas dicas úteis ao negociar com crianças e adolescentes:

- Faça uma distinção clara entre o que é negociável e o que não é negociável – primeiro, na sua mente, depois, com as outras pessoas – e garanta que ambos os pais tenham o mesmo objetivo e concordem com o que é negociável e o que não é. Você terá de comunicar isso com clareza, expressando o que quer – e não o que não quer.

- Pratique a escuta ativa, e tente compreender de verdade o ponto de vista deles, *deixando óbvio que você quer saber e compreender a maneira como veem as coisas*. Tenha em mente que a visão de mundo deles não necessariamente é a sua. Talvez você precise adaptar sua linguagem. De maneira consciente, mantenha o tom de voz e a discussão cooperativos, busque, mais uma vez, ser curioso, e não furioso, ouvir, entender para não reagir, lembrando-se sempre de que a realidade e as necessidades deles não são necessariamente as suas.

- Seja flexível e coerente.

- Garanta que haja tempo suficiente e seja paciente – os horários e disposição que eles têm para conversar não necessariamente batem com os seus.

- Evite usar seu poder como pai/mãe para fazer imposições até que todos os outros caminhos tenham sido explorados, e nunca considere seus filhos idiotas.

NOTAS

[1] Jo é um nome fictício.

[2] Jo está mostrando que sabe o que diz e que pesquisou sobre o assunto.

[3] K. Weston; J. Roostlau. A Career in Research. *Wellcome*, 2018. <https://wellcome.org/sites/default/files/research-careers-tips-running-research-group-2018-05-17.pdf> (disponível em: <https://perma.cc/EPY6-LSA9>).

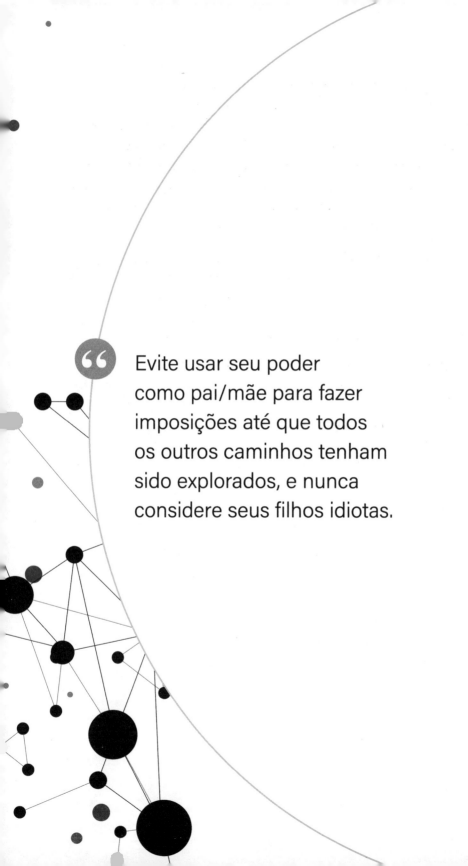

"Evite usar seu poder como pai/mãe para fazer imposições até que todos os outros caminhos tenham sido explorados, e nunca considere seus filhos idiotas.

ÍNDICE REMISSIVO

Obs.: números de páginas em itálico indicam imagens ou quadros.

A

acesso, segurança, 80
acusatório, ser, 136, 149, 191
ajudando os outros a descobrir, 52, 54, 89
alternativas, sugerindo, 27, 32, 80
ambições, 15, 95, 100, 103, 105–110, 120–130, *137*, 208–219, 228, *268*
    compensação, 215
    condições, 15, 26, 35, 45–47, *58*, *90*, 99, 100, 102
        condições "champanhe", 107, *111*
        condições contratuais, 102, 287, 288, 290
        condições negativas, 102
        condições da organização/empresa/instituto, 102
        condições de produto/serviço/objeto, 102
        condições do relacionamento, 102
        condições vitais, 107, *111*, 210–212, 221
    dois objetivos, preparando, 97
    erros comuns, 96, 97
    ofertas fora de, lidar com, 209
    preparação, falta de, 55, 67, 73, 96
    reativo, ser, 96

valor pessoal de referência (VPR), 105
ameaças, usando, 27, 29, *36*, 83, 87, 136, 141, 191, *199*, 242
análise de objetivos, 51, 73, 98
    "...sob certas condições" (SCC), 37, 45, 100
    "bolha do ego", sua, 42–49, 93, 96, 98, 99, *110*, 283
    "Eu quero...", 100
    ambições, 15, 95, 100, 103, 105–110, 120–130, *137*, 208–219, 228, *268*
    condições, 15, 26, 35, 45–47, *58*, *90*, 99, 100, 102
    definição de objetivos, 51, 59, 64, 100
    e valores, 101
    e vontade, 101
        veja também ferramenta de linkagem
    erros comuns, 96, 97
    foco da, 51
    informações, 47, 83
        perguntas a fazer, 56, 256, 257
        compartilhamento de, 75, 108, *122*, 127
    limites seus, 120–121, 127, 146, 232
    mindset para, 146, 246

regras para, 146
resumo de, *100*
roteiro de negociação, seu, 73, 95
sistema de ativação reticular (SAR), o, 64
análise de reuniões, *42*, 117–131
ancorando preconceitos, 167, 187, 244
apresentações, 121, *122*, 123
arbitrariedade, 26, 44
autoestima, 101, 186, 192, 195

Babcock Linda, C., 248–249
Bach, Richard, 242
barganhando, 14, 27, 30, *31*, 36
Big Magic, 35, 44, 99
"bolha do ego", sua, 42–49, 93, 96, 98, 99, *110*, 283
    reações precipitadas, evitando, 45, 156, 171
Byron, Katie, 242

C

Cain, Susan, 248
Cambria, Jack, 255
cinco etapas da negociação, 41
    análise contextual, 41, 42, *43*, 74, 76
        compartilhamento de informações, 75, 108, *122*, 127
        contexto para negociações, 56, 73, 76
        cronograma e agendamento, 77
        equipe, sua, *78*, 79
        foco de, 41, 73
        interlocutores, seus, 75, 79

negociações multiculturais, 81, 83, 85
planilhas para, 89–*90*
questões de logística, resumo de, *91*
reunião(ões), 41, 42, 44, 47, 77, 78, 80, 82, 102, 115
    análise de reuniões, *42*, 117–131
    apresentando, 221
    cancelamento/obsolescência, planejando para, 233, 291
    cerne, 81
    condições, 15, 26, 35, 45–47, *58*, *90*, 99, 100, 102
    construindo, *199*, 216
    encerramento, 118
    estrutura geral, 121
    fazendo orçamento para, 130, 139, *269*
    ferramentas para usar durante, 115, 130, 133, 134
    finalizando, 226
    foco de, 135, 140, 162
    ganhos rápidos, 146, 149, 164
    habilidades de escuta, 118, 119
    implementação, 172, 205
    implementação, discutindo, 205
    insatisfação, impacto da, 142, 227
    interesse, mantendo, 117, 121, 126, *131*
    introdução, 115
    limites, seus, 120–121,

127, 146, 232
meta de, 121
mindset, seu, 146, 246
novos elementos, incluindo, 115, 186
oferta, a, 143, 145, 172
on-line, 115, 124, 129, 146
preparação para, 118
pré-requisitos para, 118
responsabilidades, decidindo sobre, 231–234
resumo de, *122*
trabalhando, 121, 267
transparência, 120
últimas verificações, 172
Cisco, Webex, 167
cognição social, 165
compartilhamento, importância do, 75, 108, *122*, 127
conexões de internet, 83, 163, 166, *180*
discurso introdutório, 63, *122*, 124
e mulheres negociadoras, 241–250
interlocutores, seus, 75, 79
intérprete, usando um, 81
Isen, Alice M., 198
motivação intrínseca, 59
negociação iterativa, 172
personalidades introvertidas, 129, 142, 173, 247–248
compensação, 215
competência digital, 177
"comprando" acordos, 81, 83, 115
comprometimento, 15, 37, 57, 83, 119, 130, 138, 257, 284
comunicação eletronicamente mediada (CEM), 162, 164
teoria da riqueza midiática (MRT), 164
comunicação não verbal, 87, 118, 135, 140
contato visual, 141, 153
e intuição, 186, 188, 192
em negociações multiculturais, 169
emojis/emoticons, uso de, 173
em negociações on-line, 162, 174
emojis/emoticons, uso de, 173
expressões faciais, 141, 142, 148
microcomportamentos, 148
postura, 140
silêncios, 142
sorrindo, 153
comunicação não violenta, 135, 146, 149
língua do "eu" *versus* língua do "você", 149
orelhas de "chacal" e orelhas de "girafa", 151
comunicação paraverbal, 152
em negociações on-line, 162, 174
negociações multiculturais, 169
comunicação por mídia, 164, 166
comunicação verbal, 87, 152
condições, 15, 26, 35, 45–47, *58*, *90*, 99, 100, 102
condições "champanhe", 107, *111*
condições contratuais, 102, 287, 288, 290
condições negativas, 102
condições da organização/empresa/instituto, 102
condições de produto/serviço/objeto, 102
condições do relacionamento, 102

condições vitais, 107, *111*, 210–212, 221
em reunião(ões), 102, 115
pesando, 194
reações precipitadas evitando, 45, 156, 171
confiança, 13, 19, 48, 51, 63, 75, 101, 118, *131*, 136, 148, 154–158, 166
confiança, construindo, 170
confidencialidade, 168
em negociações multiculturais, 169
em negociações on-line, 169
conflito de interesses, estratégias para lidar com, 26
"comprando" acordos, 27
acesso, segurança, 80
alternativas, sugerindo, 27, 32, 80
ameaças, 29
análise contextual, 41
arbitrariedade, 26, 44
características de, 26
compartilhamento de informações, 75, 108, *122*, 127
comprometimento/barganha, 30
comunicação não verbal, 87, 118, 135, 140
contexto para negociações, 56
convencendo, 27, 28
desistindo, 33
emoções "contagiosas", 191
equipe, sua, *78*, 79, 80
estereótipos, perigos de, 86, 187
foco de, 25, 41
impondo, 135
interlocutores, seus, 75, 79
local, escolhendo o, 60, *61*, 80
manipulação, 30, 31

negociações multiculturais, 169
negociações on-line, 169
questões de logística, 80
resumo de, *91*
tempo de viagem, fazendo planos para, 80
contato visual, 87, 141, 153
copiloto, 81, 82, 91
copiloto (função), 81, 82, 91
colaborando com, 84
ferramentas para, 73
intervalos, sugerindo, 124
notas tomando, 167
reformulando, 172, 245
resumindo, 91, 249, 285
convencendo, 43
contraofertas, 217, 218, 224, 225
criatividade, *37*, *52*, *53*, 54, 57, 63, *69*, *88*, 91, 97, 102, 121, 136, 138, 157, 193, 197, 198, 256, 287, 305
e um *mindset* tranquilo, 146, 246
cronograma e agendamento, 77
planilha, para, *89–90*
prazos, lidando com, *90*
cultura, função da, 83, 85–88, 146

D

desistindo, 33
discurso de abertura, 63, 122, 124
veja também discurso introdutório
discutir, evitando, *54*, 65, 100
dispositivos, acesso a, 167, 281–282
disputa Starbucks-Kraft, 233
distrações, evitando, 80
Doody, Josh, 225
Drucker, Peter, 193

E

"ecoando", 139

e-mails, usando, 140, 161–166, 172–174, 270, 306
    emojis/emoticons, uso de, 173
    pistas sociais em, 174, *179*
emoções, gerenciando suas, 188
    e concentração, 188, 192
    e intuição, 186, 188, 192
    e estresse, 188
    emoções "contagiosas", 194
    microcomportamentos, 148
    mindfulness, praticando, 190–198
empatia, 43, 258
    e mulheres negociadoras, 241–250
    em análise de objetivos, 51, 73, 98
    roteiro de negociação, seu, 73, 95
"enviando de volta", 159
equipe, sua, *78*, 79, 80
    colaborando com, 84
    copiloto, 81, 82, 91
    especialista, 81
    ferramentas para, 73
    intérprete, 81
    piloto, 81, 82, 91
ergonomia computacional, 166
escuta ativa, 140
especialista, 81
estereótipos, 86, 187
    ameaça do estereótipo, 86, 187, 242–243
    associados a mulheres que negociam, 241–250
    definindo, 86
    em negociações multiculturais, 86
    verbalização, o risco da, 249
estilos de comunicação, diferenciando, 85–86, 146

estrutura geral, 146
resumo de, *156*
e-negociações, 162, 174
    veja também negociações on-line
especialista (função), 81
estereótipos, 86, 187
etapas, 16–17, 40, 41, *42*, *43*, *49*

F

Fernão Capelo Gaivota, 242
    ver também *Jonathan Livingston Seagull*, 242
ferramentas de escuta, 118, *119*, *131*
ferramenta de linkagem, 50, 56, 57
    e mulheres negociadoras, 241–250
    exemplos, 57
ferramentas para usar durante, 50
    comunicação não verbal, 87, 118, 135, 140
    comunicação paraverbal, 152
    comunicação verbal, 87, 152
    escuta ativa, 140
    escuta, regras de ouro da, 140
    estilos de comunicação, diferenciando, 85–86, 146
    intervalos, sugerindo, 124
    língua do "eu" *versus* língua do "você", 149
    notas, tomando, 167
    orelhas de "chacal" e orelhas de "girafa", 151
    perguntas, fazendo, 56, 256, 257
    reconhecimento, 44, 45, 141
    reestruturando, 223
    reformulando, 81, 141–142, 172
    resumindo, 91, 249, 285
    resumo de, 91, 249, 285

roteiro de negociação, seu, 73, 95
silêncio, 142
suposições, evitando, 86, *91*, 101, *111*, 118, 127, 146
transparência, 120
vagueza, evitando, 147
Fishbach, Ayelet, 59, 234
   e mulheres negociadoras, 241–250
flexibilidade, *52*, 53, 69
Frankl, Victor, 190

Galtung, Johan Vincent, 31
ganhos rápidos, 146, 149, 164
gênero, impacto do, 16, 85, 146, 237, 239, 240, 241
   ameaça do estereótipo, 242–243
   definindo "gênero", 242
   definindo, 242
   diferenças culturais, 245–246
   estereótipos, 86, 187
      associados a mulheres negociadoras, 241–250
   reação/repercussão, 45, 97, 124, 129, 140–149, 271, *273–276*
   verbalização, risco da, 249
   versus personalidade, 149
   versus etnia, 149
Gilbert, Elisabeth, 159
Gilliam, Fatimah, 249
Goethe, Johann Wolfgang von, 139, 255
Goleman, Daniel, 194
Google Meet, 167, 169
Go To Meeting, 167
gradiente de meta, o, 233
Guirdham, Maureen, 163, 165, 171

habilidades de escuta, 118, 119
   escuta ativa, 140
   escuta, regras de ouro da, 140
   reconhecimento, 44, 45, 141
   reformulando, 81, 141–142, 172
   regras de ouro, 140
   silêncio, 142
humor, usando o, 34, 89, *91*

implementação, 41, *42*, *43*, 172, 205
   análise de reuniões, *42*, 117–131
   cancelamento/obsolescência, planejando para, 233, 291
   etapas, 16–17, 40, 41, *42*, *43*, *49*
   fazendo orçamento para, 130, 139, *269*
   foco de, 245, 267
   ganhos rápidos, 146, 149, 164
   insatisfação, impacto da, 142, 216, 227
   interesse, mantendo o, 207, 218, 221
   responsabilidades, decidindo, 231
   resumo de, *235*
impondo, 135
   roteiro de negociação seu, 73, 95
importância disso para a implementação, 205
informações falsas, dando, 83
insatisfação, impacto da, 142, 216, 227
inteligência emocional, 243, 258
intenções ocultas, 120, 153, 192, 227

e comunicação não verbal, 87, 118, 135, 140
e insatisfação com a oferta, 216, 227
interesse, 117, 121, 126, *131*
intérprete, 81
intervalos, sugerindo, 124
intuição social, 186, 188, 192
    "transitando", 186
    autocrítica, 186
    definindo, 186
    outro, consciência do, *198*
Isen, Alice M., 198

J

Jogos Olímpicos da Juventude, 77
Jonathan Livingston Seagull, 242
    ver também Fernão Capelo Gaivota

K

Kaplan, Dina, 196

L

leiaute da sala, 80, 220
limites, 120–121, 127, 146, 232
limites, seus, 120–121, 127, 146, 232
língua do "eu" *versus* língua do "você", 149
local, escolhendo o, 60, *61*, 80

M

Mandela, Nelson, 25, 36, *97*, *158*
manipulação, 26, 30, 32, 68, 188
manutenção durante a implementação, 41, *42*, *43*, 172, 205
meditação, 190–198
    veja também *mindfulness*, praticando
Mehrabian, Albert, 153

mensagens de texto, usando, 163, 166
"metacomunicação", 165
microcomportamentos, 148
    e confiança, 148, 154
    e *mindfulness*, 190–198
Microsoft Teams, 167, 169
mindfulness, praticando, 190–198
    e concentração, 192
    e estresse, 192
    e intuição, 192
mindset, seu, 146, 246
motivação, 58
    comunicando sua, 58–59
    e definição de objetivos, 58–59
    e resiliência, 59
    e valores, 59
    intrínseco *versus* extrínseco, 59
motivação extrínseca, 59
mudança, processo de, 77

N

negociação, características da, 35–37
    roteiro da negociação, seu, 73, 95
    comunicando, 36
        veja também ambições; condições; análise de objetivos; compartilhamento de informações; limites seus
negociações multiculturais, 76
    comunicação não verbal, 87, 118, 135, 140
        emojis/emoticons, uso de, 173
    estilos de comunicação, diferenciando, 85–86, 146
    gênero, impacto do, 16, 85, 146, 237, 239, 240, 241
    negociações on-line, 162, 174

negociações do Brexit, 77, 164
negociações on-line, 162, 174–179
    agenda, 34, 77, 123, 227, 271, 276–277
    apresentações, 121, *122*, 123
    comunicação não verbal, 87, 118, 135, 140
    confiança, construção da, 170
    discurso introdutório, 63, 122, 124
    dress code, 171
    foco das, *179*
    implementação, discutindo, 41, *42*, *43*, 172, 205
    intervalos, frequência dos, 124
    introdução, 174
    logística, 166–169
    papel do anfitrião, 168
    silêncio, 142
nenhum interesse, quando não há, 117, 121, 126, *131*
notas, tomando, 167

O poder dos quietos, 248
    ver também *Quiet*
Obama, Michelle, 248
oferta, a, 206–228
    apresentando, 207–208
    contraofertas, 217, 218, 224, 225
    combinando ofertas, 221, 224
    decidindo perseguir, 208–209
    elaborando a oferta, 208
    estratégia, a sua, 210
        pesando, 210
    finalizando, 209
    foco da, 245
    implementação, discutindo a, 41, *42*, *43*, 172, 205
    meta da, 207

negociações de múltiplas partes, 207
novos elementos, incluindo, 208
o outro se apresenta primeiro, 210
pré-requisitos para, 208–209
    roteiro da negociação, seu, 73, 95
    notas, suas, 167
reação, a sua, 45, 97, 124, 129, 140–149, 271, *273–276*
reação do outro, 45, 97, 124, 129, 140–149, 272, *273–276*
resumo de, *228*
software, escolhendo, 78, 286, 287
trabalhando, 267
últimas verificações, 218, 233
verificando, 218, 233
você se apresenta primeiro, 210
opções "e/ou", 81, 84, 106
oportunidade, 52
orelhas de "girafa", 151
veja também orelhas de "chacal"

paciência, 39, 41, 47, *49*, 118, 136, *157–158*, 194–195, 207
pandemia da COVID, 161–164, 270
perguntas abertas, 138
perguntas, fazendo, 56, 256, 257
perguntas fechadas, 138
perguntas hipotéticas, 139
personalidades extrovertidas, 224, 227
    e negociadoras mulheres, 241–250
piloto (função), 81, 82, 91
planilha para, 89–*90*
piloto, 81, 82, 91

pontos, marcando, 179
políticos, mencionando, 31, 294, 296
postura, 17, 36, 48, 58, 152, 154–155, 185, 188–190, 195
    veja também emoções gerenciando suas; comunicação não verbal; intuição social
Potenta, Jennifer, 120
prática, importância da, *198*
prazos, lidando com, 90
preconceito, evitando, 167, 187, 244
preparação, 118
preparação para, 118
    roteiro de negociação, seu, 73, 95
pré-requisitos para a negociação, 35–37
    criatividade, *37*, *52*, *53*, 54, 57, 63, *69*, *88*, 91, 97, 102, 121, 136, 138, 157, 193, 197, 198, 256, 287, 305
    flexibilidade, *52*, 53, 69
    oportunidade, 52
    vontade, 51–52
pressão, lidando com a, 48, 64, 67, 78, 81, 120, *156*, 191, 221, 248

Q

Quiet, 248
    ver também *O poder dos quietos*

R

reações precipitadas, evitando, 45, 156, 171
    "bolha do ego", sua, 42–49, 93, 96, 98, 99, *110*, 283
    condições, procurando por, 101–108
reconhecimento, 44, 45, 141
reformulando, 81, 141–142, 172

regra do "nada de cenários", 127
reestruturando, 223
religião, mencionando, 89
    e definição de objetivos, 51, 59, 64, 100
    Mandela, Nelson, 25, 36, *97*, *158*
    veja também mindfulness praticando; motivação
repercussão, 45, 97, 124, 129, 140–149, 271, *273–276*
resiliência, 59
respeito, demonstrando, *158*
resumo de, 91, 249, 285
resumindo, 91, 249, 285
reunião(ões), 41, 42, 44, 47, 77, 78, 80, 82, 102, 115
    meta das, 207
    encerramento, 118
    condições, 15, 26, 35, 45–47, *58*, *90*, 99, 100, 102
    compromissos, firmando, 189, 209
    cerne, 81
    condições, 15, 26, 35, 45–47, *58*, *90*, 99, 100, 102
    roteiro para a negociação, seu, 73, 95
    regra do "nada de cenários", 127
Rosenberg, Marshall, 149
roteiro da negociação, seu, 73, 95
    comunicando, seu, 73
    veja também ambições; condições; análise de objetivos; compartilhamento de informações; limites, seus
Roy, Chowdhury Madhuleena, 56, 64

Schneider, A. S. e Ebner, N., 186–189
sexualidade, mencionando, 89
Shonk, Katie, 233
silêncio, 142
    durante a oferta, 142
    em negociações on-line, 162, 174
sistema de ativação reticular (SAR), o, 64
sistemas de negociação eletrônica (SNE), 161
software, escolhendo o, 78, 286, 287
sorrindo, 153
suposições, evitando, 86, *91*, 101, *111*, 118, 127, 146
Switzler, A. Grenny J. e McMillan, R., 147

telefone, usando, 76, 162–163, 165
teoria da riqueza da informação (MRT), 165
tom de voz, 148, 153, 154, 170, 189, 195, 271, 306
Toosi, N R *et al.*, 85, 242, 244, 245
"transitando", 186
transparência, 120

vagueza, evitando, 147
valor de referência pessoal (VRP), *106*
viagem, 80, 175, 218, 281
    "fadiga de viagem", 175
    em negociações on-line, 162, 174
    microcomportamentos, 148
    tempo de viagem planejando, 80
videoconferências, 80, 162–165
    e pistas visuais, 165
    na teoria da riqueza da informação (MRT), 165
vínculos, estabelecendo, 174, 176
    em negociações on-line, 162, 174
vontade, 51–52
von Bismarck, Otto, 120

Watzlawick, Paul, 152
Wheeler, M. A. e Nelson, D., 196
Women Don't Ask, 248

Z

zonas de guerra, negociando em, 80
Zoom, 167, 169, 170.

Este livro foi composto com tipografia Adobe Garamond Pro e impresso em papel Off-White 90 g/m² na Formato Artes Gráficas.